应用型本科高校教学模式
路径研究与实践应用

庞建丽　著

九州出版社
JIUZHOUPRESS

图书在版编目（CIP）数据

应用型本科高校教学模式路径研究与实践应用 / 庞
建丽著 . -- 北京 ： 九州出版社， 2024.3

ISBN 978-7-5225-2725-3

Ⅰ . ①应… Ⅱ . ①庞… Ⅲ . ①高等学校 - 教学模式 -
研究 - 中国 Ⅳ . ①G642

中国国家版本馆 CIP 数据核字（2024）第 060873 号

应用型本科高校教学模式路径研究与实践应用

作　　者	庞建丽　著
责任编辑	李文君
出版发行	九州出版社
地　　址	北京市西城区阜外大街甲 35 号（100037）
发行电话	（010）68992190/3/5/6
网　　址	www.jiuzhoupress.com
印　　刷	河北文盛印刷有限公司
开　　本	787mm×1092mm　　16 开
印　　张	15.75
字　　数	350 千字
版　　次	2024 年 3 月第 1 版
印　　次	2025 年 1 月第 1 次印刷
书　　号	ISBN　978-7-5225-2725-3
定　　价	55.00 元

前　言

习近平总书记在全国教育大会上的重要讲话明确指出，高校要着重培养创新型、复合型、应用型人才。这为高等教育的人才培养指明了方向。在人才培养过程中，一些高校对应用型人才的培养目标定位还不准确，还在用研究型人才培养的办法来培养应用型人才，造成一些应用型高校定位不明确，应用型人才培养路径不清晰，人才培养面向与学校办学定位之间存在差距。

中国高等教育进入大众化教育阶段后，由于社会生产力的不断发展，社会对于专业技能的需求也趋向专业化、多样化，社会的需求导致高等学校面临着重新确定办学定位以及进行分类、分层与分化的重要课题，在高等教育大众化发展趋势下，找准符合办学定位和办学指导思想的人才培养模式，对各高校来说既势在必行又意义深远。作为人才培养的重要阵地，大学应把提高自主创新能力作为重要任务，切实提高人才培养质量。要把应用型创新人才培养纳入教育教学实践中，重新研究教育教学实施方案，采取针对性的措施，合理调整专业与课程设置，为社会生产和经济部门提供"用得上、留得住"的应用型创新人才，而不是只把"方案摆在纸上，措施挂在口上"。应用型大学要始终把培养高素质创新人才作为根本任务，积极利用各种资源，推进创新团队建设，努力培养一批德才兼备的应用型创新人才。应用型创新人才培养的重点在于训练学生将所学理论知识应用于解决实际问题。

本书以应用型本科人才培养为切入点，注重应用型本科高校教育教学改革创新，把对应用型人才培养的理论研究和实践研究有机地结合起来，通过剖析当前应用型人才培养的现状，从而发现存在的问题，进而谋划策略、提出方案、安排步骤，相对全面而系统地阐释了应用型高校教育的相关问题，同时进一步深刻探究应用型人才培养的本质和规律，探索应用型人才培养模式，丰富和完善了高校素质教育的科学内涵，以探究出一条把高校应用型人才培养的教育理论与应用型人才培养的教育实践相结合的可行性道路。本书可供教育学、社会学以及相关学科的本科生和研究生学习使用，也可作为相关学科教师的参考用书。

本书由庞建丽撰写，童莉对整理本书书稿亦有贡献。

目　录

第一章　概述

第一节　高等教育大众化理论的产生和分类

一、我国应用型大学的产生

随着中国 20 世纪 70 年代以来改革开放的深入进行，中国高等教育面临的问题是如何适应新的经济形势而进行全面而深刻的改革。20 世纪 90 年代，我国高等院校普遍开展了教育思想大讨论。人们在深刻反思和总结我国高等教育发展的过程中，一方面肯定了中华人民共和国成立以来我国高等教育事业取得的巨大成就，培养了大量的社会主义建设人才，另一方面也反思了高等教育在长期计划经济体制下所产生的一些弊端，有些专家学者将这些弊端概括为"教育观念过时、教育内容陈旧、教育方法落后"，主要反映在教育脱离社会经济，高校封闭与社会办学上。

针对我国高等教育的这些弊端，2001 年教育部在《关于加强高等学校本科教学工作提高教学质量的若干意见》中强调"以社会需求为导向，走多样化成才培养之路。高等学校要根据国家和地区、行业经济建设与社会发展的需要和自身特点，结合学校实际和生源状况，大力推进因材施教，探索多样化人才培养的有效途径。"同年，教育部又在《关于做好普通高等学校本科学科专业结构调整工作的若干原则意见》中，再次强调"大力发展与地方经济建设紧密结合的应用型专业。随着我国高等教育规模的扩大以及产业结构调整步伐的加快，社会对高层次应用型人才的需求将更加迫切。高等学校尤其是地方高等学校，要紧密结合地方经济建设需要，科学运用市场调节机制，合理调整教育资源，加强应用型学科专业建设，积极设置主要面向地方支柱产业、高新技术产业、服务业的应用型学科专业，为地方经济建设输送各类应用型人才"。

2001年4月，我国教育部在长春召开了"应用型本科人才培养模式研讨会"。本次会议探讨了应用型本科人才培养目标的定位、应用型本科人才的设计，以及应用型人才培养方案和途径等具体问题。

2007年5月，在上海举办的应用型本科教育学术研讨会上，潘懋元教授指出，目前越来越多的高等院校将原来的综合性、研究型的大学定位转变为多学科型、应用型或职业型、技能型院校。他强调，每所高校在制定发展战略时，必须实事求是地研究地方经济、文化、高教、生源等客观环境和不同类型、层次、专业的社会需求，并结合文化积淀和社会声誉、师资力量与特长等自身的特点和优势，在各自层次和类型中争创一流。应用型大学则是其中的一个重要类型。所以，应用型大学在我国的出现既是社会经济需求的必然，也是改革发展的结果。印度的高等教育改革与发展之路，对我国高等教育具有典型的借鉴意义。20世纪80年代中期，印度高等教育进行了较大的规模扩张，并经受了一系列高等教育改革的阵痛，最为明显的是许多大学生毕业后难以就业。然而，经过十几年的发展，印度经济发生了巨大变化，尤其是软件产业的崛起，引起了人们对印度模式的重新反思。人们发现，正是印度高等教育的大发展，为其后来的经济腾飞储备了大量人才，尽管这些人才当时在国内并没有很好的发展空间，纷纷走到国外，但是，十几年之后，他们重返祖国，并且给印度带回了技术和经济的优势。

2018年，全国教育大会提出高校要"着重培养创新型、复合型、应用型人才"，为新时代地方高校做好新时期应用型人才培养工作指明了方向、提供了遵循。应用型人才培养具有鲜明的职业导向和能力本位取向，区别于传统知识本位的学术型人才培养。对于地方高校来讲，学生可持续发展能力是高校高质量人才培养体系的重要结果评价。地方高校应聚焦立德树人这一根本任务，把可持续发展能力融入应用型人才培养全过程。

党的二十大报告突出强调"实施科教兴国战略，强化现代化建设人才支撑"，这为我国到2035年建成教育强国指明了新的前进方向，也彰显了教育的基础性、战略性地位和作用。

精英教育一直是高等教育的传统，也是其发展过程中一个相对稳定的价值选择。在某种意义上，精英化是传统高等教育中一个永恒的价值取向。但历史的发展总是辩证的，昔日高等教育得以存在的价值标准，也许以后会成为高等教育诉求新的合法性来源、进行新的价值观选择的一个障碍。因为，传统高等教育的精英化在一定程度上是由于历史的局限性造成的，而不是在精英之外人们没有接受高等教育的需求。当高等教育主要是为国家培养政治领袖和经济精英服务时，高等教育的精英选择是当然正确的。但在今天的社会，随着社会的发展，高等教育不再是精英教育的特权，大众出于职业考虑以及自身发展的需要接受高等教育，这开始成为高等教育合法性的基础。换言之，高等教育的存在价值开始取决于大众的需要，只有满足了大众接受高等教育的需要，高等教育的存在才有其合理依据。

精英高等教育的重要特征是学校远离社会。但从世界高等教育大众化的趋势来看，我国的高等学校，尤其是地方高校应重视从"学"向"术"转变，即从"追求、发展和传播知识"向"敏感、积极地应对市场反应"转变。为了适应这种转变，我国政府从20世纪80年代就提出了推进素质教育的教育战略，让素质教育贯穿于课程体系和教育教学中。这里的素质教育有两层含义。第一，"素质教育"相对于"专业教育"，它强调了每个专业需要具备宽厚的知识基础，使专业在精深的同时能汲取更广阔的发展养分。第二，素质教育要解决现存工具化倾向使人客体化的问题，培养全面发展的人，从以人为本的科学发展观来讲，这正是我国推进高等教育大众化的真正目的所在。

二、我国应用型大学的发展途径

应用型高等教育已经成为我国大众化高等教育的必然产物和发展趋势。从高等教育发展的特征看，21世纪是中国高等教育优先发展的世纪，我国高等教育由精英化走向大众化，并在办学规格、办学层次、办学类型上出现了多样化特征，发展应用型高等教育培养应用型人才正是顺应了高等教育这一发展规律的正确抉择。国际高等教育的发展经历告诉我们，在大众化高等教育阶段，高等教育规模将持续扩大，但主要不是扩大学术型精英教育，而是应该大力发展应用型高等教育，大大增加培养应用型人才的数量，这是许多发达国家高等教育大众化历程总结出来的经验和规律。[①]

借鉴国外应用型大学发展的途径，结合应用型大学的特征以及我国的实际情况，我们认为我国应用型大学的发展主要有以下三种途径。

（一）由教学型大学向应用型大学发展

教学型大学在我国为数众多，并且多属于以本科层次教育为主的地方院校。它们侧重于教学，科研规模和力量相对较小。随着近年来的扩招，教学型大学的录取分数线越来越低，生源主体为居于高考成绩中间段甚至是中间偏下的学生。对于这样的大学，从理论上分析可以有两种发展途径：一种是按照我国高校发展

---

①王任祥，傅海威，邵万清.应用型人才培养教学改革案例［M］.杭州：浙江工商大学出版社，2019.9（10—11）.

的传统途径，向研究型大学发展；另一种是向应用型大学发展。[①]基于对两种发展途径的可行性分析，可以看出根据我国目前的实际情况，教学型大学向研究型大学发展是很难成功的。首先，研究型大学在高等教育大众化阶段实施的是一种"质"的教育，是着重优秀的教育。因此，其科研规模、教学经费以及生源质量都与优秀教育相匹配。从教学型大学目前的实力看，发展成研究型大学是在短时间内无法实现的。其次，研究型大学培养的是未来的国家政界、商界、科技界以及教育界的领导人，这些人才是我国社会发展所必需的，但是需求量较小。我国目前的经济建设还需要数以万计的面向生产第一线的应用型人才、实用型人才。这些人才的培养仅靠专科层次的高等职业教育来完成是不能满足社会需要的。因而，作为本科层次教育的教学型大学必然要成为培养应用型人才的主力军，它如果继续向着研究型大学的方向前进就会与社会发展产生矛盾，不符合高等教育的发展规律。综上所述，我们认为教学型大学向着应用型大学的方向发展才符合科学的发展观，与我国高等教育改革和发展的主旋律保持一致，教学型大学已经具备成为应用型大学的办学基础和条件。但是受精英教育的影响，当前我国多数教学型大学仍采用学术性教育的办学理念和办学模式，这种办学理念和模式的存在就成为其发展为应用型大学的障碍，必须进行改造：

1.转变办学理念

教学型大学应认识到不同类型的大学应有不同的人才质量标准。应用型大学承担的是为国家培养面向生产一线的应用型人才，与研究型大学同等重要，而且也能在自己的层面上办出水平，达到一流。

2.进一步明确办学定位

教学型大学要建成应用型大学，还须进一步明确自身的定位。它首先应能为地方生产、建设、管理、服务第一线培养下得去、留得住、用得上的大量高级应用型人才，为地方经济的发展提供智力保障；其次能为地方经济建设与社会发展解决难题，尤其是为生产、建设、服务与管理第一线推广高新实用技术，为提升地方企业的科技含量、提高产品的市场占有率服务；最后能为地方各类专业技术人才继续教育、终身教育提供培训基地与教育基地。

3.转变办学模式

转变办学模式主要有三方面：第一，应改变传统的"先理论、后实践"的教育理念和"正三角形"课程模式，按照"学科—应用型"理念设计课程体系。第

---

① 孙跃作.应用型人才培养体系建构研究［M］.武汉：华中科技大学出版社，2021：59—60.

二，应加强具有应用能力的教师队伍建设。第三，应紧密依托行业和当地政府与企业，建立产学研密切结合的运行机制，推进教育和应用型科研的结合。

（二）由高职院校向应用型大学发展

高职院校升本发展成为应用型大学应注意以下几点：

1.注重应用型学科体系的构建，发展应用型科学研究

高职院校的课程摆脱了学科系统化的三段式模式课程，其专业学科体系让位于专业的职业能力体系，在学科建设方面与本科层次的院校有很大差距。所以，高职院校要建成本科教育层次的应用型大学，就必须加强工程型学科、技术型学科和复合型学科等应用型学科的建设，制定鼓励应用型研究的政策措施。[①]

2.课程设计应注意本、专课程衔接

高职院校注重学生职业能力的培养，使学生在专门技术能力的掌握和熟练程度上要优于本科生，但其缺少的是学科基础和职业能力的进一步提升。因此，课程设计应注意学科基础知识的补充和职业能力的提升，尤其是加强对学生技术研发能力和分析解决问题的能力等应用能力的进一步培养。

3.加强师资队伍建设，提高其从事应用型教育的执教能力

高职院校的师资整体条件和实力与应用型大学要求的师资条件还有一定距离，特别是学术水平和科研能力。因此，高职院校必须加强师资队伍建设，不断提升教师学历层次和应用型研究能力，促进教师提高从事应用型教育的执教能力。

4.进一步突出产学合作教育

已取得良好社会声誉的高职院校，基本都是在产学合作教育方面取得了很多成绩，建立了良好的产学合作运行机制的学校。但是，应用型大学不仅要为本地区培养大批应用型人才，更要通过应用型研究，将研究成果转化成生产力，从而促进区域经济的发展。就目前而言，高职院校在产学合作教育方面，所欠缺的是科研。因此，高职院校除继续加强产学合作教育外，还应鼓励教师开展应用型研究，积极参与企业的科技创新活动，促进科研成果的转化。此外，一些民办高职院校在向应用型大学发展的过程中还应注意规范教学管理和基本教学要求。

（三）独立设置的重点大学二级学院尝试以新机制向应用型学院发展

除上述两种应用型大学的发展途径外，还有一种途径就是独立设置的重点大学二级学院尝试以新机制向应用型大学发展。独立设置的重点大学二级学院在向

---

① 蒋平，张继华、王正惠等.地方普通本科院校转型发展研究［M］.北京：中国轻工业出版社，2021：45—46.

应用型学院发展的过程中，除应与教学型大学一样在办学理念、办学定位以及办学模式方面进行改造外，还应注意：第一，二级学院要充分利用重点大学的声誉和学术优势与行业和企业建立良好的产学研合作关系，以促进应用型教育的发展。第二，重点大学应给予二级学院更多的自主权利和优惠政策，扶持其发展应用型教育。同时，通过发展应用型教育，改变目前大学教育的传统模式和培养目标，加强同企业和地方的联系，进而提高自身的竞争能力。第三，重点大学应为二级学院创设条件，建立学术型教育和应用型教育的相互融通和交流。学生可以在两条教育通道间互换跑道。

上述是我国应用型大学发展的主要途径。为了保障我国应用型大学的顺利发展，国家和地方政府机构必须为这些学校提供必要的政策和经费支持：第一，地方政府要加大对应用型本科教育的投入，提高应用型本科教育投入在高等教育投入的比重，并在办学用地以及其他社会资源等方面给予优惠政策或政策性的倾斜；第二，政府应分类指导，针对不同类型的本科教育制定不同的评估标准和评价方案，鼓励学校按照自己的定位要求，健康发展，争创一流。同时国家应像实施"211工程"那样，实施建设优秀应用型大学工程。

三、应用型大学的内涵与基本特征

（一）应用型大学的内涵

大学的属性和类型是由它的内涵决定的，学校的基本内涵包括办学定位、办学模式、人才培养目标等方面。

1.学以致用、应用为本的办学定位

教育部在本科教育与教学评估的有关文件中明确规定，学校的办学定位一般包括办学目标定位、学校类型定位、教育层次定位、学科专业定位和服务面向定位5个方面。目前，我国的应用型大学多是改革开放以后新建的大学以及适应地方经济发展需求兴办的地方性大学。办学目标以培养为地方经济或区域经济服务的具有适应现场、基层、一线生产、服务、管理等方面专业能力的应用型人才；学科专业的设置以地方经济发展需求或行业对人才的需求为导向；这些大学多以本科层次教育为主体，兼顾高等职业教育和少量研究生层次的教育。总之，学以致用是应用型大学的办学宗旨和基本定位。

2.以行业需求为导向的学科专业设置

应用型大学产生的历史背景和社会背景决定了这些大学必须适应我国经济改革所推动的产业结构变化和迅猛发展地方经济对人才的需求。因此，应用型大学的学科专业设置必须符合地方和区域经济的发展需求，做到学科专业布局合理，面向地方或行业的需求培养人才，才能保证专业的生源和专业建设的活力。

3.以突出实践性教学和培养应用能力为主旨的教学体系

应用型人才的培养，要由应用型教学实现。应用型教学的显著特征，是以能力为本位的教学体系，通过教学行为过程，使学生获得能够适应基层工作岗位所需要的知识、能力和素质。教学的本位和教学的目标决定了教学体系的设计应该是：保证学科知识的同时，必须强调专业能力的培养；既要保证课堂理论课程对现实经济技术发展所必需的信息要求，还要突出课堂实践课程对专业能力、工程技术、技术技能等实践性能力的培养。因此，在课程体系设置中，除了理论课程体系外，实践性教学环节、实践性教学体系在整个课程体系中占有特殊的重要性。

实践能力的培养应该贯穿整个教学体系，是教学体系中的主线。教学设计中，能力的培养是设计的重心；在理论课教学中，能否反映启发和培养学生分析问题和解决问题的能力，以及能否适时地在理论教学中引入新思想、新技术核心的管理方法，是评价理论课教学质量的重要指标；在毕业设计（论文）中，选题是否联系社会实际，是否具有应用价值，以及毕业设计作品（论文）能否反映学生运用专业知识解决实际问题的应用能力，是衡量毕业设计（论文）的重要判据。

4.具有以应用能力和实践经验的教师为主的师资队伍

教学是由教师完成的。应用型的教学体系，需要由具有应用能力和实践经验的教师进行设计和实施。既具有教学技能又有实践经验的教师可以称为"双师型"教师，师资来源渠道的多元化是实现"双师型"教师队伍的有效途径。多元化的途径包括：从生产、服务、管理的一线岗位聘请具有教师素质的人员作为教师，还可以从社会的企事业单位聘请一批具有实践经验的人员作为兼职教师；另外从教师中选派一批到企事业单位一线岗位做实践性进修，使其提高实践应用能力。总之，能够承担并能实现应用型教学任务的师资队伍建设，是决定应用型大学办学定位和办学质量的关键。

5.产学研合作教育成为常规的人才培养模式

从理论上人们都承认并接受产学研合作教育是培养现代人才的重要途径。无论是应用型大学还是其他类型的大学都在强调校企合作，推进产学研合作的模式。改革开放以来，高等教育的改革推进了各类高校的产学研合作教育，并取得了一定的成效。不同的高校，根据自身的特点和教育需求，与社会、行业、企事业单位进行着不同方面的教育合作，有的侧重于学生实习、实训、毕业设计和社会实践，有的侧重于科学研究、技术研发、教育培训。

（二）应用型大学的基本特征

"应用型大学"是伴随着高等教育大众化而兴起和发展的"新型大学"。在国际上，特别是经济发达的国家和地区，应用型本科教育早已有之。从20世纪中叶起，随着西方各发达国家进入高等教育大众化阶段，以工程教育为代表的应用型本科教育在各国迅速崛起。美国有四年制工程教育，德国有应用科学大学，法国有大学校。其在专业设置上侧重应用技术、重视实践教学、以培养各类高级专门人才为主。

可见，应用型大学是一种随着经济社会发展需要应运而生的新型大学，它与传统的研究型大学相比，具有比较明显的区别。当前对"应用型大学"的定义虽不尽一致，但也表现出一些共同的特征。

1.教育目标突出应用型

随着高等教育大众化阶段的到来，应用型大学将培养目标调整为具有较强的社会适应性，一专多能，既懂得专业基础知识理论和基本技能，又掌握各种现代化工具的高素质复合型人才。

2.人才去向基层化

随着精英教育向大众化教育阶段的转变，应用型大学本科毕业生的就业层次逐渐下移和基层化，博士生和硕士生从事了原先本科生从事的工作，应用型大学本科生则更多地来到生产、管理、建设的基层部门。因此，应用型大学培养的应用型人才具备为生产第一线服务的特点。

3.教育内容和课程体系实用化

随着大众化教育进程中生源质量差异化，教育目标多元化和人才界定基层化的转变，应用型教育的教学内容和课程设置也随之发生变化。这些变化体现在：

（1）缩减纯理论性的教学内容，增加实践性、操作性强的教学内容；

（2）课程设置多样化，给学生更多的选择余地和空间，学生在选择组合方面由被动转为积极主动，学习时间也更加灵活多样。

4.教学方式的多样化

由于精英教育时期的本科教育是培养理论型、研究型的高层次人才，教学方式多采用传统的课堂讲授方式，而大众化应用型教育侧重培养具有较强适应性的基层实用型人才的理论应用能力和实际操作能力，因此除了传统的课堂讲授，还要采用案例教学，模拟实验教学，分组研讨教学、项目教学、社会调研以及社会实践等丰富多彩的教学方式，这样才有助于培养学生的实践能力，培养具有较强社会适应性的复合型人才。①

---

① 刘凤云.应用型本科数学教学模式创新研究［M］.长春：吉林出版集团股份有限公司，2020：16—17.

四、我国应用型大学的分类

我国应用型大学萌芽于改革开放之初，兴起于20世纪90年代，在21世纪初得到了迅速发展。应用型大学作为一种新的高等教育类型，经过不断改革和实践，已经取得丰硕成果，而且在我国高等教育体系中具有不可替代的特殊战略地位和作用。

应用型本科院校构成了地方院校的主体。从办学历程上看，应用型大学大致可以分为以下几类：

第一类是随着高等教育规模的不断扩大，高等教育大众化的教育背景下，改革开放前成立的部分本科院校逐渐由研究型大学转型为应用型高校，如北京工商大学、上海对外贸易学院、郑州航空管理学院、西安工业大学等。

第二类是改革开放初期建立的本科院校。如1985年由北京地区12所大学分校组建而成的北京联合大学，是地方院校的一个代表。1985年由上海交通大学机电分校和华东纺织工业学院分院组建的上海工程技术大学，还有1986年建立的宁波大学、1980年成立的合肥联合大学。

第三类是由高等工程专科学校升格的本科院校。1949年后，为满足经济社会发展对工程技术人员的大量需求，新建了一批高等工程专科学校。随着社会对更高层次工程人才的需求，这批高等工程专科学校纷纷在20世纪90年代或21世纪出升格为高等工程院校。如长春工程学院、黑龙江工程学院、徐州工程学院、杭州应用工程技术学院等。

第四类是由高职院校升格为本科院校。1998年至2007年的9年间，我国新增设本科院校211所，如上海电机学院、上海应用技术学院、东莞科技学院等。

第五类是由高等师范专科学校升格的本科院校，除培养师范生还培养大量的非师范生。在教育类型上，以应用型本科教育为主。如西安文理学院、临沂师范学院、绍兴文理学院、重庆文理学院等。

五、应用型大学的发展战略

（一）校企结合、应用为本的发展战略

应用型大学应坚持应用为本的发展定位。应用型不等于层次低，学校的层次的高低不是由学校类型决定的，培养理论型人才的大学不一定就是重点大学、研究型大学。应用型大学可以培养理论型人才，研究型大学也可以培养应用型人才。历史证明，以应用为主的教育可以成为世界一流的教育。创建于1861年的麻省理工学院当时只是一所技术学院，虽然后来增设了人文、社会科学等系科，但学院

仍保持了纯技术性质的特色，"有用"始终是麻省理工学院的核心理念。斯坦福大学在1891年创建时就认为，大学不是搞纯学术的象牙塔，而是研究与发展工作的中心，"实用教育""创业教育"成为其办学的优良传统，在科学研究上也更多地偏重于应用或具有应用前景的课题。

"校企合作"的发展战略对应用型大学而言的根本意义在于将学校的单一人才模式转化为校企合作、双轨培养模式，即从培养方案的制订到教学内容的选择，从教学时数的分配到教学方法的确定，从考试到毕业设计的选题、范式和评价标准等全部教学过程，不再是学校独家的运作，必须还有以人才培养为目标和指向的社会、企业直接参与。[①]大学与企业合作的一个重要目的就是高校利用科研成果开展创业活动，企业为高校的科技成果、项目转化提供环境和多方位的服务，使企业减少初始投资，降低风险，同时，企业的技术水平提高也促使高校进一步提高科研水平。

（二）为地方经济建设服务的发展战略

应用型大学一般由当地政府投资与管理，必然要服务于地方经济建设的需要，服务地方是其存在的基本前提和价值体现。服务地方经济也有利于高等学校在管理体制、运行机制、专业设置、资源利用等方面进行深入改革。不仅要注意研究国家经济政策的变化，也要研究与地方高校技术优势相匹配的技术市场的变化。

（三）培养复合型应用型人才的发展战略

当前，在我国高等教育迈向大众化阶段的时候，也出现了有关质量问题的种种质疑。究其原因，一方面固然是与1999年和2000年，在缺乏准备的情况下的大扩招，导致许多学校办学条件过于紧张有关；但恐怕也与人们长期形成的"大一统"的质量观有关。对于前一个问题，可以通过以政府投入为主的筹措经费的办法予以解决；至于后一个原因，解决起来难度更大，但意义深远。

随着我高等教育大众化阶段的到来，我们必须重新审视今天的高等教育，树立新的高等教育质量观，其最显著的特点是质量和质量标准的多样化。从传统到现代教育质量观转变的主要标志是1998年联合国教科文组织在巴黎召开的首届高等教育大会。在此之前，各国对高等教育质量观的认识仍然停留在传统的意义上，之后，各国则普遍认同了联合国教科文组织的新的界定：高等教育的质量是一个多层面的概念，在确定国际公认的可比较的质量的同时，对国家、地区和学校具体情况予以应有的重视。

---

①冯之坦，胡一波.应用型本科创新型人才培养模式改革与实践［M］.北京：中国商务出版社，2022：25.

传统的高等教育质量观是精英高等教育的质量观，一是强调以学术、分数为考核的基准，很少考虑以人为本的全面素质的培养与提高；二是强调质量标准的单一性；三是强调"精英式"的质量标准。我国高等院校的在校学生都是经过层层选拔的，从小到大所接受的都是精英式教育，所面临的是不断的竞争、升学与考试。而现代意义上的高等教育质量观，是从全新的视角和多层面的意义上加以解释的，它最主要的特点是"质量"和"质量标准"的多样化。这个新界定包括以下几个方面：一是高等教育的质量是一个多层面的概念，二是高等教育的质量包括国际交往与合作，三是建立独立的国家评估机构和确定国际公认的可比较的质量标准。现代高等教育的明显变化之一是高等教育质量观是一个多层面的概念。高等学校对社会有三层责任：提供科研服务；服务社会；培养人才。不仅要体现学术和精英，还要体现大众和职业要求。变化之二是教育质量评估更加公正、科学和国际化。联合国教科文组织提出通过"建立独立的国家评估机构和确定国际公认的可比较的质量标准"以体现公正，同时这也是质量评估科学性的保证，因为"独立的国家评估机构"可以避免出现方案的制订者、实施者与评估者混为一体的现象，进而影响评估的科学性和公正性。没有经过国际公认的结果显然没有说服力，而且在很大程度上会被认为是缺乏科学性和公正性的表现。变化之三是高等教育质量评估标准不唯一。精英型高等院校有其自身的教学质量评估标准，而应用型大学显然要制定一套符合自身实际的教学质量评估标准，我们应客观地看到，保持各类大学自身的特色是社会所需要的。

第二节 应用型本科教育发展的理论基础

随着我国高等教育向大众化教育阶段的过渡，多样化已成为我国高等教育发展的主要特征，介于研究型大学和职业型院校之间的地方本科院校，逐步成为我国高等教育体系建构中不可替代的中坚力量。研究和探索应用型本科教育的起点范畴、特性和发展模式，正是大众化背景下高等教育多样化发展和建设高等教育强国不可回避的重要理论课题。本章主要从应用型本科教育的起点范畴与特征出发，探讨发展应用型本科教育的战略意义。

一、应用型本科教育的起点范畴与特征

范畴是人的思维对客观事物普遍本质的概括反映，任何一种科学理论都是一个范畴体系，科学理论就是通过范畴体系来揭示其所研究的全部对象的。范畴水平的学理研究涵盖独特的研究范畴、学科体系和研究范式，其中，逻辑起点范畴的形成表征了人们对客体认识更深刻的理论水平，是理论范畴体系建构的基础和

学科趋于成熟的标志。尽管目前有关应用型本科教育逻辑起点的讨论并未实质性地展开，但是梳理相关研究不难发现，代表性的观点主要有三种：①专业性应用教育起点论；②技术教育起点论；③应用型教育起点论。这些观点相近而有出入，观点出入的深层因素源于逻辑起点的认识差异，反映出现有研究水平尚处于前科学时期，还有待实证层面研究的深入，并逐步走向理论水平研究的成熟阶段。应当看到，不同逻辑起点的理论体系并存是可能和必要的；但是，在研究过程中应将逻辑起点与研究起点区分开来。研究起点是现实的感性具体，而逻辑起点则是抽象的存在；研究起点是整个研究过程的直接前提，逻辑起点则是作为研究结果的整个逻辑体系的开端。逻辑起点作为一门科学或学科认识的起始范畴，其客观规定性要求它不能随人的价值取向的变化而更迭，随人的理论视野的区别而嬗变。因此，我们有必要首先确认应用型本科教育起点概念的内涵，以界定应用型本科教育的基本特征，形成比较合理的学术语境和理论导向。

（一）应用型本科教育的起点范畴

逻辑起点作为理论研究逻辑结构的起始范畴，有助于厘清理论体系的基本脉络，进而理解学科间的本质差异，划清学科独到的研究范畴。黑格尔在其《逻辑学》中对逻辑起点提出的三条规定性，迄今仍为研究者广泛认同：一是逻辑起点应是一门科学或学科中最简单、最普遍、最抽象的范畴，并且是一个起始范畴；二是逻辑起点应揭示对象的最本质规定，内在地蕴涵着本学科体系发展过程中一切矛盾的"胚芽"，即：逻辑起点能够作为整个学科体系赖以建立的根据、基础，展示具体而丰富的未来趋向，演绎出一系列的后继概念；三是逻辑起点应与它所反映的研究对象的历史起点一致，应在历史的起源上凝结为理论叙述起点的逻辑范畴，体现历史与逻辑相统一的原则。众所周知，马克思的《资本论》正是从"商品"这个最简单、最抽象的逻辑起点出发，展开关于资本主义经济形态论述的典范——马克思证明资本主义经济的全部多样性都以胚芽的形式存在于"商品"之中。借鉴《资本论》对"商品"范畴的分析与规定性，逻辑起点还应具备这样两个特征：一是逻辑起点应与研究对象保持一致性，进而形成奠定其他范畴的基石和轴心价值的中心范畴或逻辑基项；二是逻辑起点同时能够以"直接存在"的形态承担一定的社会关系。正如《资本论》中的"商品"这一范畴，除反映其效用价值外，同时也反映了商品交换的社会价值，两种价值属性天然并存，缺一不可。

基于这一认识，我们认为，应用型本科教育的逻辑起点应是"专业性应用教育"，即应用型本科教育应是"建立在普通教育基础上的专业性应用型教育"。这是因为，从这一逻辑起点出发，通过专业性应用教育规律、专业性应用教育原则等中介概念，可以到达"应用型本科教育"这个核心概念，最后到达逻辑终点：专业应用型本科教育的目的、培养模式及其实现途径。整个过程遵循从抽象上升到具体的逻辑思维方法，由最基本、最普遍、最抽象的起始范畴逐步展开，层层推演至较具体、较全面、内涵较丰富的终点范畴，构成严谨的范畴体系。

首先，从高等教育的性质来看，高等教育是建立在普通教育基础上的专业性教育，以培养各种专门人才为目标。专业性教育代表了高等教育的根本属性和本质特点。由于高层次专门人才的类型是多样的，既有学术研究型、工程研究型，也有工程应用型、技术应用型，因而，高等教育作为一种专业性教育，既可以是精英学科型专业性教育，也可以是大众应用型专业性教育。对目前的中国高等教育而言，精英高等教育与大众化高等教育同属于普通教育基础上的专业性教育，它们代表着高等教育的两个分支，代表着高等教育的两个发展方向，高等教育学科的一些基本理论和原则对它们是共同适用的。依据联合国教科文组织1997年修订的《国际教育标准分类法》，尽管学科型专业性教育与应用型专业性教育同属5A类阶段的普通高等教育，目的是使学生进入高级研究项目或从事高技术要求的专业，但两者存在着培养方向与职能方面事实上的差异。学科型专业性教育类属5A1型，侧重按学科分类，一般是为研究做准备的；应用型专业性教育则类属5A2型，侧重按行业分类，一般是从事高科技要求的专业性教育。依此分类，应用型专业性教育应是位于学科型教育（5A1）和职业型教育（5B）之间的第二类型的专业性应用教育（5A2），这种教育面向上以行业性为主导，性质上以专业性为主线，类型上以应用型为主体，层次上以教学型为主流，模式上以实践性为主载，与侧重学科性教育的普通大学教育同型异质，本质上应是建立在普通教育基础上的本科层次的应用型专业性教育，其特性是结合学科和行业分设专业，培养面向社会一线的专业应用型高级专门人才。因此，应用型本科教育的性质决定了"专业性应用教育"能够作为最基本、最普遍、最抽象的起始范畴，揭示其异于学科性或职业性专业教育逻辑起点的"最本质规定"。尽管技术教育、工程教育乃至应用型教育这些概念范畴，也能在一定程度上揭示研究对象的本质规定，但作为起始概念范畴，它们要么内涵偏窄，要么外延泛化，难以具备应用型本科教育起始范畴的最基本性、最普遍性和最抽象性。

其次，从高等教育的价值取向来看，虽然专业性和高深性是高等教育的基本价值属性，高深的专门知识（expertise）是研究高等教育一切问题、一切现象的逻辑起点，但就应用型专业性教育与学科型专业性教育错位发展的价值取向而言，学科型专业性教育强调基础性、广博性、普适性和非职业性，应用型专业性教育则强调专门性、针对性、实践性和行业性。按照薛天祥教授的观点，专业是根据学科分类和社会职业分工需要分门别类进行高深专门知识教与学活动的基本单位。

专业是相对于学科分类和社会职业分工而言的，学科分类和社会需求是专业形成的重要依据。学科有其特定内涵："一是学术的分类，指一定科学领域或一门科学的分类（discipline），如自然科学中的物理学、生物学，社会科学中的经济学、教育学等；二是指教育的科目（subject）。"不论是哪一种"学科"，学科性质都是系统的知识分类体系，而专业则是高等学校培养专门人才的基本教育载体；学科是一个知识范畴，专业是一个教学范畴；学科指向专门的科学研究，专业指向行业或职业分工；学科发展以知识的发现和创新为发展目标和价值取向，专业建设以培养满足社会需求的专门人才为目标导向。这是不同类型的高等学校内部学科发展与专业建设各自最本质的特征。应用型大学的学科专业建设不仅强调有成熟的学科和比较完整的学科体系作为支撑，更要求有稳定的行业需求和职业岗位作为基石，强调以培养专业应用型人才为宗旨、以专业建设为重点、以学科建设为依托，一手抓专业建设，一手抓学科建设，侧重以行业背景分析和专业走向为基础，针对职业岗位群的实际需要，设置具有行业针对性和适应性的专业结构群，并以此构建专业应用型教育人才培养体系，建构以学科带头人为龙头的专业教育团队，形成关键性的持续竞争优势。因此，按照应用型专业发展的基本规律，由"专业性应用教育"可以引申出专业应用型教育理论与实践体系的全部内容，并有效形成专业应用型教育体系的逻辑链：从逻辑起点——专业性应用教育，经过专业性应用教育规律——专业性应用教育原则等逻辑中介，最后到达理论体系的逻辑终点——专业应用型教育的目的、培养模式及其实现途径。可见，"专业性应用教育"能够作为应用型本科教育其他概念范畴的逻辑基项，成为整个理论体系赖以建立的根据、基础，展示具体而丰富的未来趋向，演绎出一系列的后继概念。

再次，从高等教育的源流来看，随着社会专业分工的细化和职业的演变，"专业性应用教育"应是相伴培养专门职业人才的专业性教育机构而较早形成的历史概念。从西周时期的大学"辟雍"，到古希腊的"阿卡德米学园"；从战国时期的"稷下学宫"，到中世纪波隆那大学的建立，早就存在为社会培养官宦、辩士、医生、法官和牧师的专业性应用教育。中世纪大学的办学模式，一开始就带有一定的专业应用型。中世纪大学的基本目的是专业教育，时代要求大批受过良好教育的人以满足其需求，大学接受了这一任务。法律、医学、神学和艺术都是需要有能力并受过教育的人所从事的专业。专业教育的目标就是培养能够胜任专业工作的实践者。在中国，尽管"重道轻艺"成为主流价值观，但"工欲善其事，必先利其器"的"器善观"，仍随着"六艺之学""畴人之学"而延续千古。从中世纪的大学到近现代的高等专门学院及我国的京师大学堂，高等教育经历了漫长的历史，但是"基于应用、讲求实务"，广育专业性应用人才，一直是它主要的社会职能。

如今，随着经济与科技尤其是新兴产业的快速发展，为弥补现有高等教育体系在人才培养和专业分布方面的不足与缺陷，保证人才培养结构的均衡和国家竞争力的增强，世界发达国家和地区大力发展高等专业学院或多科技术学院，这些专业性学院与普通综合大学并存与互补，共同构成普通高等教育体系的两大支柱，呈现出普通高等教育专业应用型发展的基本走势。可见，"专业性应用教育"作为逻辑起点能够以"直接存在"的形态，在历史的源流上凝结为理论叙述起点的逻辑范畴，与其所反映的研究对象的历史起点一致。

（二）应用型本科教育的基本特征

如上所述，专业性应用教育代表了应用型本科教育的根本属性和本质特点，其与学科型或职业型专业教育的"本质规定性"的差异在于，这类教育结合学科和行业分设专业，培养面向社会一线的专业应用型高级专门人才，其面向上以行业性为主导，性质上以专业性为主线，类型上以应用型为主体，层次上以教学型为主流，模式上以实践性为主载，与侧重学科教育的普通大学教育同型异质，本质上应是建立在普通教育基础上的本科层次的应用型专业性教育。这类教育突出强调专门性、针对性、实践性和行业性，其定"向"在行业，定"性"在专业，定"型"在应用，定"位"在教学，定"格"在实践。具体体现为如下五方面基本特征：

1.应用型本科教育是以行业性为主导的教育

行业指向性是应用型本科院校服务面向的主要特征，也是应用型本科院校办出特色的根本途径。应用型本科院校大多具有行业办学的传承优势，隶属地方管理后，其办学的空间区位性或地方适应性得以强化，而办学的行业指向性或产业对接链却逐渐弱化，致使没有行业纵向性支撑的区位横向性服务，因为缺乏支撑点而变得十分空泛盲目，人才培养与科技服务均找不到合理的专业结合点，往往背离专业性应用教育而与传统的学科性本科教育趋同。因此，遵循高等教育的外部关系规律，应用型本科院校不仅要立足地方，更要着眼行业，应在更合理的区位行业性背景内，强调专业布局、适应行业特征、人才培养适应行业需求、科技服务适应行业功能，建立行业指向性明显的需求驱动型的发展模式，形成与本地区的产业、科技和社会文化协调发展的机制，拓展特色办学的广阔发展空间，增强对地方经济社会发展的辐射力和贡献率，因地制宜地实现应用型本科教育与区位经济社会的协调发展。尤其是不同地区的应用型本科院校，应当从自身所处的区位差异、地域特色和行业发展的特定结构、特定背景出发，对办学目标体系中的各项指标，科学地、恰当地、实事求是地定位，而不能脱离本地区的行业发展实际，不顾学校自身的综合实力，盲目追求高层次、高水平、高指标。

世界各国高等教育的办学实践表明，应用型本科院校只有融入行业要素和标准，切实加大行业参与的强度和深度，其发展才会有生命力。在法国，"大学校"与行业日趋密切的联系在改革中发挥了至关重要的作用。学校在开设专业课、实验课和实习课的基础上，通过毕业设计和生产实习的学程模式延伸专业教育链，加强与行业和企业界的渗透与融合，形成独特的专业教育特色。与此同时，法国"工程师职称委员会"每年公布一次授权颁发工程师文凭的学校名单，目前已有170多所"大学校"被授权颁发科技类工程师文凭，学生毕业时，不仅能获得毕业证书，同时还能获得行业权威机构的专业资格证书；毕业证书与资格证书两证挂钩，加强专业教育的行业性，是法国"大学校"在办学过程中，注重与行业和企业界密切联系并赢得办学成功的最好写照，也是"大学校"毕业生比较抢手的重要秘诀。德国的高等专业学院大多设在中小城市及偏远地区，其专业课程设置也与当地的人文、地理、行业结构密切联系。如：在大众汽车集团公司总部所在地沃尔夫斯堡（Wolfsburg）开设汽车高等专业学院，在河海港口城市开办航运、船舶制造高等专业学院。这些专业学院十分注重与行业企业的合作，由行业企业主导整个实践教学过程，行业企业始终参与整个人才培养过程。这不仅加深了专业性人才培养的行业与地方背景，加强了高校与社会相关行业企业的对接，而且从地方经济和社会发展的规划布局上看，也有利于本地区产业结构和人力资源结构的优化，增强行业性就业能力，提高国民人均收入，从而进一步拓展学校发展空间。

可见，应用型本科教育主要面向地方，为行业培养人才，只有充分适应地方行业经济增长方式转变和产业结构调整优化的需要，紧密结合地方社会经济发展特性和行业需求来确定应用型专业教育方向，才能使培养的人才与地方社会经济发展相适应，并切实担负起对地方优势行业和支柱产业的重要支撑作用，实现高等教育与地方社会经济的协调发展。

2.应用型本科教育是以专业性为主线的教育

如前所述，专业是基于学科分类和社会职业分工的、高等学校培养各类高级专门人才的基本单位，专业性教育代表了应用型教育的根本属性和本质特点。应用型本科教育本质上应是建立在普通教育基础上的本科层次的专业性应用教育，从而显示其异于学科型专业教育或职业型专业教育的"最本质规定"。比较而言，职业型专业教育属于定向于职业岗位并更加体现职业针对性的5B层面的职业技术教育类型，强调专业定向与职业方向的密切联系，注重贴近社会生产实际和职业分工，侧重以与工作流程相适应的职业能力为主线，突出专业设置的职业性属性，更加突出职业岗位的接口性和就业的针对性，主要培养处于生产一线或社会劳动终端的技术型和技能型人才。学科型专业教育属于定向于科学研究或工程研究领域并更加体现学术倾向性的5A1类型的学术型高等教育，强调专业定向与学科研究方向的密切联系，侧重以与基础研究相适应的学术能力为主线，注重专业设置的学科性属性，更加突出理论知识的基础性、广博性、普适性和非职业性，主要培养将客观规律转化为科学原理、致力于科学研究的学术研究型人才，或将科学原理转化为工程原理、致力于规划设计的工程研究型人才。应用型专业教育与侧重学科教育的普通大学教育同型异质，属于定向于工程应用或技术应用领域并更加体现行业适应性的5A2类型的应用型高等教育，强调专业定向与行业走向的密切联系，侧重以与工程技术等应用领域相适应的专业能力为主线，注重专业设置的行业性属性，更加突出专业教育的专门性、针对性、实践性和行业性，主要培养将工程原理应用于社会实践、侧重工程管理和应用的工程应用型人才，或将技术原理应用于生产实践、侧重技术开发与现场管理的技术应用型人才，人才培养的特点主要是指向职业带中的CF区域，即技术员与工程师的交叉区域，旨在适应高科技应用和智能化控制与管理一线工作要求，培养兼具专业性和通识性的本科层次的技术工程师、技术师、经济师、医师等专业应用型高级复合人才。

应用型本科的专业教育是同时基于学科背景和通识教育的专业性教育。其专业内涵与专业结构既强调较强的专业应用型，又具备适度宽厚的学科基础；既有突出行业背景的应用型专业作为坚实平台，又有一定学科背景的宽口径专业或体现应用特征的主干学科和相关学科作为有力支撑。[①]如机械工程及自动化专业的人才培养，应有力学、机械工程等主干学科的基础性支撑，也应有电子科学与技术、计算机科学与技术、经济学、管理学等多种相关学科的平台性支持。应用型专业教育培养的人才同样是"具有创新精神与实践能力的高级专门人才"（《高等教育法》第5条），具备运用宽厚扎实的学科基础理论解决实际问题的较强能力。因此，应用型本科的专业教育一方面必须注重专业结构优化，对基础学科专业应当在保护的前提下进行应用型方向的改造，对产业技术含量高的通用性专业应加强宽口径整合和专业群建设，对培养新型复合型专业性应用人才的交叉型专业应优先发展，对能为地方经济发展特别是地方产业升级和支柱产业发展提供重要人才支撑、技术支撑的应用型专业应重点加强建设，倾力打造成优势专业和特色专业；另一方面，应用型本科的专业教育必须按照教育部规定的"培养基础扎实、知识面宽、能力强、素质高的高级专门人才"的总体要求，构建独具特色的专业应用型人才培养方案，着力促进专业应用型人才培养模式的整体改革。

3.地方本科院校是应用型本科教育的主体

---

① 邹春霞，李龙.通识教育教学改革研究与实践［M］.重庆：重庆大学出版社，2019：37.

在高等教育多样化和大众化的背景下，出于地方本科院校在高等教育体系中异质化发展的思考，"应用型本科""工程型本科"或"技术型本科"等类型概念应运而生。事实上，关于地方本科院校的类型归属问题一直存在着一些争议，争议的焦点在于：其一，依据人才类型二分法划分，将本科教育简单地分为学术型教育和应用型教育并不科学，高等教育体系应由科学教育、工程教育和技术教育三种教育类型组成，分别以科学型、工程型和技术型人才培养为主要目标；其二，人才类型与教育类型并不存在直接对应关系，培养本科层次的应用型人才是所有高等教育类型的主要目标但不是唯一目标，应用型人才的培养目标可以通过多种教育类型、多种途径来完成和实现。我们认为，单纯将地方本科院校定位为"应用型本科"，尽管类型上能够体现与学术型本科的错位发展，但外延的确过宽，难以定性类型结构和教育属性，并明显区分相关教育类型。但定位为"工程型本科"或"技术型本科"，外延又显得比较狭窄，可能适合某一本科院校的校情，却难以涵盖地方本科院校多元教育类型，而且也极易模糊学术型教育与应用型教育的内在属性与价值指向。这里，尤其要对教育的"应用型"与"应用型"进行严格的逻辑区分。应当看到，"应用型"是所有高等教育类型都存在的基本属性，但却不能简单地认为具有"应用型"的教育就属于"应用型"教育。教育类型划分主要是依据人才类型的内在属性与价值指向，如果学术型教育主要指向应用型人才的培养，或应用型教育主要指向学术型人才的培养，其性质和类型就将发生质的改变。尽管目前各类人才类型的边界日趋模糊，人才之间的重叠交叉日益拓宽，各类高校实施单一教育类型和人才培养类型的情形比较少见，但这种类型的重叠交叉应是基于非本质扩展特征的，本质上并不能颠覆或覆盖不同教育类型和人才类型的主导地位与核心价值属性。

基于上述分析，我们倾向于二维界定法，即：从高等教育的性质与类型这二维来界定地方本科院校所属的教育类型。首先，专业性代表了高等教育的根本属性，而高等教育既可以是侧重学科性的专业性教育，也可以是侧重应用型的专业性教育，两者存在着职能属性与培养方向事实上的差异，学科性的专业性教育以研究高深学问、培养高层次研究型人才为标志，应用型的专业性教育以满足多样化社会需求、培养高素质应用型人才为标志；地方本科教育主要定位于应用型的专业教育，这种教育与侧重学科性研究的普通大学教育同型异质。其次，依据"学科性"或"应用型"的主导性价值取向，高等教育类型通常分为学术型与应用型两大类，学术型教育作为上位概念，涵盖学术研究型、工程研究型和技术研究型教育，应用型教育作为上位概念，相应涵盖学术应用型、工程应用型和技术应用型教育，其间主要存在类型指向和性质差异。按照国际教育分类标准，学术型或研究型高等教育（含工程科学教育）类属5A1型学科性研究型的高等教育，工程应用型和技术应用型高等教育则类属 5A2 型专业性应用型的高等教育；应用型本科教育主要类属介于学科性研究型教育（5A1）和职业性技术型教育（5B）之间，涵盖工程应用型和技术应用型教育，以本科层次为主的第二类型的专业性应用型教育（5A2）。因此，其教育类型定位应以专业性为特征，以应用型为主体。

4.应用型本科教育是以教学型为主流的教育

参照美国卡内基教育促进基金会的大学分类，我国本科院校的流层结构一般可分为研究型、研究教学型、教学研究型和教学型四个层级，前两级以研究生教育为主体，或本科生与研究生教育并重，侧重基础研究和科技创新；后两级以本科生教育为主体，辅以研究生教育，侧重应用研究和科技服务。高等教育流层结构反映着高等教育的发展水平和多样化发展的必然走势，它在很大程度上是由国民经济的技术结构、产业结构与社会结构所决定的。尽管学术型大学和应用型大学都可以基于所属类型，实现由教学型向研究型大学的层次攀升和跨越，但这种攀升和跨越必须遵循高等教育发展的内部与外部规律，必须基于教育资源的传承优势和核心能力，基于自身学术资源的积累和社会人力资本的需求。在高等教育多样化和大众化的背景下，现阶段应用型本科院校必须承担高等教育大众化的任务和培养"数以千万计的"高素质专门人才的重要使命，承担培养专业应用型高级专门人才、服务区域经济社会发展的神圣职责，应安于"应用型为主"的类型定位和"教学型为主"的层级定位，着眼价值理性和特色创建的战略层面，以培养社会急需的专业应用型高级专门人才作为办学核心价值和终极追求，探索大众化高等教育的新范式，形成关键性的持续竞争优势，以真正超越学科型教育的专业应用型本科教育模式，引领学校把握流向，错位发展，办出水平，彰显特色。

教学型为主的本科院校，首要特点在于确立教学中心地位，以专业性人才培养模式体现应用型教育的鲜明特色。人才培养模式集中体现了教育思想和教育理念，从根本上规定了人才培养的特性和方向，是培养目标、培养方案、培养途径、培养方式等要素的综合体现和规范样式。应用型本科教育的人才培养模式，其培养目标与质量规格在达成本科教育所要求的学业标准的同时，应充分体现工程与技术应用型专业人才的特殊要求，侧重以与工程技术应用领域相适应的专业应用能力为主线，按照通识教育与专业教育相渗透、理论教学与专业实践相结合的原则，构建专业能力和素质拓展并举、以创新精神和实践能力培养为重点的理论教学体系、实践教学体系和素质拓展体系。其培养方案的制订，应处理好学科建设与专业建设、通识教育与专业教育、理论教学与实践教学、基础课程与专业方向的关系，更加注重应用型课程体系与教学内容的整体优化，使课程体系成为专业应用型人才培养的有机整体，从根本上改变传统学科导向型的课程模式，探索应用导向型的"学科基础平台—专业模块平台—素质拓展平台"一体化课程模式；

培养途径也应有多样性的选择，分段培养、学程分流（如3+1、2+2模式）、实习实训、产学结合、弹性学制等培养方式与制度的改革，应贯穿人才培养全过程，以切实创建专业应用型人才培养模式的实践范型和大众化高等教育的特色范式。[①]

教学型为主的本科院校，应同时重视学科建设和科研效能。大学是以学科为基础建构起来的学术组织，学科是承载教学、科研和社会服务的基础，是地方本科院校提升人才培养和科学研究水平、开发专业建设优质资源的重要基础，是学校增强核心竞争力、形成办学实力的显著标志。地方本科院校应以培养专业应用型人才为目标，以专业建设为基石，以学科建设为支撑，以队伍建设为关键，切实开展应用研究和科技服务，形成关键性的持续竞争优势。

5.应用型本科教育是以实践性为主导的教育

应用型本科教育实现与学术型大学错位发展的关键，在于传承其重视和强化实践性教学的原有优势，创建应用型本科教育独具特色的实践性教学体系。但有的学校"专升本"后却盲目照搬学科性教学体系，实践性教学功能反而弱化，实践性教学环节的组织缺乏连续性、系统性和衔接性，缺乏专门的实践性教学规划、管理和评价机制。实验课或依附于理论课程，或成为理论教学的辅助手段；实验内容以演示型和理论验证型为主，缺乏设计型、工艺型、综合型和创新型实验；实践教学设施及基地建设滞后，产学研合作教育机制不健全；实践性教学人员缺乏"双师型"素质的专兼职师资力量等。总之，现行的实践性教学水平和条件不足以满足应用型本科教育专业性人才培养的要求，因此，必须对现行的实践性教学组织和管理模式进行改革与创新，必须建构具有专业应用型本科教育特色的实践性教学体系。

实践性特征体现在专业应用型本科教育的全过程，这是由这类教育的本质内涵和错位发展目标所规定的。应用型本科教育要承担以培养创新精神和实践能力为重点的专业应用型高级专门人才的教育任务，其主要载体或途径在于加强实践性教学，构建与理论教学体系紧密联系的实践性教学体系。如前所述，专业应用型本科教育视域中的人才培养体系包括理论教学、实践教学和素质拓展三大体系，尽管这三大体系的功能和实施重心不同，但强调实践性教学、培养"基础扎实、学以致用"的专业性人才是其共同元素和关键取向。

实践性教学是专业应用型人才培养工作不可偏废的重要组成部分。应用型本科教育要想有效培养学生的实践能力，就必须加大实践性教学的比重，强化实验课教学、实习与实训教学、课程设计或社会实践、毕业设计或毕业论文等实践性

---

① 陶春元.地方新建本科高校的双重转型之路［M］.天津：南开大学出版社，2019：22.

教学环节，通过实践性教学的系统严格训练，加强与工作体系、工作过程的对接性，以提高人才的专业应用能力、开发设计能力、技术创新能力和综合职业素养，切实增强人才培养的专业应用型核心竞争力。实践性教学的重要途径是突出产学研合作教育。潘懋元先生认为，产学研合作的深层次意义在于，它不仅是高等教育的方针政策，而且是现代社会发展的普遍规律，是培养应用型人才、提高教育质量的重要途径。其中"学"主要是传承知识，"研"主要是创新知识，"产"主要是应用知识，三者本质上都是知识运行的活动形式，存在相互依存的关系和内在本质联系。产学研结合教育重在发挥实践性教学的主导性，实现应用型人才培养计划与行业企业的用人标准的融合对接，以合作教育为切入点，以人才培养为根本点，既有针对性地培养极具行业企业特征、极富实践能力的专业应用型人才，也更便捷地为企业提供科技服务，更充分地发挥校企各自优势，实现校企资源共享和双赢目标。其基本特征为：在目标定位的适应性上，主要以培养学生的实践能力、专业能力和就业竞争力为重点；在功能定位的互补性上，主要整合学校和社会两种教育环境和资源优势，实现间接教育环境与直接生产环境的融合；在模式定位的延展性上，主要体现为产学合作、工学交替、定向培养等多种实践模式，并注重在地方政府的主导和支持下，与行业企业合作共建开放性、多功能的实践性教学基地和科技服务平台，在为行业企业提供科技服务和智力支持的过程中，培养应用型专门人才。

二、发展应用型本科院校的战略意义

随着社会经济产业结构的调整，技术发展速度加快，并不断向综合化方向发展，这对学生学习能力的提高、学位层次的提升都提出了新的要求与挑战。而只注重操作能力和单一技术，忽视理论基础的高职高专与只注重理论知识，忽略动手操作能力培养的传统本科院校都无法满足科技发展的需要，因此，培养理论知识与实践技能兼备的复合型人才的应用型本科必将成为大学的重要类型之一，成为高等教育系统的重要子系统，而且无论从理论视角还是从国内外高教发展实践来看，建设应用型本科都具有重要的战略意义。

（一）应用型本科是对学术性与职业性二元对立状态的终结

从办学层次（本科层次）和人才培养类型（注重应用型）两个维度来看，应用型本科院校多指将自身办学类型定位于教学研究型，将人才培养目标定位于培养直接面向市场和生产第一线的高级工程应用型人才的服务应用型普通本科高等院校。应用型本科概念的提出，是对原有学术性与职业性二元结构的突破，它打破了二元对立状态，确立了应用型的地位。可以说，从学理上讲，高等教育学术性与职业性的内涵并不截然对立，两者也并无优劣之分、崇高与低下之别。学术性是大学对纯学术、纯知识等目标追求的一种倾向，职业性是大学对知识的技术性或应用型等目标追求的一种倾向。但是，在我国，学术性与职业性已经成为对立的两极，而且两者的对立已经异化为学历层次高低的差异，职业性院校不允许办本科，仅仅局限在专科层次，而学术性院校则集中在本科和研究生层次，尤其侧重研究生教育。作为教育实践中的两种偏向，两者之间还存在诸多过渡或中间状态，在教育实践中，两者是可以有机结合的，比如可以在同一所机构中实现完美的结合。关于大学的分类，联合国教科文组织在其《国际教育标准分类法（1997年）》中就把高等教育分为第一阶段（相当于专科、本科和硕士生教育）和第二阶段（相当于博士生阶段），而第一阶段又分为理论型（5A）和实用性、技术型（5B）两大类，其中5A相当于我国的大学本科教育，既包括为研究做准备的学科理论类（如历史、哲学、数学等）5A1，也包括以从事高技术要求为方向的专业理论类（工、农、医等）5A2，参考联合国教科文组织的分类，在国际上，特别是在经济发达国家和地区，应用型本科教育早已存在。美国另有一种与工程教育（EE）相区别的工程技术教育（ETE），两者都有本科；德国的高等专科学校，培养的也是应用型人才，其水平相当于我国的本科教育；在新加坡以及我国的台湾地区，应用型本科教育都已具有相当的规模。结合我国的现状，5A1类院校所对应的就是综合性研究型大学，5A2类院校所对应的是多科性或单科性专业大或学院，5B相当于我国的高职高专教育，介于研究型大学（5A1）和职业型院校（5B）之间的5A2类院校就是应用型本科院校。

综合上述分析，无论是从学理上，还是从我国目前的院校类型和办学层次来看，我们认为，应用型本科院校就是打破高等教育系统学术性（研究型大学）与职业性（高职高专）传统两极力量的中间状态。具体从学理上讲，应用型本科院校也调和了学术性与职业性的对立状态，实现了理论与实践、学术性与职业性的完美结合，从实践层面来看，应用型本科院校调整了高等教育的类型结构，明晰了院校定位，促使高等教育结构向科学化、合理化方向发展。

（二）应用型本科是对"重文法、轻理工"高教模式的调整与纠偏

历史地看，我国大学教育的应用型一直存在着，从20世纪之初经学的衰落，法政、工商、医、农等学科的流行，到民国时期高等教育通向农村的一系列试验，再到延安时期教育与实际的统一，这些都表明我国大学教育的应用型，教育与生产劳动和生产实践结合得十分紧密。新中国成立后，我国高等学校文科类、理科类专业的培养目标几经变化，都逐渐向应用型过渡。如文科类专业的培养目标，就经历了从主要培养"干部"到主要培养"专家"，再发展到主要培养"实际工作

者"这样一个变化过程。而工科类专业，工科类院校（高等工业学校）一直比较重视应用型人才的培养，综合人才培养目标、类型来看，工科类院校（高等工业学校）就属于应用型本科，而且从20世纪50年代到80年代，工科类院校几乎是我国高校的主体。以当时新型的多科性工业大学——清华大学为例，1954年高教部发布的《关于清华大学工作的决定》就明确规定清华的其中一个任务就是培养具有较高水平的设计、施工和管理的工程师。在数量方面，20世纪50年代初，在全面学习苏联的大背景下，我国进行了院系调整，并按照生产部门的业务成立了大批单科性院校，如工科类、农林类等院校。由于当时我国采取的是以重工业为中心的工业化发展道路，因此国家还重点发展了一些工科类院校。1953年，全国181所院校中有38所工业院校，是单科类院校中最多的一类，而综合大学只有14所。工科类院校不仅数量众多，培养目标明确，其地位也非常重要。从1954年第一批全国重点院校确立之日起，直至20世纪70年代末，应用型较强的工科类院校一直在重点高等院校中占有较大的比重，从人才培养层次来看，通过查找相关文献资料，我们发现，这些工科类院校所培养的学生多集中在本科层次，但也有少量的研究生层次和专科层次。作为一种院校类型，工科类院校是对旧中国"重文法、轻理工"高教模式的一次重大调整，奠定了其在高等教育体系中的地位，并培养了大量的应用型人才，为我国的经济社会建设做出了巨大贡献。只是随着大学朝综合化方向发展，工科类院校也逐渐成为综合性大学，尽管其工科仍颇具实力，但规模的急剧扩张还是不同程度地掩盖或削弱了其工科优势。

高等教育大众化以来，"应用型本科院校"的提法和称谓开始走进社会公众的视野。这是有着深刻的历史背景的：

（1）伴随着高等教育宏观管理体制的改革，原本隶属中央部委的部分工科院校被下放到地方，变为地方管理，并利用其优势学科和特色学科服务地方。部分工科类院校要么被合并，要么新设大量文、法、商等专业，逐渐朝着综合性、研究型大学方向发展，"重理论、轻实践"的倾向突出，失去了应用型本科院校理应具有的"应用型"，大学毕业生结构性失业矛盾加剧；

（2）多由高职高专或高等师范学校升格而来的地方新建本科院校逐渐失去其专科时的特色，专业设置求大求全，朝综合化方向发展；

（3）高职高专院校虽然比较重视人才培养的应用型，但因层次较低，学生理论素养不高。因此，无论是人才培养类型，还是层次，上述三类地方院校都不能很好地满足社会，尤其是区域经济建设和社会发展对高层次应用型人才的需求，同时因培养的人才缺乏与社会的良好互动，而制约了学校自身的健康发展。

与上述院校形成鲜明对比的是，20世纪80年代，一些重点大学的分校，如由北京大学第一分校和中国人民大学二分校合并成的北京联合大学应用文理学院等就提出了"发展应用型教育，培养应用型人才，建设应用型大学"的办学宗旨，实现了专业由基础研究型向应用复合型的重大转变，走出了一条符合高等教育发展规律、适应社会需要、具有自身特色的办学道路，赢得了良好的社会声誉，对地方院校的发展起了引领和表率作用。

我国区域和地方产业结构非均衡化发展战略的实施，以及高等教育管理体制改革的深入，为应用型本科院校的发展提供了重要的契机。特别是在高等教育大众化的时代，为了适应我国区域经济发展需要，再加上一些应用型本科院校的表率作用，地方新建本科院校开始主动或被动转型，采取与精英教育"错位"发展的战略——大力发展应用型本科教育，以赢得更大的生存发展空间，并收到良好的社会效果。即，从人才培养类型和层次来看，作为高级应用型人才培养的主要承担者，应用型本科院校成了区域经济发展的主要推动力量；从毕业生就业情况来看，还大大缓解了人才的结构性失业等矛盾。目前我国的应用型本科院校队伍也越来越庞大，随着我国高等教育大众化进程的加快，尤其是1999年实行高校大扩招以来，为满足日益多样化的社会需求，1999—2008年，教育部先后批准建立了208所普通本科院校，使我国本科院校达到720所，其中新建本科院校占到本科院校总数的28.89%，而且基本上是从单一的高职高专"专升本"或几所院校合并而来，具有行业办学特色；有的是经过合并，从高等专科学校升格而来，多为多科性院校；有的则是高起点的本科层次的大学分校。其中一些应用型本科院校还是原来的全国示范性高等工程专科学校，有其突出的办学特色和明显优势。

（三）应用型本科建设是与国际接轨、提高国际竞争力的战略需要

从世界高等教育的实践与发展来看，建设应用型本科也是我国本科教育与国际接轨，提高我国高等教育竞争力的战略需要。20世纪90年代以来，世界高职领域出现了一些共同趋势，其中最引人注目的变化之一就是一些发达国家和地区的高职院校纷纷升格为科技大学或应用科技大学等，但高职升格后的发展道路却不尽相同。职业教育发展比较成功的德国、芬兰仍然继承高职教育的特色，走应用型本科之路。如21世纪伊始，德国出现部分高等专科学校升格为科技大学的现象，目前共有7所高等专科学校升格，英文名为University of Applied Science，这类院校除培养硕士外，还可以培养博士，并授予学位。多科性应用技术大学旨在为学生就业提供技术培训，为学生从学习到工作的过渡铺平道路。相对于普通大学，应用技术类大学的学位具有显著的职业特色。其专业的设置非常适应工商企业发展的需求。以芬兰纳特应用技术大学为例，其75%的本科生毕业论文是针对某公司或组织的需要而量身定做的。

相反，英国的教训则令人深思。1993年，英国35所多科性技术学院全部升格

为科技大学，但是，大学的性质却发生了变化，逐渐向普通大学、综合性学术性大学靠拢。它所体现出来的不是双轨制的沟通、协调，而是双轨制的土崩瓦解、应用型地位的丧失、学术性主宰地位的失而复得。由于大学都涌向学术性这一独木桥，千校一面的现象也在所难免。这对我国目前高校发展的严重趋同化具有重要的启示与借鉴意义。通过世界高等教育实践的正反对比，我们发现，在应用型本科的发展过程中，办学层次已经不再是其发展瓶颈，升格是专科院校的必然与应然趋势，应用型本科也可以逐渐举办硕士、博士研究生层次的学历教育，关键是如何集中有限的资源，保持与锻炼自己优势和特色——应用型，应用型才是应用型本科的根基与可持续发展的源泉。

（四）建设应用型本科是我国高等教育发展实践的现实抉择

既然应用型本科院校历史上早已存在，现在重提应用型本科就不仅是对我国高等教育发展现状的一种反思，是对当前高等教育机构趋同现象的纠偏与理性做法的回归，而且从实践层面来看，应用型本科不仅为新建本科，尤其是高职高专升格后的发展指明了道路与方向，而且对推进高等教育大众化，服务地方经济发展，进而把我国建设成高等教育强国都具有重大的现实意义。

1.建设应用型本科可为定位模糊的新建本科院校发展指明方向

如前所述，目前新建本科院校占全国院校总数的比例较高，与老本科院校相比，在办学实力上存在较大差距，为迎接升格评估，目前新建本科院校在规模和学科门类上也都比以前更大更全。那么，这一院校群体的发展定位是什么？是摒弃高职高专的老路子，另起炉灶，朝学术性、综合化发展，还是延续高职高专的应用型、职业性，建设成应用型本科，这是新建本科院校持续发展亟须解决的问题。通过对高教发展历史的回顾与追踪，我们发现，国际高等教育的发展的经验与教训、我国教育发展的历史及当前面临的挑战，以及当前我国社会经济发展对教育的要求与期待，对我们具有重要的启示意义。即，新建本科院校，尤其是从高职高专升格而来的本科院校，其发展必须注重内涵建设，不断凝练学科和专业特色，朝应用型本科发展，只有这样，才能在打破原有高教系统的同时，采取错位发展战略，形成互补优势，并为自己赢得一定的生存与发展空间。

2.建设应用型本科是加快我国高等教育大众化进程的需要

根据我国高等教育机构的行政隶属关系，我国的大学可以分为中央属普通院校、地方普通本科院校与高职高专，可以说地方本科院校是我国高等教育机构构成的中间层次，是我国本科教育的主体。而地方本科院校又是我国应用型本科的主体。根据《中国教育年鉴》提供的数据进行统计，我们发现，2001年以来，地方本科院校（包括民办本科院校）占全国本科院校总数的比例一直在85%左右，而就高校在校生数来看，若把高职高专也计算在内的话，那么地方性院校在校生数所占比例则高达98%左右。其中值得一提的是民办本科院校，随着民办院校的发展，其发展规模也在壮大，目前民办本科院校30余所，2007年在校生数已达到21.6万人。据报道，地方本科高校是高等教育从精英教育向大众教育过渡时期改革的主战场，为国家培养了75%左右的本科生。尤其是随着我国高等院校多层次、多类型的分类指导体系和建设与评价体系的建立，传统的"学术型"本科教育的单一发展模式也会遇阻。目前，"211"工程的第三期已经启动，按照工程战略最初的构想，即重点建设"适应所在地区发展需要和主要面向所在行业，并起到骨干和示范作用"的100所院校，其所提出的面向地方和面向行业等发展方向，意味着部分"211"工程院校将转型为地方性本科院校，也就是说，相当数量的"学术型"本科教育将转变为"应用型"本科教育。只是部分大学办学历史相对悠久，科研基础相对雄厚，向应用型大学转变的过程相对比较漫长。但准确来讲，大多数院校仍然会办成应用型本科。因此，如果把提出要"根据市场需求来培养人才"的部分"211工程"院校计算在内的话，那么，广义上的应用型本科院校数会更多，承担大众化的任务也更多。

3.应用型本科是地方社会经济发展的助推器与中坚力量

根据管理体制上的行政隶属关系，地方院校又分为教育部门的院校和非教育部门的院校。地方化是近些年来高等教育发展的主要特征和趋势之一。归属地方的管理体制也决定了地方政府是地方高校，包括应用型本科院校的主要投资者和管理者。因此，为了获得地方政府和社会更多的支持，应用型本科院校的人才培养、科学研究和社会服务大都围绕着地方经济社会发展而展开。在具体办学实践过程中，由于应用型本科院校的科研实力相对较弱，得到的国家科研财政补助也较少，所以在招生、人才培养上就比较需要下功夫。从大学招生方面来看，根据应用型本科院校的办学定位——立足地方、服务地方，其在本省、市招收的学生所占比例都在80%以上，有的甚至高达100%；在专业设置方面，应用型本科院校紧密结合地方社会经济发展，包括地区经济产业结构调整和产业结构升级等对学校的支持和需求，通过一些横向研究课题加强与社会之间的联系，培养区域经济发展所需要的人才；从学生的就业方面来看，受生源所在地和学生所学专业的双重限制，除了一些热门专业外，毕业生基本上是在本地区就业。高素质的人才直接促进了地方经济发展，而这也是由应用型本科院校的人才培养类型和层次决定的。具体来讲，应用型本科院校既强调综合性研究型大学所注重的研究，重视基本知识和基本技能的掌握和学习，又强调高职高专等专科层次所注重的较强的动手能力，重视技术的应用与实施，两个层次和类型的结合、理论和实践的高度统一，使得应用型本科所培养的高级应用型人才直接面向地方社会经济发展和产业发展结构，面向工业、工程领域的生产、建设、管理、服务等的第一线，直接从事解决实际技术问题的工作。这直接促进了地方经济社会的发展和地方产业结构的升级优化。

大学与社会之间关系的建构并不是单方面的，应用型本科院校与地方社会包括政府之间已经形成了良好的互动。从实践效果来看，长期以来，应用型本科院校已经与地方企业、支柱产业行业建立了良好的合作关系，成为地方社会经济发展中的高新技术产业"孵化站"和传统技术改造服务站，成为地方经济发展和社会变革的主导力量。而学校自身也依托行业和企业建成了一批基础雄厚的优势学科和专业，其中一些特色学科、专业甚至达到了国内领先水平，具有很大的优势。同时，这种与研究型大学和高职高专在人才培养类型或层次上的错位发展战略，不仅为其自身的发展拓宽了经费来源渠道，也在很大程度上解决了目前大学毕业生普遍存在的结构性失业或就业难等问题，为应用型本科院校的发展赢得了更广阔的发展空间。可以说，地方的行业和产业特色已经成为地方本科院校生存发展的土壤，其应用型也成了地方本科院校持续发展的动力和源泉。

4.建设应用型本科是推进我国高等教育强国建设的必然选择

高等教育强国建设更多的是教育制度、教育体系的健全与完善，只有完善的教育系统才具有较强的适应性和包容力，才能使高等教育的功能得以充分释放与发挥。这就对我国各个层次、各种类型的教育提出了内在的规定。一个国家若想成为真正的高等教育强国，就必须形成类型和层次多样、特色和优势互补的高等教育系统。如前所述，无论从理论层面还是国际比较的视角来看，应用型本科都是我国高等教育系统的重要组成部分。具体从人才培养层次来看，应用型本科与高职、综合性研究型大学衔接有序；从专业设置与人才培养类型来看，应用型人才与高职高专培养的技术操作性人才以及研究型大学培养的理论或应用研究型人才错落有致，互为补充。其在独具特色的同时与高职高专、研究型大学优势互补，衔接有序，能够为我国高等教育强国的建设做好结构与功能上的准备。

第二章 应用型本科人才培养模式

第一节 人才培养模式概述

在汉语中，"模"，有模型、模范和榜样等含义，"式"指样式、形式，《现代汉语词典》对"模式"的解释为：某种事物的标准形式或使人可以照着做的标准。在西方，"模式"一词是从一般科学方法或科学哲学中引用而来，其英文词为model，原意是模式、模型、典型、范型等，它表示用实物或符号形式将原物、活动、理论等仿制、再现出来。美国两位著名比较政治学者比尔和哈德格雷夫在研究一般模式时所下的定义有三个要点：一是模式是现实的再现，是对现实的抽象概括，来源于现实，不是凭空捏造或闭门设想的；二是模式是理论性的，它是一种理论的表达，代表着一种理论内容，不是简单的某种方法，如果把模式等同于方法，那就降低了它的理论层次与价值；三是模式是简化的形式，是对理论的精心简化，是一种最经济明了的表达。模式作为一种科学认识手段和思维方式，它是连接理论与实践的中介。教育工作者将模式研究引入教育科学的研究中来，主要是为了透过教育现象，撇开教育中非本质、次要的属性和因素，凸显其结构、关系、状态、过程，以便获得对教育更深刻、更本质的认识，用于指导教育实践。《国际教育百科全书》对模式的叙述是："对任何一个事物的探究都有一个过程。在鉴别出影响特定结果的变量，或提出与特定问题有关的定义、解释和预示的假设之后，当变量或假设之间的内在联系得到系统的阐述时，就需要把变量或假设之间的内在联系合并成为一个假定的模式"。

一、人才的内涵及分类

（一）人才的内涵

"人"为万物之灵，"才"为人中之英。不同的文献资料对"人才"的界定不同，标准和尺度也不一样。人才通常指智能水平或实际贡献比较杰出的人。新编《辞海》对人才的界定是：有才识学问的人，德才兼备的人；王鹏在《用人之道》中提出："人才，有脑力劳动者，也有体力劳动者，在有学历、文凭的人员中有，在无学历、无文凭的人员中也有。只要知识丰富，本领高强，对社会进步有贡献者，皆可成为人才。"可见，人才是一个相对的、发展的概念，不同的社会环境、不同的时代背景、不同的社会需求，也会提出不同的人才标准。而且，人才标准一旦确立，会对不同层次、类型的教育提出不同的要求。

人才的内涵相当丰富，随着时代的变化及历史进程阶段的不同其含义亦有所差异。进入新世纪，随着经济全球化和科学技术的迅猛发展，人才全球化趋势进一步增强；全球范围内的经济结构调整对人才素质提出了更高要求；综合国力的竞争更加倚重于科技进步和人才开发。可以说，20世纪世界的财富源于物质资源，而21世纪世界财富则源于人力资源。以综合国力为核心的国际竞争归根结底是人才竞争。谁能加快培养创新人才，谁就能抓住历史机遇，在未来的发展中赢得主动权，抢占国际竞争的制高点。概括来说，21世纪需要的人才是复合型人才，既掌握了丰富的知识，又具备独立思考和解决问题的能力，善于自学和自修，并可以将学到的知识灵活运用于生活和工作实践，懂得做事与做人的道理，勤奋好学而且融会贯通的人才；是能通晓相关专业、相关领域的知识，并善于将来自两个、三个甚至更多领域的技能结合起来，综合应用于具体的问题的跨领域的综合型人才；是能以创新推动实践，以创新引导实践，将创新与实践相结合的人才；是富有创意，善于独立思考和解决问题，具有认识自我、控制情绪、激励自己以及处理人际关系、参与团队合作等相关个人能力，能分辨是非、甄别真伪的人才；是热爱所从事的工作，乐观向上，具有开展全球化合作交流和沟通能力的人才。[1]瞬息万变的21世纪，还是能力需求多元化的世纪，理论与技术走向一种互补的综合的发展趋势，传统的职业岗位也需要一定的专业理论，同时传统的学术领域也需要有大量的动手能力强的高技术人员。

（二）人才的分类

1.通才

---

①孙跃作.应用型人才培养体系建构研究［M］.武汉：华中科技大学出版社，2021：28.

具有广博的知识，且基础知识和专业知识的关系比较松散；此类人才基础理论扎实、知识面宽、适应性强，在工程科学技术的某一领域有多种发展的可能性人才。

2.专才

受过经济建设直接相关的专业教育和高度专业化的工程训练。基础知识和基本能力与专业知识之间具有较密切的关系，基础为专业服务，专业面一般比较狭窄，在课程体系上重理轻文。

3.复合型人才

跨学科、跨专业，学生具有本专业较扎实的基础理论知识、专业知识，以及人、文、经、管、等方面的知识，又具有本专业以外第二或第三个专业方面的基本知识与技能。如硬科学与软科学知识兼备、理工结合的复合型工程技术人才；既懂生产技术，又懂经济管理，既有国际贸易知识，又掌握外语工具的复合型技术经贸人才。

4.交叉型人才

随着科学技术突飞猛进的发展，新型的学科专业不断涌现。这些新兴的科技领域打破了传统的学科专业界限，产生并形成新的学科交叉融合，生成新的交叉学科专业。如生物学与电子学的结合生成生物电子学；艺术的再度复兴，并向工程学渗透，出现了建筑艺术、产品艺术新学科；以及新能源、新材料等学科的产生。鉴于以上新型交叉学科专业的出现，交叉型人才应运而生。

二、应用型人才的内涵

任何社会的发展都依赖于两种需要的推动，一种是认识世界的需要，即认识世界的本质属性及其客观规律；另一种是改造世界的需要，即利用客观规律以服务于社会实践。众所周知，人类认识世界的终极目的在于改造世界，也就是说，要把客观规律转化为具有社会使用价值的物质或非物质形态。在客观规律转变为社会直接利益的过程中，存在着两个转化：一个是把客观规律转变为科学原理，比如相对论、量子论、电磁波、热力学原理等；另一个是把科学原理应用于社会实践，从而转化为产品（物质的或非物质的）。第一个转化是科学原理的发现过程，应属于科学"研究"的范畴，第二个转化显然属于科学"应用"的范畴。

人类活动可归结为认识世界（认识世界的本质属性及其规律）和改造世界（利用客观规律服务社会实践）。与此相对应，社会的人才需求也可分为两大类，一类是发现和研究客观规律的人才，称为学术型人才，他们主要致力于将自然科学和社会科学领域中的客观规律转化为科学原理，比如物理学家、经济学家等；另一类是应用客观规律为社会谋取直接利益的人才，称为应用型人才，即将科学原理或新发现的知识直接用于社会生产生活密切相关的社会实践领域。

根据在活动过程中所运用的知识和能力所包含的创新程度、所解决问题的复杂程度，可以将应用型人才分为不同的层次。第一层次的应用型人才，主要从事应用型研究活动，他们富有创造能力，对技术革新有新要求，在经济和社会发展过程中主要承担发明创造的重任。第二层的应用型人才，主要是从事设计、开发、管理、决策等活动，他们把发现、发明、创造变得可以实践或接近实践，主要承担转化应用的职责。第三层次的应用型人才，把决策、设计、方案等变成现实，转化为不同形态的产品，主要承担生产实践任务。每一种应用型人才都是社会生产链条上不可或缺的一环，对于社会经济发展各有其独特的作用。从概念本身而言，应用型人才是相对于理论型（学术型）人才而言的，他们之间只有类型的差异，而不是层次的差异。前者强调应用型知识，后者强调理论性知识；前者强调技术应用，后者强调科学研究；前者强调专精实用，后者强调宽口径厚基础。从推动社会生产的角度来说，两者都是国家不可或缺的人才；从提高生产的效益和工艺水平上讲，应用型人才的作用更为显著。目前，我国正处于高新技术发展与产业结构调整转型的重要时期，生产过程不仅需要大量的技术工人和普通技术管理人员，而且更需要大量的高级工程技术人才和高级生产管理经营型人才。有技术、有技能的应用型人才已经成为我国社会经济发展中非常关键的因素，因为很多创造最终效益的活动往往是在生产实践中产生的，而不全是在实验室里产生的；很多产品的质量问题不是理论问题，而是技术问题。人才之间只有类型的差异，不存在高低贵贱之分。

三、应用型人才的能力结构

应用型人才究竟应当具备什么样的能力，已是教育界多年来探讨的热门话题，也是许多高校教育教学改革所探讨的一个重要内容。我们认为，在现实的社会生产实践中，各行各业及岗位、岗位群对应用型人才应具备的能力要求无法统一，但作为一名合格的应用型人才，至少应当具备以下几个方面的基本能力。

（一）学习能力

学习能力是知识的获取与再现能力。知识获取能力指大脑对知识的吸收、加工、储存能力。在现代社会里，信息量之大难以统计，一个人能捕捉到多少有效信息和他的获取知识的能力有关。知识再现能力指一个人面对实际的学习情景或工作情景对知识的回忆与表现能力。它包括三个层面：第一层面是机械性的功能回忆，即面对新的学习情景或具体的工作情景，回忆起过去所学知识；第二个层面是简单的知识加工，即将已有的知识进行简单的加工，用于解决一般性学习问题或完成一般性工作任务；第三个层面是知识创新层面，即将所获取的知识进行深度加工、重组，形成新知识，用于解决比较复杂的学习问题或实际问题，这是较高层次的再现形式。

对应用型人才而言，在知识上既要有一定的深度，又要有一定的广度，即不仅要具有扎实的专业基础知识和过硬的应用型知识，还要有一定的人文、科技、方法论、财务、管理、社交等方面的知识。因此，应用型人才必须具有很强的学习能力。

（二）实践能力

应用型人才学习知识的目的在于将知识直接应用于社会实践，因此，实践能力是应用型人才最本质的特征。应用型人才的实践能力包括组织工作能力、动手操作能力、谋划决策能力、调查研究能力。

（三）创新能力

应用型人才的创新能力是指具有凡事不墨守成规，不循规蹈矩，力求推出新构思、新设计，运用新方法、新方案解决问题的能力。应用型人才必须具有积极的创新意识。创新意识是开展创新活动的前提，只有在强烈的创新意识的引导下，才能产生强烈的创新动机，树立创新目标，充分发挥创造力，才能具有强烈的事业心和进取心，有理想、有抱负、追求真理，不甘平庸。要在探索未知的过程中能够积极地运用新颖独特的方式获得新答案与成果，追求思维方向的求异性、思维结构的灵活性、思维进程的飞跃性、思维表达的新颖性。要在实践中不断创造出新技术、新理论、新观念、新办法，这是应用型人才的创新能力的最突出的表现。

（四）协同能力

协同能力表现为人与人合作的能力。现实中的工作客体往往比较复杂，完成一项工作往往需要各方面人才的配合，这种配合主要体现在良好的人际关系和合作精神上。维持事业的旺盛生命力的竞争力归根到底来自团队的创造力、团队的合作精神、团队的进取心，因而信任、信用、合作以及默契等协作精神应是应用型人才的必备品质。应用型人才善于与他人合作的能力本身，就体现着自身的竞争力。随着科技的进步、生活节奏的不断加快，创造工作越来越依靠团体的力量，个体需要与其他个体进行各种有效的交流，才能促进创造事业的共同发展。

因此，应用型人才需要加强自身的人格修养，培养健全的人格，提高个人的人格魅力，学会共同生活和与人合作。

（五）国际合作与交流能力

随着经济全球化步伐的加快，社会对人才素质的要求已发生变化，懂得国际运行规则和具备国际交往能力的人才备受社会欢迎。因此，应用型人才除了要有扎实的基础知识外，还要有较强的社会活动能力，特别是要有较强的国际合作与交流能力。

第二节 人才培养模式的含义与分类

一、人才培养模式的提出与发展

20世纪50年代，我国高等教育主要是照搬苏联的人才培养模式，十分强调专业教育，专业划分庞大而细致，以适应社会主义经济建设对大量专门人才的需要。应该说，在计划经济体制下，这种人才培养模式确实为社会主义各条战线及时输送了对口人才。

20世纪80年代以来，中共中央先后颁布了关于经济体制改革、科学技术体制改革和高等教育体制的决定，标志着我国进入了由计划经济向社会主义市场经济的历史过渡。同时，随着现代科学既高度分化又高度综合，社会职业结构不断分化重组以及知识增长速度加快，知识的老化和更新周期进一步缩短，按行业甚至是按岗位、产品设置对口专业的过度专业化的人才培养模式所带来的专业口径过窄、人才适应性差成为高等学校人才培养的主要弊端，要求高等教育人才培养模式变革的呼声开始出现。

作为一个学术名词，"人才培养模式"真正进入教育理论研究者的视野，要到20世纪90年代中期。教育学术界能在这一时期关注"人才培养模式"，与国家全面启动和实施高等教育教学改革密不可分。1994年，原国家教委制定、实施了《高等教育面向21世纪教学内容和课程体系改革计划》，作为我国高等教育的最高管理层首次明确提出了"人才培养模式"这一术语，并规定"未来社会的人才和培养模式"是"高等教育面向21世纪教学内容和课程体系改革计划"所设研究项目的主要任务之一。高等教育诸多的改革中，教学内容和课程体系的改革是重点和难点，也是人才培养模式改革的核心内容。因此，该计划的出台带动了人才培养模式改革的热潮，由此也使得人才培养模式的理论研究逐渐成为我国教育界所关注的焦点。

1996年，第八届全国人民代表大会第四次会议批准的《中华人民共和国国民经济和社会发展"九五"计划和2010年远景目标纲要》指出，高等教育要"改革人才培养模式，由应试教育向全面素质教育转变"。这样，人才培养模式作为我国教育教学改革的重要内容首次载入了我国国民经济和社会发展纲要，被赋予了至高的教育教学改革地位。

1998年，教育部在《关于深化教学改革，培养适应21世纪需要的高质量人才的意见》中，对"人才培养模式"内涵进行了正式界定，指出"人才培养模式是学校为学生构建的知识、能力、素质结构，以及实现这种结构的方式，它从根本上规定了人才特征并集中地体现了教育思想和教育观念"。这是我国高等教育管理权威部门首次对人才培养模式这一概念所下的官方定义，意义重大，影响深远，成为我国高等学校人才培养模式改革的一项重要理论依据。

《国家中长期教育改革和发展规划纲要（2010—2020年）》第十九条指出：提高人才培养质量。牢固确立人才培养在高校工作中的中心地位，着力培养信念执着、品德优良、知识丰富、本领过硬的高素质专门人才和拔尖创新人才。加大教学投入。教师要把教学作为首要任务，不断提高教育教学水平；加强实验室、校内外实习基地、课程教材等教学基本建设。深化教学改革。推进和完善学分制，实行弹性学制，促进文理交融；支持学生参与科学研究，强化实践教学环节；推进创业教育。创立高校与科研院所、行业企业联合培养人才的新机制。全面实施高校本科教学质量与教学改革工程。严格教学管理。健全教学质量保障体系，充分调动学生学习积极性和主动性，激励学生刻苦学习，奋发有为，增强诚信意识。改进高校教学评估。加强对学生的就业指导服务。

由此可见，人才培养模式受到社会政治、经济、文化、受教育者个性需求等因素的制约。在不同的时代，大学具有不同的人才培养模式。大学自产生迄今，其人才培养模式经历了三个历史阶段：工业社会以前，大学的人才培养以绅士为目标，以知识的传授为导向；工业社会，大学的人才培养以科学知识为目标，以学科为导向；知识经济社会，大学的人才培养以创新为目标，以素质和能力为导向。

在现代大学制度下构建新型的大学人才培养模式应考虑两个因素：一是以国家社会发展需要为标准，调整大学的专业设置以及专业培养目标和规格，以适应国家经济与社会发展的需要；二是以大学的人才培养目标为基础，调整专业的培养方案、培养方式与培养途径，提高人才培养质量与人才培养目标的符合程度。

二、人才培养模式的构成

关于人才培养模式的描述虽然多种多样，但是人才培养模式归根结底是围绕着"为什么要改革或构建人才培养模式""培养什么样的人才""怎样开展人才培养"三个问题开展。人才培养模式的构成一般包括人才培养目标、过程、途径、方式、制度等多种要素。

（一）人才培养目标

培养目标指教育目的或各级各类学校、各专业的具体培养要求，是整个人才培养模式构建的出发点和依据，也是学校教育教学活动的最终归宿，一般包括人才根本特征、培养方向、培养规格、业务培养要求等内容。它是人才培养模式中的决定因素，是对人才培养的质的规定，即培养什么样的人的问题。它同时也是专业设置、课程设置和选择教学制度的前提和依据。它既受国家、社会对人才类型、规格的需求的制约，也受学生自身的基础条件及发展要求的制约。一定的培养模式是服务于实现一定的培养目标这一根本任务的。

（二）人才培养过程

培养过程，是指为实现培养目标，根据人才培养制度的规定，运用教材、实验实践设施等中介手段，以一定的方式从事人才培养活动的过程。因而，它是人才培养模式的平台属性。培养过程主要包括专业设置、课程体系、培养途径和培养方案等。专业设置是根据学科分工和产业结构的需要所设置的学科门类，它规定着专业的划分及名称，反映着人才培养的业务规格和服务方向。课程体系是人才培养活动的载体。衡量课程体系构造形态的指标主要有课程体系的总量与课程类型、课程体系的综合化程度、结构的平衡性、设置的机动性和发展的灵活性等五个方面。培养途径是指在人才培养活动中一切显性和隐性的教育环境和教育活动。培养方案是指人才培养模式的实践化形式，主要包括培养目标的定位、教学计划和教学途径的安排等。

（三）人才培养途径

教学方法、手段与组织形式的改革是实现培养目标，落实人才培养模式，提高教育质量的重要因素。高等学校要根据专业的人才培养体系，选择有利于实现目标的人才培养途径，包括教学方法、教学手段以及各种具体的教学模式。

（四）人才培养机制

培养机制是指在制度层面上关于人才培养的重要规定程序及其实施体系，是人才培养得以按规定实施的重要保障与基本前提，是培养模式中最为活跃的一项内容，也是对培养过程及所培养人才的质量与效益做出客观衡量和科学判断的一种方式。它是人才培养过程中的重要环节，对培养目标、制度、过程进行监控，并及时进行反馈与调节。

三、人才培养模式的类型

魏所康在《培养模式论》一书中，把培养模式分为三个维度：按教育目标的角度，分为英才模式与大众模式、传承模式与创新模式；按教育内容角度，分为学术定向模式与职业定向模式、刚性模式与弹性模式；按教育方法角度，分为师本模式与生本模式、接收模式与探究模式、文本模式与实践模式。就人才培养模式研究而言，当前人们认为主要有以下几种人才培养模式。

（一）英才模式与大众模式

英才模式强调教育封层的功能，强调教育筛选和教育淘汰，认为教育应该分别培养学术人才和普通劳动者，在教育教学过程中进行分流、分轨，或在同一教育机构内部进行分流、分轨或者分班。而大众模式强调教育公平和教育普及，一般不实行教育分流制度和按照学业成绩的分班制度，往往实行一种普遍的更开放的入学制度。

（二）单科模式与复合模式

单科模式的人才是用单学科知识与方法培养出来的单向性人才，如学工科的不懂经济管理，学贸易的不懂工科知识，知识结构"隔行如隔山"。复合模式的人才是运用跨学科方法培养出来的一种新型规格人才，是在多个学科领域都具有一定程度的专业水平的人才。复合型人才是在学科领域横向上呈现较高强度的一种很有发展潜力的人才规格，适用于专科、本科和研究生各个人才培养层次。

（三）专才模式与通才模式

专才模式培养规格侧重于对学生按照专业划分领域进行专业化教育，但又由于其注重专业的学科逻辑体系而有别于高等职业教育。通才模式的培养规格则侧重于对全体学生实行构成高等教育各个学科共同基础、不直接服务于具体专业的普通高等教育，又称通识教育。两者关系反映的是人才培养过程中知识内容结构上的宽窄关系，体现的是不同知识内容结构的比例关系。

（四）学术型模式与应用型模式

学术型与应用型则主要反映人才知识与能力结构的指向性。学术型主要培养从事科学研究的人才，应用型则主要培养适合于技术、开发、推广、经营、管理、社会服务、教学等类型工作的人才。通才和专才都可以有学术型与应用型之分。

当然，还有观点认为，从怎样组织和提供知识的角度，人才培养模式可以有弹性模式与刚性模式之分，也即教学管理制度是实行学分制还是学年制的模式差异，从学习活动的主体是谁的角度，人才培养模式可以有师本模式与生本模式之分。

四、人才培养模式多样化原因

（一）人才培养模式多样化是我国社会经济现状及其发展的必然要求

从我国社会经济的现状来看，我国是一个幅员辽阔的大国，社会经济发展很不平衡，各地区在生产力发展水平、产业结构、地理环境、发展战略、资源优势、发展方式和途径、相关的传统文化、生存方式等的差异，形成了地区经济发展的不均衡性、差异性、多样性与动态性。生产力水平的差距，导致各地高等学校人才培养规格和质量要求产生差异；产业结构及地理环境的不同，会直接影响不同地区高等学校的学科门类结构；经济发展战略和方式的差异，也会对高校专业设置产生重要影响。在我国全面建设小康社会的进程中，大力发展教育是经济社会、区域共同发展的客观要求，相应地必然要求高等教育建立能与地区经济、社会发展的不平衡性、差异性和动态性相适应的、多样化的人才培养模式。同时，我国加入WTO后，我国的经济体制、经济运行规划、经济法规等都将与国际惯例和国际通行的准则接轨，不同地区的各行各业均要面对激烈的国际竞争，以面对经济市场化、国际化和现代化的挑战，从而加剧了全社会对各类国际型人才的需求，推动着高等学校创建多样化的人才培养模式。

从我国社会经济的发展态势来看，市场经济体制日益完善，我国正在实现由计划经济体制向市场经济体制的转变，经济增长方式由粗放型向集约型转变。随着这两种根本性转变的实现，必将伴随着产品结构的调整、企业集团跨行业的重组和经营机制的转变等，各类专门人才跨行业的交叉、流动将越来越普遍，使得社会对人才的需要更加多样化。高等教育要主动适应并促进社会经济的发展，实现科教兴国战略，就必须在教育思想、培养目标、人才规格、专业设置以及培养过程、课程结构、教学内容等方面进行改革，培养多种类型的人才以满足社会多方面的需求。

（二）人才培养模式多样化是我国社会经济现状及其发展的必然要求

我国原来的高等教育体制是在实行高度集中同意的计划经济体制下形成的，基本特征是"大一统"，培养人才的规格和人才培养模式比较单一。这一特征在名牌老校中更为突出，大都是培养学理型人才。改革开放以来，随着市场经济的发展，特别是20世纪90年代知识经济的到来，社会对人才类型与规格的需求越来越多样化。单一的人才培养规格不再适应社会对多种类型的人才的需求，也不适应不同地区发展区域对人才规格的不同要求。人才培养的规格单一化与社会人才类型与规格的需求越来越多样化的矛盾越来越尖锐。这种越来越尖锐的矛盾，正是催生本科应用型人才教育的强大动力。应用型人才培养模式将在较大程度上改变我国高等教育培养人才规格单一化倾向。

（三）人才培养模式多样化是学生个体发展的必然需要

我国正在向现代知识社会迈进，全社会需要接受高等教育的成员不断增加，这种趋势加剧了学生年龄、知识、能力、素质、家庭环境、社会经历、入学基础、发展潜力等的差异性、复杂性和多样性。同时，个体的需求要受到社会经济变革等外部动力因素的驱动和自身社会责任感、追求理想、提高综合素质、完善人格等内部动力因素的影响；对新观念、新思想、新文化、外来文化的批判与继承等学习需求，与创造力、竞争力和工作效益，追求崇高的政治信仰，更高的工作和生活目标，谋求改善精神和物质生活质量等瞬息万变、层出不穷的需要连接在一起，驱动着多样化人才培养。

（四）高等教育走向大众化是人才培养模式多样化的动因

高等教育从精英教育到大众化教育，是一个国家社会、经济、科技、文化发展的必然结果。国际高等教育发展的历史经验表明：许多国家的工业化过程同时伴随着高等教育大众化的过程。我国正处在工业化和经济的社会化、市场化、现代化发展的历史时期，高等教育也正经历由精英教育向大众化教育的转变。现代化建设对人才的需求是多样化的，既需要学术性的高级专门人才，也需要应用型、技术型、职业型的各级各类专门人才，而后者的需求量是数以千万计的。

（五）教育终身化、社会化的发展趋势要求人才培养模式多样化

科学技术的日新月异和知识经济的发展，使知识，尤其是专业知识的有效性大大缩短；经济全球化的发展，则正在迅速地改变传统的生产方式和管理理念，人才的知识和能力要素与结构正在发生重大变化，人们也不能期望一生中只做一份工作或从事一个行业。因此，同时，随着人们生活水平的改善和生活质量的提高，终生不断学习新知识、新技能、新思想、新事物，已经成为人们生活的基本需要。要构建全民学习、终身学习的学习型社会，就必须构建现代化的终身教育体系，而继续教育应当是终身教育的主要形式，成人学习是学习型社会的主体。

终身教育包括正规、非正规和非正式教育形式。实施终身教育的形式可以是回到大学学习第二专业、企业或研究机构自己培训或是社会培训。《中华人民共和国教育法》第十一条明确规定"国家适应社会主义市场经济发展和社会进步的需要，推进教育改革，促进各级各类教育协调发展，建立和完善终身教育体系"；第四十一条规定"国家鼓励学校及其他教育机构、社会组织采取措施，为公民接受终身教育创造条件"。我国已从国家法律和国家政策的高度，确立了终身教育的地

位，已建立了普通教育、高等教育、职业教育和成人教育体系，并在不断加强各个教育体系之间的联系，为人们终身学习创造了条件。

终身学习社会的形成和发展，必然要求把正规的普通高等教育纳入终身教育体系。普通高等教育不再是人生接受教育的终点，而是知识青年转变为社会人之前的主要教育阶段。普通高等教育的重新定位，必将引发体系重组：纵向不同层次、不同形式高等教育之间的相互开放、连接和沟通；横向同一层次的不同学科、不同类型、不同规格之间，既相对独立，又互相交叉，通过人才培养模式多样化，使社会和学习者的不同需求与高等学校不同的办学条件、特色进行有效的组合。另外，教育手段的科学化、多样化，也大大促进人才培养模式的多样化。

（六）人才培养模式多样化是高等教育和高等院校自身发展的需要

高等教育实际上发挥着沟通社会需求与个人需要之间联系的纽带和桥梁作用。现代社会各层面各岗位所体现的价值观念、技术条件、专业或职业知识能力、运行方式方法是多种多样的；个人的成长经历和社会期望、天赋与性格、家庭经济条件、爱好特长和学业成绩等，同样是丰富多彩的。只有人才培养模式多样化，才能使社会需求与个人要求的两个多样化得以统一和实现。然而地区性理工科院校由于资源有限，必须有所为、有所不为，明确目标，找准位置，扬长避短，发挥优势，相对集中地管理和使用资源，办出水平和特色。只有这样，才能促进地方高校的发展，促进高等教育不断进步和优化。

五、建立与大众化阶段相适应的高等教育人才观

根据人才观的双重特征和当今经济建设与社会发展的需求，结合当前我国高等教育培养人才的实际，我们必须建立与中国高等教育大众化相适应的人才观。

（一）人才是有知识的

知识是一个神圣的词汇。在哲学领域，知识被定义为"经过辩护的真实的信念"。柏拉图在《论知识》一书中详尽地探讨了知识的定义。他的古典定义为："知识是与感觉、意见有区别的一种判断，知识是确实的判断，知识是一种伴之以论究的判断"。此后千百年来，人们没有停止过对知识的研究。进入知识经济时代，人们对知识的理解有了新的认识。1996年，经济合作与发展组织（OECD）发表了《以知识为基础的经济》的报告，报告中把人类迄今为止创造的知识分为4种形态，即事实知识——可以直接观察、感知或以数据表现的知识；原理知识——知道为什么的知识；技能知识——知道如何去做的知识；人力知识——知道某件事，并且知道如何做某件事的知识。人才之所以是人才，就是因为在知识的把握上与众不同。知识是有层次的，低层次的知识是一种客观记录下来的数据

及经过整理而成的信息；中间层次的知识是主体对各种数据和信息进行价值解释与价值选择，并赋予意义之后的知识；高层次知识是智力，即是一种将有效的数据和可靠的信息内化为有用知识的能力。由此，我们在大学教育中应该进行什么样的知识教育，对人才的培养和评价应该具有什么样的标准，就显而易见了。

（二）人才是发展的

人才的成长有一个过程，在这个过程中，影响人才发展的因素很多，比如家庭教育、学校教育、社会环境、自身素质等。我们要抓住人才成长的发展规律，利用这种规律充分调动每个人的潜质。因此，要用发展的观点看待人才，重视培养人才的过程，不能用传统的人才观来衡量今天高等教育所培养的人才。

（三）人才是多元的

中央《人才工作决定》对人才的标准做出了新的界定，明确提出了"只要具备一定的知识或技能、能够进行创造性劳动，为推进社会主义物质文明、政治文明、精神文明建设，在建设中国特色社会主义伟大事业中做出积极贡献者，都是党和国家需要的人才"。这一人才观念是一个历史性突破，充分强调了人才的广泛性，扩大了传统人才概念的内涵和外延，指出人人都能成才，人才是多元的。

（四）人才的价值在于奉献

人才的成长离不开社会，要将个人发展与社会发展相结合。爱因斯坦说过："我们吃别人种的粮食，穿别人缝的衣服，住别人造的房子。我们的大部分知识和信仰都是通过别人所创造的语言由别人传授给我们的……一个人之所以成为人，以及他的生存之所以有意义，与其说是靠他个人的力量，不如说是由于他是伟大的人类社会的一个成员，从生到死，社会都在支配着他的物质生活和精神生活。"

六、应用型本科应找准人才培养定位

随着我国大众化教育的到来，高等教育要深化教育改革已成必然，由此，应用型大学在新的人才观的指引下，必将找到适合自己的办学定位，培养出更多的有真才实学并能为社会贡献力量的人才。

（一）更新教育观念，兼顾社会发展的需要和人的发展需要

人才培养由强调对口性转向强调适应性，以适应不断变化的社会需求；注重素质教育，强调融知识传授、能力培养与素质提高为一体；重视学生独立学习能力和创新精神的培养，为学生的终身学习和继续发展奠定基础。

（二）培养目标多样化、多层次，并根据社会发展的需要

我国幅员辽阔，各地生产力发展不平衡，产业结构、就业结构呈现出多样性，

需要各种不同类型与层次的人才。而且，时代在不断进步与发展，对人才的要求是不断变化的，过去单一、僵硬的人才培养模式显然不能适应这种要求。研究表明，培养目标的多样化，多层次的动态模式已成为高等教育的发展趋势。

（三）专业设置通识化、综合化

随着社会经济科技发展步伐的加快，传统的以培养专门人才为目标的面向狭窄的专业设置已显示出种种弊端。为了培养知识面广博、基础扎实、专业口径宽、适应性强的人才，为了与新兴交叉学科的建立与发展相匹配，我国理工科高等学校的专业设置日趋通识化、综合化。

（四）课程设置在价值体系上趋于整体融合

课程设置注重充分发挥课程的整体功能，追求学生、社会、学科发展需要之间最大程度的统一，寻求其整体价值的融合，以及课程结构的优化整合；在课程设置模式方面，传统的基础课—专业基础课—专业课的"三段式"线形模式被打破，课程设置模式日益多样化；在理论课与实践课的比重方面，强调培养学生解决实际问题的能力，实践性课程的比重逐步增加；在必修课与选修课的比例方面，选修课的比例逐步扩大，在提高学生专业素质的同时，拓宽其知识面，增强其适应性。近年来，为适应国际经济竞争形势和科学技术迅猛发展的趋势以及满足本国社会经济发展的需要，美、德、日、英、法等发达国家对高等理工教育纷纷采取了一系列改革举措，其主旋律就是改革传统的人才培养模式以适应新的情境。由于各国传统与现实状况客观存在着差异，各国改革在体现规律性与共性要素的同时，也呈现出多样化的改革局面。事实上，制定与探索多样化的人才培养模式以满足现代社会发展的多元需要已成为当代发达国家高等理工院校人才培养模式改革所努力追求的共同目标。以下着重比较分析发达国家人才培养模式改革的基本取向。

大学生作为一个群体，是由不同的个体构成的。正是由于学生之间的个别差异，必须要遵循"因材施教""因需施教"的人才培养原则和人才成长规律，即：一是在培养目标上，让学生认识自己的智能基础、发展方向、志趣、爱好、特长等条件，扬长补短，引导学生朝最能发挥自己的优势的方向发展；二是在教学过程中，根据不同学生的个性差异，采用不同的教学方法达到教学目标，并促使学生通过努力，在构建知识、能力、素质结构、发展智力、体力、情感、个性品质等方面达到自己所能达到的最高水平，获得相对于自身而言（不是与别人相比）最好的发展。要做到这些，需要人才培养模式的多样化。人才培养模式多样化是高等教育的特点和自身非平衡发展的必然结果。高等教育区别于其他层次教育的本质特征在于它的学术性和职业性。高等学校是分门别类的专业教育，以培养各级各类高级专门人才为目的。专业教育的多样化决定了人才培养模式的多样化。我国高等学校数量众多、规模不一、办学层次丰富，各高等学校已有的传统、办学基础、办学条件和办学水平以及所处地位有较大差异。国家、所在地区对它们的要求和期望也不同。因此，不同类型、层次的高等学校有不同的分工。不同的发展目标、重点和特色，呈现出互补关系，彼此不可替代，必然导致高等教育在办学目标和人才培养模式上的多样化。

学校培养人的过程是通过教育活动使学生逐渐成为人才的过程。人才培养是状态的变化，模式是状态中表现出来的特征。人才培养模式的内涵是指在一定的教育思想和教育理论指导下，为实现培养目标而采取的教育教学活动的组织形式和运行方式，这些组织形式和运行方式在实践中形成了一定的风格与特征，具有明显的计划性、系统性和规范性。其外延一般是指专业设置、课程体系、教学方式、教育教学活动运行机制和非教学培养途径等。人才培养模式的构造是按照一定方式将传统教育模式中的合理内核与创造出的有利于人才培养活动的要素进行优化综合。换言之，每种人才培养模式都有特定的目标指向、组合形式、操作原则和动作范式。

实现人才培养模式的主要形式是课程模式。我们所说的"课程"，一般指学校按照一定的教学目的所建构的各学科和各种教育、教学活动的系统。课程是教学活动中内容和实施过程的统一，是学校实现教育目的的一系列内容和实施过程的统一，是学校实现教育目的的一系列内容和手段的核心部分，是实现素质教育目标的基本手段，是培养学生创造力的重要改革途径和必经环节。所谓"课程模式"，亦指在一定观念指导下课程的结构模式，包括课程设置、课程实施及其管理等一整套环节。由于人才培养的目标内化于课程，学生在达到课程要求的同时也达到了培养目标。因此，人才培养模式要切实落实到课程模式之中，按人才培养模式的要求指导课程模式的建立和改革；课程模式支撑人才培养模式的实现，它随着人才培养模式的不断完善而做相应变化和调整。所以说，课程结构、教学体系、内容、方法的改革，是人才培养模式改革的具体体现，是教学改革的核心。

美国学者马丁·特罗指出："进入大众化阶段以后，高等教育不仅在数量上有明显增长，而且在高等教育的观念、教学内容和形式、学识标准、办学模式、招生和聘请教师的政策与办法等方面，都会发生一些质的变化。"如果说高等教育大众化是增加了人们上大学的学习机会，那么人才培养模式多样化则是用尽可能多的方法提供适合人们需要的高等教育内容。这是因为在大众化阶段，社会对高等教育的需求越来越大，希望接受高等教育的人数也更多，生源的类型和层次将更复杂，个别差异更大。根据因材施教的原则，高等教育的结构和人才培养方式必然比原来更趋向多样化。

第三节　应用型本科人才培养模式概述

不同类型高等学校有不同的人才培养模式，应用型人才培养模式，必须顺应时代发展，更新教育观念，遵循教育规律；要紧密适应国家和地区的发展需求，贴近大众生活，构建应用学科，拓宽专业口径，提高应用能力，增强人才培养的适应性；要不断优化专业与课程结构，改革教学内容、方法和手段，强化实践实训教学，促进产学研紧密结合；重视学生实践能力和创新精神的培养，促使学生在知识、能力、素质等方面协调发展。应用型大学的人才培养模式既具有一般人才培养模式的共性，又具有其自身的个性。

应用型人才培养模式是以知识为基础、以能力为重点、以服务为宗旨，注重知识、能力、素质协调发展，学习、实践和职业技术能力相结合。以知识为基础：注重掌握基本理论、基本知识、基本方法；以能力为重点：突出理论学习能力、社会实践能力、职业技术能力；以服务为宗旨：努力提高毕业生就业率、社会贡献率、群众满意率；以道德人格素质为核心。

2001年5月教育部组织部分院校召开"应用型本科人才培养模式研讨会"，不少专家认为：应用型本科不是低层次的高等教育。它的培养目标是：面对现代化的高新技术产业，在工业、工程领域的生产、建设、管理、服务等基层岗位，直接从事解决实际问题、维持工作正常运行的高等技术型人才。这种人才既掌握某一技术学科的基本知识和基本技能，同时也包含在技术应用中不可缺少的非技术知识，他们最大的特点是具有较强的技术思维能力，擅长技术的应用，能够解决生产实际中的具体技术问题，他们是现代技术的应用者、实施者和实现者。

应用型大学人才培养模式要紧密结合学科的特点。如有的应用型院校提出：工科类专业培养的学生的基本模式是"工程技术+经济知识+文化素养"，理科类是"自然科学+应用技术+文化素养"，经济类是"经济+科技基础+文化素养"，其他文科类则采用"人文科学+自然科学基础+应用技术+文化素养"的培养模式。

一、发达国家和地区应用型大学人才培养模式的经验借鉴

（一）德国

德国应用技术大学是德国第二大高校类型，其"应用型"人才培养模式特色鲜明，形成了较为完善、成熟的应用型本科人才培养体系，深受经济界和社会大众的欢迎，对中国的高等教育改革，特别是应用型本科人才培养有许多可借鉴之处。以下将从培养目标、专业设置、教学结构、教学环节、课程体系、教学内容、

教学方法等七个方面来详细论述应用科学大学应用型人才培养模式。

1.培养目标

德国应用技术大学主要培养能够适应各行各业发展需要的理论应用型人才，即在掌握足够的专业基础知识与方法的基础上，具有胜任高技术要求工作的专业能力的专门人才，其从事的工作范围极其广泛，从产品开发、质量检验、核算、设计、生产、维修保养到技术营销，几乎覆盖了各个专业领域。

2.专业设置

应用技术大学的专业设置具有以下两个特征：

（1）行业性。应用科学大学作为地方性高等院校，为区域经济、社会发展服务是其办学重要的指导思想，因此其专业设置具有鲜明的行业性特征。如：不伦瑞克/沃芬比特尔应用技术大学设有车辆工程专业，为所在地区（其中一个校区在大众公司总部沃尔夫斯堡）培养汽车行业的工程师；奥登堡/东弗里斯兰/威廉港应用技术大学设置了物流工程专业。

（2）复合性。随着知识经济的迅猛发展，出现越来越多的学科交叉行业，因此越来越需要具有跨学科知识、能够理解不同学科的专门人才。

3.教学结构

在引入学士、硕士学位制度以前，德国应用技术大学颁发学位，规定学制为四年八个学期，整个教学过程分为基础学习和主体学习（类似专业学习）两个阶段。在基础学习和主体学习之间有学位预考，只有通过了基础学习阶段要求的所有课程考试，才能进入主体学习阶段。德国应用技术大学各个专业的教学结构虽略有不同，如基础学习阶段和主体学习阶段时间长度不同，专业方向及专业化的划分及时间安排不同等，但大同小异。

除了以上这种常规的安排方式，不少德国应用技术大学与企业合作开设所谓的"双元制"专业，与企业合作培养工程师。"双元制"本身是德国职业教育的特点，这种人才培养模式被引入到高等教育范畴中，通过将高等学校的理论教学与企业、职业学校职业培训相结合、与企业实际工作相结合强化学生实践能力的培养。就读"双元制"专业的学生，在高校学习开始时要与合作企业签订带有资助协定的劳动合同。比如，2004—2005学年，汉诺威应用技术大学机械制造系开设了三个"双元制"专业，即生产技术专业、机械设计专业与经济工程/技术营销专业，与企业合作培养工程师，学制为九个学期。其中前四个学期，学生在高校和企业、职业学校交替进行大学学习和职业培训，第四学期结束时参加工商行会组织的技工考试。接下来的四个学期，学生平时在大学学习，放假期间则在企业进行准工程师的职业训练。第九学期为毕业设计学期。各高校"双元制"专业的教学结构虽各有不同，但其核心都是教学场所、教学内容和教学承担者的双主体结构，通过这种双主体结构确保了高校与企业在人才培养上的密切合作。目前，这种双元制合作模式受到了学生、企业、高校的欢迎，其主要原因在于这是一种三赢的合作模式。首先，对学生而言，学生在整个学习阶段得到企业类似奖学金的资助，减轻了学生的经济负担；学生在较短时间内就可以完成大学学业和职业培训，获得职业培训资格证书和大学学位；学到的理论知识可以马上在企业中得到运用，提高了理论学习的针对性和目的性，从而提高学习积极性；在企业中获得的实际工作经验和实践应用能力使学生在进入职场时相比其他学生更具有竞争优势；学生毕业后可以进入合作企业工作，且工作适应性得到提高，适应时间缩短，同时学生也可以选择其他企业就业。其次，对企业而言，可以通过选拔选出高素质的学生进入双元制专业学习，由于学生非常熟悉企业的工作环境和工作任务，相应缩短了工作后的适应期和培训期。最后，对高校而言，通过双元制培训模式招收的学生明显学习积极性高、目的性明确，从而降低了辍学率；与企业的紧密合作保证了应用技术大学应用型教学的开展，提供了实习岗位、毕业设计岗位；与企业的紧密合作也有效地促进了应用技术大学应用研究和技术转让，丰富了应用技术大学教授的实践经验。

当然，这种模式的顺利进行必须要有高校、企业和职业学校的紧密合作，对各个教学环节协调一致，并共同制定教学内容。因此，一般来说，双元制专业均设有三方成员组成的咨询委员会，定期就教学环节与教学内容进行讨论。

4.教学环节

在理论教学与实践教学中，实践教学环节所占比重较大。

实践教学环节主要包括实验教学、实践学期、项目教学、毕业设计和学习旅行。

实验教学是非常重要也经常使用的一种教学形式。在工科类专业中，在专业学习阶段，实验教学占整个教学活动（不包括实践学期）的25%—30%。非常重要的是，应用技术大学的教授们亲自参与实验的开发、指导和考核，保证了实验内容与理论教学内容的紧密配合。

实践学期是应用技术大学教学活动中最具特色的部分。各州对实践学期的规定不尽相同，有的安排了一个实践学期，有的安排了两个实践学期。各个应用技术大学以及同一个学校的不同系科在具体安排上也会有所区别。实践学期一般在企业中完成，由教授和企业专业技术人员共同指导，目的在于通过实践学期加深学生对工作岗位的了解，培养学生运用科学知识与实践能力，更重要的是培养学生在实际工作环境中的工作方法和思维方式，以及交际能力等。

项目教学是结合为企业解决实际问题的项目进行课程设计的一种教学形式，具有以下特点：理论与实际相结合的实践性强；有利于提高学生运用跨学科综合性知识的能力；产学研结合紧密；有助于培养学生的综合素质（交际能力、表达能力、团队协作精神、独立工作能力等）。德国500名科学家和教育家曾预言在知识社会里将出现五种典型的教学形式，项目关联学习是其中一种。德国电子技术专业的学习组织结构和学习内容提出的建议中强调指出："在主体学习阶段引入项目形式受到应用技术大学的极大关注，普遍在教学计划中设置了数个项目教学。项目设计的题目来自企业，并与企业生产活动紧密结合，学生在教师和企业专业技术人员的指导下独立完成从市场调研、方案设计、制作到作品展示的整个实战过程，并撰写项目设计论文。"

应用技术大学学生的毕业论文课题与企业实践相结合的程度也相当高。据统计，在许多专业，特别是工科类专业，毕业论文课题来自企业，并在企业中完成的占60%—70%。其毕业设计也具有鲜明的应用型特征。

5.课程体系

德国应用技术大学的课程体系充分体现了应用本科人才培养的总体培养目标，学科基础课、专业基础课、专业课、跨学科课程紧密围绕着人才培养目标，有机结合，层层递进，环环相扣。首先，针对专业总体培养目标有针对性、有选择性构建学科基础和专业基础课程；其次，为了培养学生的应用能力，在课程设置中保证了二者比例约为50：50；再次，除了专业课程外，还普遍以必修课及限定选课的形式设置了一系列跨学科课程，例如，在工科类专业中普遍设置了企业经济学、法学、项目管理、安全技术、人事管理、成本核算、技术营销等非技术类课程，其出发点是：一个训练有素的工程师除了掌握必要的技术专业知识外，还应该具有从经济学、生态学和社会学角度寻求技术解决方案的"复合型"人才特征。

6.教学内容

与综合大学的教学内容相比，应用技术大学的理论教学有鲜明的实践导向，不强调学科知识的系统性和抽象性，不把过多的时间用于原理的推导和分析，而是强调科学知识方法如何运用于实际生产和其他领域，偏重于那些与实践密切相关的专业知识。应用技术大学就每门课程所要讲授的内容有明确的教学大纲，但是没有规定统一的教材。教授们根据教学大纲的要求自主决定教学资料、教学进程和具体内容，并为学生指定教学参考书。而且教学内容不是一成不变的，而是根据学科知识的发展及实际应用的变化不断进行补充和修订。

7.教学方法

理论教学采用课堂讲授的形式，很好地融合了研讨教学、现场教学、案例教学等多种教学手段与方法。与综合大学相比，应用技术大学的课堂教程一般在较小的学生群体中进行。它保证了课堂教学能在相互交流的基础上进行，也保证了研讨教学、现场教学（课堂与实验室融合）、案例教学等多种教学手段与方法的有效开展。

（二）澳大利亚

澳大利亚的理工大学实施以学科为基础，面向行业和产学结合的本科教育。

它的课程模式主要由在学校的理论课学习和基于行业的学习组成，其中，基于行业的学习是理工大学学位课程的重要组成部分，也是其课程模式的主要特色之一。在基于行业的学习的教学过程中，学生、大学和行业三方紧密结合，使学生在具备一定的学术能力后，有机会在企业工作，并体会和熟悉工作环境。澳大利亚的应用型本科教育指的是面向技术的大学教育。该类大学的战略发展方向是以灵活性的学习及终身学习为基点，开展综合性研究，探究勇于创新的大学文化和研究教学法，为不同的教育市场提供特定的课程，并通过伙伴关系提供全球化服务。在此类教育中特别重视学生的专业应用能力，强调面向行业、结合企业开展应用型的教育和培训。基于行业的教学方式是澳大利亚应用型本科教育教学的特色。

二、北京地区高校人才培养模式概况

北京市教育委员会编《北京高等教育质量报告（2004）年》一书中，"人才培养目标"一节写道："学校要把学生培养成怎样的人才，这既是学校整体定位的体现，又是衡量学校教育教学质量的重要标准。"北京不同类型的高等学校在这方面有着不同的提法和做法，不同类型的高等学校在人才培养方面的侧重点不同。

（一）中央部委属本科院校——重视学生科研能力和创新能力的培养

中央部委属本科院校普遍比较重视学生科研能力和创新能力的培养，认为这是高水平大学人才培养质量的重要标准。为此，各高校积极采取措施，在学生科研能力和创新能力的培养上下功夫。

清华大学的做法是开展"新生研讨课"和大学生研究训练计划（SRT）。新生研讨课在清华已经开展了几年，已有近2000名新生选修该类课程。通过研讨课推进以探索为主的自主学习方式，激发学生对科学研究的极大热情。学生在这一过程中，逐渐学会了学习和研究，锻炼了科研能力。清华大学还设立了大学生研究训练计划，截至2004年底，学校已设立SRT项目3098个，约7000名学生参加。有的学生在SRT计划中所取得的成果，曾获全国"挑战杯"特等奖，完成的学术论文发表在国际重要期刊上。

北京大学通过实施"元培计划"培养创新人才。"元培计划"实验班的学生在科研创新能力方面表现出极大的潜力，在争取学校设立的各项基金和保送研究生方面都表现出极大的潜力。2005年即将毕业的"元培计划"实验班学生共73名，21人准备出国深造，其余52人中，46人获得了保送研究生资格，保研的比例远远高于其他院系的平均水平。

北京航空航天大学在2002成立的高等工程院校，以选拔和培养优秀学生为主要目的，也十分注重学生科研能力和创新能力的培养。为此，学校为每一位学生配备一位专职指导老师，他们都是中国工程院院士、长江学者及资深教授，以加强对学生进行因材施教的培养，实现个性化指导，促进原创型成果的产生。两年来，在老师的精心培养下，这些学生取得了优异的成绩。

有些学校则通过开办讲座，举办学科竞赛等方式营造校园的学术氛围，以使学生在潜移默化的熏陶中逐渐增强科学研究和探索创新意识。

对外经济贸易大学为鼓励学生积极参加各类学科竞赛，2004年制定了《对外经济贸易大学本科生学科竞赛管理及奖励方法》，对调动广大学生的学习热情、培养创新精神和实践能力发挥了重要作用。外交学院则通过开办各类讲座，拓宽学生学术视野。2003年开始，举办了"外交学院论坛"，极大地活跃了学院的学术氛围。2004年，"外交学院论坛"邀请了一些国内外一流的专家学者、各界知名人士举办演讲，学生好评如潮。这些活动开阔了师生的视野，活跃了学院的学术气氛，使得学生的科研兴趣和创新意识得以提高。中华女子学院也通过"百科知识讲座"计划营造学校的学术氛围，主要聘请校内的优秀教师和校外的各学科知名专家讲学，内容包括人文科学、社会科学和自然科学知识的普及，学习方法指导，各学科知识发展的新进展和新成果介绍等。讲座在学生中反响热烈，取得了很好的效果。

（二）市属市管本科院校——重视学生实践能力的培养

市属市管本科院校从学校自身的定位出发，比较强调学生实践能力的培养，认为应用型人才的重要特征集中体现在学生实践能力之上，因此，学校应该在这方面下功夫，以增强学生在就业市场上的竞争力。

北京农学院为了加强学生的实践能力，积极鼓励和扶持各系各专业根据人才培养目标的要求，探讨实践教学方式和途径，使专业实践教学内容系统化，拓宽了专业口径，保持了四年实践教学不断线。

北京联合大学为提高学生就业竞争力，一方面开设就业指导课，邀请企业界人士为学生进行就业指导讲座；另一方面为毕业生开办ISO9000（质量管理）、ISO14000/18000（环保/安全）标准体系内审员和AutoCAD工程师资格认证培训班，以满足学生的就业需求。

北京联合大学坚持应用为本，明确提出"发展应用型教育，培养应用型人才，建设应用型大学的办学方针"，为此，学校积极改革人才培养模式，设置突出实用技术的专业核心课程，目的是要加强学生就业的竞争能力，引导学生最大限度地掌握专业面向的行业所急需的现代技术知识与技能。同时，在教学过程中，注意理论与学生的职场感受相结合，培养学生发现问题、提出问题、探索研究新知识的能力，激发学生的创新意识。

北京第二外国语学院根据时代发展的要求提出：既掌握系统的专业理论和专业知识，又有较高外语技能的学生是未来国际型应用人才的重要特征，因此"复合"是培养国际性应用人才的必由之路。"复合"主要是指跨专业、跨学科培养复合型人才，学校的专业复合主要采取两种方式：一是外语专业在注重语言技能培养的同时，开设国情、历史、文学、文化、经济、社会等专业方向课程，积极主动地拓宽专业领域；二是非外语专业利用学校丰富的外语教学资源优势，通过开设外语技能训练课、双语课和聘请外籍教师可设专业课等手段，加强学生外语听说读写译技能训练，使学生在学好专业理论和专业知识的同时，努力提高自己的语言技能，培养自己的外语特长。

中国音乐学院建立了教学、科研、艺术实践三位一体的人才培养模式，它以抢救濒临灭绝的传统民间音乐为主要内容，以学校的器乐系教学，科研力量为主要依托，通过采风、收集、优选、音乐会、研讨会、学术报告、教学活动等方式，将濒临灭绝的传统民间音乐请进大学课堂，搬上音乐舞台。这一人才培养模式既保护了民间音乐，丰富了对民间音乐的认识，又培养了人才，锻炼了学生的实际演奏能力。

（三）成人和高职——职业型人才培养模式

成人高等学校和高等职业学校所培养的人才要突出其职业性，为此，学校在教学和课程方面注重实用性，紧密与市场实际、企业需要相联系。

北京市建设职业大学为了加强学生实践能力和就业能力的培养，将学历教育与职业资格考试结合起来，学生在完成规定的教学内容以后，除了可以拿到北京市主管部门颁发的"房地产评估员""房地产经纪人"的上岗证书外，还具备了直接参加建设部、人事部组织的注册房地产评价师、注册房地产经纪人的执业资格考试能力。

北京信息职业技术学院紧密结合高等职业学校的特点，从"首都IT产业和现代制作业要求的综合职业能力"这一人才培养目标出发，探索人才培养模式改革。学院初步形成了独具特色的人才培养模式——"CPTC课程模式"，它由两部分组成："通用平台"，承担了全面素质教育的功能，实现学生关键能力的培养；效仿工厂的"技术中心"，承担专业课程、技能实训和职业资格证书培训的任务，实现职业能力的培养。

北京电子科技职业学院以产学研结合建立"需求导向型"人才培养模式。其主要特点是：高等职业人才的培养以企业的需求为导向，以现场顶岗实习为重点，校企密切结合，共同完成人才培养的全过程，学生毕业后无须附加培训，直接上岗。这种模式在保证本专业必需的知识教学的基础上，尽可能根据企业需要安排学生现场顶岗实习，取得了可喜成果。

第四节　应用型本科人才培养模式构建

一、应用型人才培养模式内涵

所谓应用型人才培养模式，就是学校为实现应用型人才培养目标并围绕应用型人才培养目标组织起来的比较稳定的教育活动的结构样式和运行方式，它们在实践中形成了对应用型人才培养的风格或特征，具有明显的系统性与范型性。在应用型人才培养模式的构建中，高校必须适应社会对人才知识面宽、能力强、素质高的要求，培养的人才既要具有共性，又要具有个性，具有较强的知识基础、创新精神和实践能力。因此，构建人才培养模式应当以传授知识为基础，以能力培养为中心，以提高素质为主线，以培养技术应用型专门人才为目标。这里所要求的"能力"不仅是岗位能力，更应是职业岗位群能力，不仅是专业能力，更应是综合能力，不仅是就业能力，更应是一定的创业能力，不仅是再生性技能，更应是创造性技能。这里所要求的"技术"是在一定的科学理论基础上，超越于一般技能，具有一定复合型和综合性特征的技术，不仅包括经验技术，也包括理论技术。

二、应用型人才培养模式特征

（一）以社会需求为导向，以应用型人才为培养目标

高等教育大众化必然带来教育对象的多样化和社会对人才需求的多样化。从发达国家工业化、现代化的进程总结出的经验来看，经济社会发展对人才的需求最终将呈现出"橄榄型"趋势，即学术型的拔尖人才和一般劳动者占少数，占多数的是具有一定知识技术能力的应用型人才。因此，承担大众化的应用型大学应以社会和人的双重需求为依据，以培养应用型人才为目标，为社会和人的发展服务。

本科应用型人才知识方面的目标是"较厚基础，较宽口径"，能力是以具备创

新、开发、应用的工程师水平为目标，品格方面的要求是综合素质高，具备社会主义的道德标准。由此，本科应用型人才培养目标可以概括为：以市场为导向，以通识教育为基础，提高学生的综合能力和素质，为学生的专业学习和可持续发展奠定基础；以能力培养为本位，培养学生解决实际问题的能力。应用型人才应该既要有知识，又要有能力，更要有使知识和能力得到充分发挥的素质，应当具备较厚基础、较宽口径、注重实践、强调应用四个突出特点，尤其是要具备较强的二次创新与知识转化。

（二）改革人才培养计划，体现应用型人才特点

人才培养计划是人才培养的总规划，是高等学校人才培养模式的核心内容，是人才培养模式的实践化形式。高校在本科应用型人才培养计划的制订中要正确处理好以下几个方面的内容：第一，遵循传授知识、培养能力、提高素质、协调发展和综合提高的原则，加强学生全面素质的培养；第二，注重加强基础与强调适应性的有机结合，使公共基础平台、学科基础平台、专业基础平台的构建更加科学；第三，灵活设置专业方向，使专业方向模块更加符合应用型人才对专业的要求和学生个性化发展的需要；第四，突出应用型与实践能力的培养，加大实践教学的比例，强化学生的动手能力、应用知识解决实际问题的能力和创新精神的培养；第五，根据学生毕业后所从事的岗位群的技能要求，设置职业技能教育培养模块，提高学生的执业能力，增强学生就业竞争力；第六，跟踪现代科技的发展，注重课程的更新与提高。

（三）改革课程体系，优化教学内容

应用型本科教育作为高等教育的一种类型和具有特色的组成部分，在课程设置和教学内容方面，必须有自己的特点。第一，以能力为本位选择课程内容、设置课程体系。具体可以采取"四大模块"的方式，即基础课模块、专业基础课模块、专业方向课模块和实践教学模块。第二，强化基础课教学，努力加强文化修养和语言、计算机等工具性课程的教学，为学生的发展奠定坚实的基础。第三，为了适应素质教育的需要，按照因材施教和个性发展的原则，还可以设置一定比例的任选课程，以满足不同学生的不同需要。第四，精设专业课，专业课要宽而新。第五，注重实践教学体系的改革，通过强化实践教学环节来提高学生的动手能力和实际操作能力，从而培养学生的创新精神和适应能力。

（四）改革教学方法，发展学生个性，突出创新能力的培养

教学方法与手段改革作为提高教学质量的重要举措，能够积极推进课程教学方法与教学手段改革的研究，鼓励教师树立创新教育、素质教育、开放教育观念，更新教学方法，大力推广利用多媒体和网络技术进行教学，充分调动学生学习的积极性、主动性和创造性，培养学生分析问题和解决问题的能力，加强学生创新精神、创新能力和创业能力的培养。在教学方法和教学手段上，积极采取提问式、自主式、情景式、启发式、讨论式和案例式等教学方法，结合现代教育技术，注重学生创新能力培养和个性发展，爱护和培养学生的好奇心、求知欲，帮助学生自主学习、独立思考，增强学生收集处理信息的能力、分析解决问题的能力、团结协作和社会活动能力。

三、我国应用型本科人才培养模式研究历程

在我国，"应用型本科"作为一种高等教育类型是一种在探索中的新概念。在国内，"应用型本科"概念被第一次完整提出是龚震伟于1998年在《江南论坛》第3期上发表的《应用型本科应重视创造性培养》一文。该文提出应用型本科人才要具有创新意识和能力。

随着我国高等教育大众化的发展，高等学校人才的培养目标逐渐开始重新定位，对于新建本科院校和独立学院而言，怎样培养具有自身特色的人才成为这些学校生存与发展的关键。

2001年5月，在长春举办了"应用型本科人才培养模式研讨活动"。会上提出了一个问题，即"在经济发展以后，普通高校本科教育是否应当适当发展应用型本科教育"。与会代表讨论认为："应用型本科教育作为一个教育概念，在我国提出时间不长。改革开放20年来，国际上先进的制造技术进入我国企业的生产领域，为了适应社会现代化生产的人才需求，一些高等专科学校，特别是高等专科工程学校提出了'高等技术应用型人才'的培养目标，如同职业大学一样，积极开展相应的教育教学改革，培养高等技术应用型人才成为地方大学、高等工程专科学校以及广大专科学校的任务。"并指出："在国际上特别是经济发达国家和地区，应用型本科教育早已存在。"所以，"发展应用型本科教育，既是我国的经济发展和社会进步的要求，也是追赶国际高等教育发展潮流的一种需要"。

2002年7月，教育部高教司在南京召开了"应用型本科人才培养模式研讨会"，会议所取得的一项成果是成立了"全国工程应用型本科教育协作组"，作为进行工程应用型本科教育改革与发展研究的学术性协作组织。

2005年6月15日，《光明日报》采访了北京联合大学应用文理学院院长孔繁敏教授，进行了有关北京联合大学应用文理学院建设应用型大学方面的报道。

2005年11月，中国教育报2005年11月10日刊登了题为"培养高级应用型人才，服务地方经济社会发展，新建本科院校科学定位是关键"的短讯，对"第四次全国新建本科院校教学工作研讨会"进行了报道，全文如下："在全国701所本科院校当中，新建的本科院校有198所，占本科院校的近1/3。今天在洛阳师范学

院召开的第四次全国新建本科院校教学工作研讨会上，教育部副部长吴启迪指出，新建本科院校要着力解决好科学定位问题，以培养高级应用型人才为主，服务于地方经济建设和社会进步"。

2007年8月，全国高等学校教学研究会在成都召开，在这次会议上成立了"应用型本科院校专门委员会"。

党的二十大将"建成教育强国、科技强国、人才强国"纳入2035年我国发展的总体目标，这一重大部署再次强调了人才培养的重要性。

高等教育如何能够进一步适应经济社会发展、特别是强国建设对于高等教育的要求，刘昌亚表示，教育部正在按照党的二十大的要求积极推进。[①]

2022年，为了更好地服务应用型本科高校转型发展，评估中心研制了《全国应用型本科高校建设情况监测报告（2022年度）》，通过对全国633所应用型本科高校2017年和2021年度的数据进行综合对比分析，从时间上的发展变化和不同高校群体的特征比较，全面反映应用型本科高校转型发展情况，为教育行政部门制定政策和广大应用型本科高校发展建设提供参考。

引导部分地方本科高校向应用型转变是党中央、国务院作出的重大决策部署。2014年5月，国务院《关于加快发展现代职业教育的决定》提出，"引导一批普通本科高等学校向应用技术类型高等学校转型"，吹响了应用型本科高校转型发展的号角。随后，党和国家出台了一系列政策措施不断推进应用型本科高校的建设发展。

四、应用型本科人才培养类型

（一）产学研人才培养模式

产学研人才培养模式是学校与企业分工协作，理论教学以学校为主，技能培训和实践教学以企业为主，这种模式主要是在借鉴德国的双元制模式的基础上逐步形成的。这种模式有利于学生将所学知识尽快运用到实践中去，有利于学科专业建设，是应用型大学与相关企事业单位合作培养学生的重要方式。这样做有利于学生尽早了解生产的实际和要求，有利于学生动手能力的提高，从而能使他们尽快进入到岗位角色中去。从长远来说，这有利于学生一生的职业生涯设计。产学研结合的方式有多种，如应用型大学的法学专业应当与地方法院和地方企业、事业单位结合，新闻专业和地方的宣传媒体结合，金融专业与地方的银行结合，

①周二勇，王彦斌.应用型本科院校办学实践与未来展望［M］.北京：北京理工大学出版社，2019：66.

旅游专业与地方旅游结合，档案专业与地方档案馆部门结合等。[①]有了这种结合，应用型大学的人才培养就有了依托和强大的后盾，人才的质量也会大幅度提高。

（二）以市场需求为导向的人才培养模式

以就业为导向的人才培养方式是指以提高毕业生就业率和就业质量为目标，以市场所需要的人才素质为出发点和归宿，建立与社会就业价值取向相适应的一种人才培养模式。将就业指导与生涯规划相结合，职业生涯规划贯穿全过程，从一入学直至毕业的整个过程，以课程的形式纳入学校的整个教学计划，依据学生个人能力、兴趣、发展潜力，指导学生选择适合自己的专业或职业，注重学生的创业教育，培养创业意识。这种培养模式建立在校企双方相互信任、紧密结合的基础上，就业导向明确，企业参与程度深，能极大地调动学校、学生和企业的积极性，提高人才培养的针对性和实用性。这是一种实现学校、用人单位与学生三赢的一种具有明显特色的人才培养模式，目前是我国应用型大学人才培养模式改革的新热点。

（三）Ⅰ型的应用型本科人才培养模式

应用型人才应更注重学生的专业课程，基础则以够用为度，所以在这类学校的课程体系中通识基础、专业基础和专业课程三者的比重相差无几。因此，这种课程体系犹如一根柱子，也可用一个大写的英文字母Ⅰ表示，称为Ⅰ型课程体系。

（四）H型的应用型本科人才培养模式

坚持"双轨并重"的实践教学理念。在校内建设实践教学基地；在校外，充分利用本市广阔的市场资源，建立和运行基于"加强合作、互惠互利"的产学研合作办学机制，完成基于工程项目（工程设计+工程项目管理+技术研发）的"H"型实践教学体系的构建。

（五）T型的应用型本科人才培养模式

T型人才培养模式，体现了确保核心能力，突出专业实践能力的原则，"T"上面的"一"表示学生作为社会人一般能力和基本素质的横向拓宽，以增强毕业生对社会的适应性，"T"下面的"丨"表示专业能力的纵向深化，且特别强调专业实践能力，以加强毕业生就业的针对性。

---

① 吴建铭.新时代地方本科高校应用型发展研究［M］.北京：中国广播影视出版社，2023：82.

五、应用型本科人才培养中存在的问题

近些年，在各方的共同努力下，应用型本科教育取得了明显的进步。但是应用型本科教育作为一个教育概念在我国提出的时间并不长，人们对应用型本科人才的认识比较模糊，措施不到位，应用型本科人才培养方面还存在着许多问题，主要表现在以下几个方面。

（一）教育思想

中国传统的教育思想是重理论，轻应用；重书本，轻实践。这种教育思想在办学的各个方面都得到一定的反映。高校的评估指标体系主要以学术型大学的标准来制定，没有应用型大学的评估标准，分类指导不够。因此，只有从教育思想上真正认识到"应用型"人才的重要性，才可能切实改革人才培养的各个环节。

（二）培养目标和规格

对应用型本科人才的培养目标和规格还存在认识理解上的模糊不清。许多应用型本科院校在思考应用型本科人才的培养目标和规格问题时提出要区别对待应用型本科人才、学术型本科人才和高职高专人才。但是应用型本科人才的概念往往是两种规格的叠加，既想要符合一般本科人才的要求，又想同时兼顾高职高专人才的"应用型"。对于应用型本科人才到底应该是什么样的人才认识不清，导致措施不力，许多学校在"宽口径、厚基础"与"应用型"之间始终找不到切合点、平衡点，认识上存在很大的误区。

（三）课程体系

课程体系与当代科技、经济和社会的发展不相适应。在课程设置上，基础课、专业基础课之间的比例不尽合理，应用型课程偏少，作为知识载体的教材建设远远落后于应用型人才培养的步伐；教学内容与研究型大学雷同，没有形成"应用型"本科人才培养的特色，往往强调学科的系统性和完整性。

（四）实践教学

实践教学设备陈旧，教学内容脱离实际，不能符合社会与科技发展的需求，验证性实验多，设计性试验和综合性实验少，虚拟课题多，联系实际的课题少，造成学校教育与社会需求脱节，学生的实践能力、技术创新能力不强。

（五）教学方法

教学方法的改革力度不够，还是沿用传统教学方法。项目教学法、案例教学法、研讨教学法、现场教学法等形式运用得不够，在素质教育中过于依赖人文素质课程的开设，素质教育与专业教育脱节。

第五节　以拙匠书院乡村服务人才培养为例——精英式书院人才培养模式的创新与探索

黄淮学院是教育部应用技术大学改革战略研究试点院校、中国应用技术大学联盟副理事长单位、河南省首批示范性应用技术类型本科院校。近年来，学校以习近平新时代中国特色社会主义思想为指导，深入贯彻党的十九大和二十大关于乡村振兴的全会精神；以河南省第十一次党代会提出的打造"设计河南"基本目标为指引。坚持立德树人根本任务，瞄准国家"乡村振兴"战略，整合学科专业资源，深化产教融合，推进校地、校企合作，创新人才培养模式。培养适应地方经济社会发展需要的复合型、创新型、应用型人才，切实增强学校的核心竞争力。

黄淮学院依托拙匠书院"产—学—研—用"一体化的实践教学平台，全面加强设计类人才培养质量。强化通识教育基础地位，优化专业核心课程设计，拓展交叉人才培养路径。学生通过"修专业、修博闻、修沟通力、修领导力和修道德"，把第一课堂、第二课堂协同培养，创建一批乡村真实场所沉浸式的校外教学实践平台。以"师徒制"教学模式，传承"拙匠精神"，以卓越的专业能力服务社会，实现精英式书院人才培养过程中教学、产业、科技融合发展的全价值成长链。培养具有综合素养的设计与技术型高素质应用人才。

拙匠书院近年来通过一系列乡村设计建设活动，如加强传统文化教育，提升人文素养，拓宽学生视野，训练学生在复杂的乡村建设问题中的创意设计综合能力。利用拙匠书院平台紧密联系设计企业联盟、研究机构，提升乡村设计研发；紧密结合学校、政府、企业共同发力美丽乡村建设，培养综合性乡村设计人才，服务于"设计河南"、乡村振兴建设中。

经过多年努力，黄淮学院拙匠师生团队在信阳明港新集村、确山蚁峰镇回兰村、遂平嵖岈山镇红石崖村、巩义楼子沟村等地通过产教融合、设计赋能，打造了一系列乡村振兴创意产业示范项目。其中以新集村为例，从2018年起，通过拙匠书院师生系统化思维设计，沉浸式陪伴建设与服务，新集村荣获住建部和农业部颁发的"美丽宜居村庄""环境整治示范村"等4项国家级荣誉称号。

一、校地共建乡村设计平台：以平台汇聚创新人才培养新动能

以汇聚服务乡村专业人才培养为目标，2018年黄淮学院与信阳市平桥区明港镇政府签订了战略合作协议。一方面以高校为依托，校地共建深度融合，打造乡村振兴典范——新集村；另一方面依托黄淮学院新集村拙匠书院校外实践基地，探索精英式书院人才培养模式的创新，开辟产教学研创一体化融合的教学新模式。

坚持育人为本，深入乡村一线产教融合、创新发展的建设理念。建设了河南

省新工科（建筑设计）大学生校外实践教育基地、微建筑设计工作室、新集村拙匠书院、黄淮学院圆梦坊及梦工厂、黄淮学院拙匠书院等实践基地。汇聚资源要素，对接乡村发展战略以及产业发展；建立了乡村规划设计研究院、天中文化研究院、产业创新发展研究院、天中文创产品研究所、乡土空间设计研究所、乡村振兴研究所、驻马店市建筑文化遗产保护工程技术研究中心、河南省建筑能耗控制工程技术研究中心等研发机构。与经济社会发展同频共振，为培养乡村设计人才提供强大动能。

2021年10月，驻马店市建筑产业产教融合战略联盟在黄淮学院成立。战略联盟成为驻马店市建筑产业和黄淮学院产教深度融合新的标杆，引领驻马店市建筑产业高质量发展。2021年4月，由河南省驻马店市人民政府、黄淮学院联合主办的"乡村让生活更美好——乡村振兴论坛"在黄淮学院图书馆报告厅举行。为驻马店市乡村振兴工作下一步的推进提供了权威依据，对如何全面推进乡村振兴、加快农业农村现代化加深了认识，为乡村发展实践提供了高质量智库成果和综合示范。

目前，黄淮学院拙匠书院师生团队运用乡村振兴的系统化思维方法，结合乡村五大振兴任务，对乡村进行顶层规划设计。如将新集村定义为"文"村，以文化、教育及产业融合为驱动。近几年以新集村为示范点，陆续在新集村改造了拙匠书院、拙匠书舍一期、拙匠艺坊、拙匠书舍二期、雕塑坊、会议中心等建筑空间，具有乡村振兴人才培养、乡村工匠培训、师生实践住宿等功能，是校地双方持续深入合作取得的标志性成果。

二、精英式书院人才培养：以目标为导向的乡村设计拔尖人才培育

书院制最早起源于欧洲的巴黎大学（创建于1180年的迪克斯-惠特学院）。1933年，美国著名高校正式确立书院制模式（哈佛大学，耶鲁大学）。目前，书院制在发达国家（英美、加拿大）等著名高校均以一定的形态普遍存在，在精英人才的培养方面发挥着举足轻重的影响和作用。国内书院制最早出现在香港中文大学（1963年设立）。2005年复旦大学推行书院制。2019年10月，《教育部关于深化本科教育教学改革全面提高人才培养质量的意见》中提及要积极推动高校建立书院制学生管理模式。其中精英式书院类型是以精英拔尖人才培养为导向的一种书院模式。

2006年，黄淮学院微建筑工作室开始探索真实项目进课堂，理论与实践相结合，通识教育与专业教育融合的案例教学模式。2018年工作室更名为"拙匠书院"，继续探索和构建以价值引领、能力培养、工程实践为导向的课程体系、教学方法、管理评价与机制等应用型人才培养模式。理论上，作为一项复杂性、系统

性、新兴性教学工程，小规模、精英化导向的人才培养理念需要多样化的探索及理论支撑。实践上，符合时代特征及社会各行各业人才多样化需求。有利于深化产教融合，促进人才培养供给侧和产业需求侧结构要素全方位融合。

在实际乡村振兴的设计工作中，让学生们深入到乡村一线，用系统化思维来设计乡村。乡村振兴不仅仅是服务乡村的规划设计、建筑设计和环境设计，还要了解和理解乡村的产业布局、文化建设和乡村文旅的运营与管理工作。构建"五修一体"的精英式书院人才培养，即培养学生的乡村设计专业技术能力和文化理论修养，同时不忘学生的美、德教育。美，使其在设计作品中更具创意，德，使其在工作中游刃有余。

经过多年探索，已经初步形成了以精英式书院管理模式嵌入实践教学平台的人才培养模式和教学体系。多年来完成了一系列专业教学改革及产教融合教学成果，并实现了大量实践课程的成果转化。

（一）"以能力为导向，五修一体"的乡村拔尖人才培养目标

拙匠书院围绕"修德行、修专业、修博闻、修沟通力、修领导力"的修五种能力的理念，陆续制定出一系列的管理制度，育人体系及人才培养方案。提出"能力为导向，五修一体"的人才培养模式。包括专业基础、知识储备、管理能力和团队精神、沟通能力及洞察力、完善人格及品德修养的 "融合发展"。让人才培养从注重实践能力培养转变成以可持续发展能力为重点的项目教学内容。包括培养学生有较强的自我获取知识的能力，自我构建知识结构的能力，以及判断能力、研究能力、创新能力和协调能力。

在人才培养方案中，提出的"五修一体"实际上是把人才培养分为实践和素质锻炼两大模块，实践为主，素质锻炼为辅。实践内容包括，选题（S）、构思（C）、设计（D）、施工指导（I）、成果拓展（E） 五项内容，共同形成 SCDIE 的实践教学体系，素质锻炼板块分为基层服务、跨学科专业拓展两项内容，完善学生知识结构，提高专业素质。

具体到课程组织实施中，分为五个阶段：

①任课教师校内下发设计任务书，开展理论指导；

②学生分组，依托实际项目自主选题；

③在拙匠书院实践基地展开课程，深入乡村实地调研，了解村民设计需求进行基层服务；

④听取村民代表意见反馈，持续修改并完善乡村设计方案；

⑤设计成果比选，校内导师、企业专家、政府及村民代表共同参与成果评价；

⑥任课教师、企业专家与工匠共同指导学生参与优秀成果落地建造。

技术路线图如下：

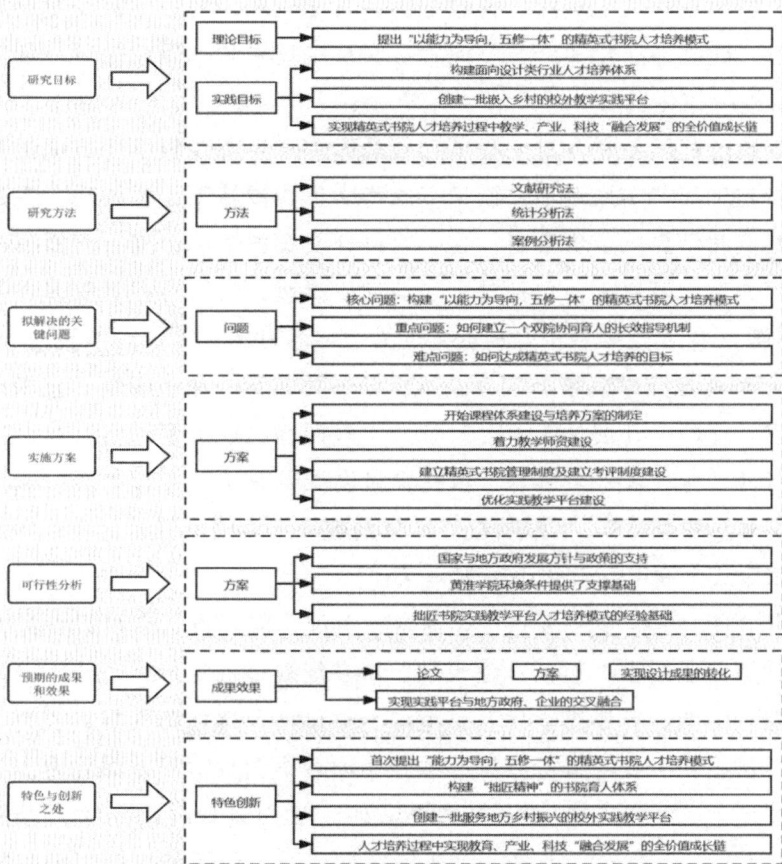

研究目标 ⇒
- 理论目标 → 提出"以能力为导向，五修一体"的精英式书院人才培养模式
- 实践目标 → 构建面向设计类行业人才培养体系
  → 创建一批嵌入乡村的校外教学实践平台
  → 实现精英式书院人才培养过程中教学、产业、科技"融合发展"的全价值成长链

研究方法 ⇒ 方法
- 文献研究法
- 统计分析法
- 案例分析法

拟解决的关键问题 ⇒ 问题
- 核心问题：构建"以能力为导向，五修一体"的精英式书院人才培养模式
- 重点问题：如何建立一个双院协同育人的长效指导机制
- 难点问题：如何达成精英式书院人才培养的目标

实施方案 ⇒ 方案
- 开始课程体系建设与培养方案的制定
- 着力教学师资建设
- 建立精英式书院管理制度及建立考评制度建设
- 优化实践教学平台建设

可行性分析 ⇒ 方案
- 国家与地方政府发展方针与政策的支持
- 黄淮学院环境条件提供了支撑基础
- 拙匠书院实践教学平台人才培养模式的经验基础

预期的成果和效果 ⇒ 成果效果
- 论文　方案　实现设计成果的转化
- 实现实践平台与地方政府、企业的交叉融合

特色与创新之处 ⇒ 特色创新
- 首次提出"能力为导向，五修一体"的精英式书院人才培养模式
- 构建"拙匠精神"的书院育人体系
- 创建一批服务地方乡村振兴的校外实践教学平台
- 人才培养过程中实现教育、产业、科技"融合发展"的全价值成长链

图 2-1　技术路线图

依托新集拙匠书院校内外教学平台，以实际项目驱动教学，采用三维模式，即场景教学、项目实践和自主学习形式。学生全程深入乡村一线，融合工、农、人文多学科专业知识，小组协作完成具有综合性、复杂性及地域性特色的真实乡村建筑设计任务。综合训练学生分析和解决实际问题能力、设计创新思维、团队协作精神、社会服务意识等，运用建筑设计原理、方法和技能，具备对乡村改造和环境重塑的综合设计能力。让学生了解乡村，关注乡村存在的现实问题，进一步理解国家乡村振兴的产业政策，培养文化传承、环境保护的基本素养，厚植家国情怀，坚定新时代建筑师的使命和担当，塑造爱国、匠心、创新思维的价值观。

（二）多维度多元化乡村设计专业实践课程建设

整合校内艺术、文科院系等教学资源，将通识教育融入课程体系，设立"综合素质课程"，组织学术沙龙、读书报告、兴趣讨论、科研小组等活动，建立

"五修一体"拔尖学生综合素质提升体系。教学内容采取分层次教学法，以实际项目为依托，教学过程基于实际工作过程的系统化梳理，增强学科与专业之间关联性、交叉性，建立多样化实践教学课程。实现现场教学、研究探讨、创新实践等多种教学形式一体化发展。

明港镇政府利用在建乡村工程项目资源库为学生实践教学环节提供真题真做项目，建设施工工艺实操场地，聘请工匠为学生传授施工工艺做法，为教师的课程开发、案例教学提供宝贵素材。在乡村设计实践教学中，推行五修一体人才教育教学培养方案的模块化，包括课程、活动、讲座、实习、服务等多种形式，通过整合、串联，来实现服务于乡村振兴的人才培养目标。

2019年依托拙匠书院校外实践基地平台，建筑学、城乡规划、艺术设计、园林工程等多专业联合开展的美丽乡村社会实践课程，获得了河南省社会实践类一流本科课程的认定。2023年4月，依托乡村设计专业实践申报的两门课程《专题设计Ⅰ（美丽乡村设计）》《招贴设计》分别被认定为国家级社会实践一流本科课程，和国家级线上线下混合式一流本科课程。

2022年3月，根据乡村振兴设计需求，黄淮学院开设了乡村设计微专业，面向全校设计类专业招生，包括：建筑学、城乡规划、视觉传达、艺术设计、景观设计等专业三、四、五年级学生。打造"乡村设计"特色课程群，校企、校地协同授课，并从强化实践、资源开发、项目驱动、案例教学等方面着力。与明港镇政府合作建设了"乡村策划""乡村系统规划""乡村景观设计""乡村房屋修缮和建设""乡村美育"等五门课程，旨在培养复合型、创新型、应用型乡村设计人才。第一届微专业学生，已于2023年6月在校内外拙匠书院实践教学基地完成全部微专业课程学习。

（三）采用师徒制教学模式，打造乡村设计专业导师团队

拙匠书院教师团队包括校内导师团队，校外导师团队。涵盖了建筑学、城乡规划、视觉传达、艺术设计、景观设计、经济管理、社会服务等多个专业。承担了黄淮学院建筑工程学院"专题设计""美丽乡村社会实践课""室内（家具设计）"等专业理论与实践课程的教学工作，并作为指导教师在认识实习、课程设计、毕业设计等实践教学环节发挥着重要作用。本校教师承担大部分课程教学任务，同时参与项目，不断提高工程实施能力；外聘企业技术骨干有多年的建筑设计和施工经验，在产教融合教学中承担项目经理或技术总监的职位；高年级、五修晋级的同学可以作为学生导师。"双师型"教师团队积极融入"乡村振兴"国家战略，投身信阳市，驻马店市"美丽乡村"建设实践中，完成乡村设计服务项目40余项。"双师型"教师代表赵辉获得国家一级注册建筑师，被明港镇政府聘为新集村"荣誉村长"。

采用"师徒制"教学模式，校内导师团队，校外导师团队，和学生导师，每个导师采用双选制可以认领3—5个徒弟，更有利于因材施教，双向提高。导师有更强的责任心，更充足的时间把自己的一技之长教授给自己的徒弟。

（四）建立分层次考评与管理制度，构建"拙匠精神"的书院育人体系

建立导师制管理制度、教学考核与激励政策；学生实践课程中交叉学科融合的学分制考评制度；综合性教学管理评价奖惩机制、教师实践教学质量评价机制、实践基地评价机制、学生实践成果评价机制等。

在学习管理方面采取分层次教学法，在实践教学中把拙匠书院学生分为四个层次，以四个研究所的形式出现，通过师兄师长传承制，学生互助学习，提升各自的专业水平实现晋升。在日常管理方面，建立学生自管机制。实行学生严格准入，共同分享；学习习惯养成（制定每天每周学习计划）；划分层次（根据"五修一体"水平，划分学习小组），朋辈引导，学生为师（高年级，高水平学生担任导师）；项目驱动，三维教学；因材施教，综合评价等一系列育人特色。

（五）优化实践教学平台建设，实现产教融合全价值成长链

继续优化校内实践教学平台建设，注重营造真实的工作环境。学生按照企业模式确定工作岗位，建立学习组织（工作组织），在真实的项目环境中进行学习，在项目制作中学习，在学习中完成工作任务。完善网络教学平台建设，根据教学计划，结合课程作业实践、课程实习、综合实习、毕业实习等环节，对接相应的教学平台，建立实践教学资源库，让学生在线上线下进行多元化，自主学习。

三、以项目为路径：服务乡村振兴，产教融合科教相长

（一）课程建设点亮新集美丽乡村

自2018年始，黄淮学院与河南省信阳市明港镇政府合作共建"新集村拙匠书院"，通过实践课程教学，拙匠书院师生团队为新集村开展乡村规划、改建、环境设计、产业运营和培训等活动，为乡村振兴绘制路线图。比如，为新集村设计的"三院七坊一园区"建设模式（三院即拙匠书院—乡村服务平台、拙匠书舍—共享民宿、良品院子—互联网+良品营销平台；七坊即豆腐坊、擂坊、拓印坊、酒坊、茶艺坊、雕塑陶艺坊、木工坊；一园即文创家具产业区），受到了住建部、教育部、省市领导高度评价；团队提出的乡村振兴建设中的"三大难点""六项建议"被住建部采纳，并指出新集村乡村建设经验值得在全国推广（如图2-2所示）。

图 2-2　新集村与书院实景

（二）校地合作，精英式书院协同育人模式已取得成效

黄淮学院通过近些年对于乡村设计，振兴乡村的探索取得了一些成效，2022年7月获批河南省"乡村设计特色学院"。以创新为抓手，促教促学促研促创。师生共同打造的多个乡村振兴项目作品获河南省互联网+大学生创新创业大赛、全国大学生乡村规划方案竞赛、全国高校 BIM 毕业设计创新大赛、河南省大学生建筑设计竞赛、河南省七校联合创意设计竞赛等 20 余项，提升了学生创新思维和创造能力。

自 2018 年以来培养的乡村设计人才达到 600 多人，其中学生在专业技能及理论知识水平、团队协作能力、沟通交流能力得到明显提高，综合素养不断提升。形成科学性与实践性相统一，系统化思维设计乡村的理念。教学成果得到广泛应用，有一批毕业生从事了与乡村振兴相关的工作，许多的考研学生，在研究生阶段继续辅助导师从事乡村设计工作，助推美丽乡村服务建设。2022 年，黄淮学院拙匠书院教师团队与明港镇政府合作开展信阳市平桥区乡村工匠培训工作，第一期工匠培训已于 2022 年 6 月培训完成，由黄淮学院教师主讲的工匠课程反响热烈。

思政教育成果卓著，学生基层服务得到社会广泛好评。黄淮学院建筑工程学院"拙匠乡语"每年暑期都会在信阳市明港镇新集村开展"三下乡"社会实践活动，2020 年，建筑工程学院"拙匠乡语筑梦美丽乡村大学生社会实践服务团"获得共青团河南省委授予优秀团队。2021 年中共黄淮学院建筑工程学院委员会荣获河南省脱贫攻坚先进集体。

（三）项目合作和成果推广应用

校地双方通过实践课程共同合作完成新集村策划、规划设计，景观设计，房屋改造及运营管理。目前正在开展新集周边村"艺村"的策划与课程设计工作。拙匠书院师生团队提出的以系统化思维做好乡村的理念正在信阳市、驻马店市、商丘市等多个村庄乡村设计工作中推广应用。

1.工匠培训

结合新集村教学实践基地，联合各个专业的乡建专家进行乡村工匠培训。既提升了豫南工匠乡村建设水平，又根据乡村建设案例的拓展，不断提升课程质量，为省内的乡村振兴工作打造一支技术过硬、政治站位高的工匠队伍。

2.乡村振兴论坛

黄淮学院拙匠书院教师团队组织驻马店和信阳两市乡村干部开展乡村振兴论坛，探索乡村振兴的途径和方法。

3.社会公益活动

以立德为核心，思政融合育人引领学生深入实践基地调研。关注乡村留守儿童、空巢老人、环境恶化等现实问题。师生在新集村开展乡村公益活动，服务乡村建设，对留守儿童进行乡村文化教育（包括音乐、美术、茶艺、拓印、插花、雕塑、国学）。学习国家乡村振兴的产业政策。激发服务乡村的意识和责任，开展乡村工艺指导工作，为新集文创产品例如手工艺品灯笼、拓印坊、豆腐坊等提供指导，为村民培训再就业服务。

实施课程思政，以美育人，以文化人，潜移默化引导学生做"有使命、重担当、精技术、专设计"的创新设计人才。

（四）取得荣誉及示范性、引领性

1.取得荣誉

新集村先后获得了"美丽宜居村庄""全国文明村"等四项国家级荣誉；住建部等部委多次参观新集村，将建设经验向全国推广；2019年，原住建部副部长倪虹在新集村教学基地召开了论证会，指出新集村乡村建设经验值得在全国推广。第六届产教融合国际论坛上，乡村设计以"设计一课"的形式向全球直播，吸引了上万人次观摩。2020年，教育部原副部长鲁昕考察拙匠书院实践基地。目前，新集村实践教学基地已成为河南美丽乡村建设品牌，获住建部颁发的"美丽宜居村庄"等四项荣誉，日接待访客最高达1.2万人次，众多媒体报道了实践基地建设经验。2022年拙匠书院成为省级大学生乡村振兴实践教学基地，建工学院团总支获河南青年志愿服务项目大赛银奖，获全国暑期"三下乡"社会实践活动优秀团队，中共黄淮学院建筑工程学院委员会获河南省脱贫攻坚先进集体。设计类专业集群获批省级重点支持建设特色设计学院。新集村从贫困村、自然资源匮乏村转变为美丽乡村、网红打卡村，日参观流量巅峰达上万人次；被住建部列入第六批中国传统村落名录。

2.示范辐射作用拓展，实现实践基地社会共享

建设实践基地信息平台系统，可查询基地的管理制度、基地承担的实践教学项目及计划安排、基地对外承接工程项目信息和基地运行状态等信息。根据接纳能力，承担国内、省内其他兄弟院校相关专业学生的校外实践教育和通过"互联网+教育培训"的模式共享该基地的教学成果，实现示范引领作用。辐射相关专业，引领同类院校相关专业实践教学改革。2022年以来，陆续有华中师范大学、河南农业大学、苏州科技大学等师生，在新集村黄淮学院校外实践基地拙匠书院针对新集村的社会公共服务工作、环境治理、房屋修缮等开展社会实践研究，取得丰硕成果。新集拙匠书院乡村服务平台已经从省内拓展到国内高校。

3.为国内高校提供良好的示范作用

国内其他高校教师到乡村振兴实践教育基地交流，互相学习。2018年以来，到拙匠书院考察交流的国内高校有20余所，达200余人次。校地合作这一学校、政府和学生多方共赢的建设新模式，成为省内、国内各兄弟院校仿效、学习的良好经验。诠释了黄淮学院：培养应用人才、锻造双师队伍、深化产教融合、服务乡村振兴的河南省示范性应用技术类型本科院校的责任和担当。

第三章 应用型本科课程开发设计

课程是教学顺利进行的保证，应用型院校的人才培养，需要与其人才培养目标相适应的课程体系。然而，长期以来，由于各种主客观条件的制约，应用型本科课程开发难以落实。而应用型本科课程开发，又是当前中国高等教育提高人才培养质量亟待解决的核心问题。

第一节 借助政策支持进行应用型本科课程开发

一、借助公共政策为产学合作提供社会支持

美国学者伯顿·克拉克根据对多国高等教育系统整合力量的研究提出了著名的"三角协调模式"。该模式认为高等教育发展主要受政府、市场及学术权威三种力量的整合影响。政府、市场及学术权威这三种力量合成个协调三角形，每个角代表一种形式的极端和其他两种形式的最低限度，三角形内部的位置代表三个因素的不同程度的结合。同时，伯顿·克拉克还结合各国高等教育系统的发展实际强调指出，各国高等教育的发展各有偏向，其在三角协调模式内部所居的位置，代表的是上述三种力量不同程度的结合。比较极端的包括苏联（偏向政府权力）、意大利（偏向学术权威）及美国（偏向市场），其他国家则在这三股势力的消长之间各有其位。当然，政府、市场和学术权威三者之间的关系并不是静态的，而是动态的，随着高等教育的发展、社会的需求以及时代思潮的变化而变化。20世纪60年代兴起的高等教育大众化，为市场力量注入高等教育领域提供了内在动力。高等教育大众化带来大学规模的扩张，但政府预算有限，财政无法随着教育规模或需求的扩张同步增长。在这种情况下，20世纪80年代盛行的新自由主义、新公共管理和经济理性主义等思潮，特别是新自由主义，则为各国解决高等教育规模

扩张与经费短缺的矛盾提供了改革理念。新自由主义的基本观点是：市场机制是传递信息和资源配置的有效机制；基本主张是：缩小国家对经济干预的范围，削减卫生、福利、教育等社会服务中的公共开支，尽可能地将公共服务私营化，引入内部竞争等市场原则。在新自由主义指导下，世界各国的高等教育经历了程度不一的"市场化"：政府将市场逻辑引入高等教育，让竞争与价格机制引导高等教育机构回应市场的需求，以增强弹性、提升效率，将高等教育逐渐交付给那双"愈来愈看不见"的市场之手。可以这样说，自20世纪80年代以来，西方发达资本主义国家以及正在转型的发展中国家所进行的一轮又一轮的高等教育改革，或多或少地都在朝市场方向趋近，经历着程度不一的市场化趋势。在伯顿·克拉克的三角协调模式里，各国高等教育的整合力量在逐步向市场的方向移动。

然而，市场竞争和选择固有的自发性、盲目性、趋利性所带来的负面影响，以及高等教育的准公共产品属性意味着政府对高等教育的发展负有不可推卸的职责。因此，就高等教育而言，纯粹的市场是不存在的，真正运作的是一种类似于市场或准市场的机制。从世界各国高等教育市场化的历程来看，国家从来都没有把高等教育完全交到市场手中，政府干预与市场调节的两种手段始终存在。如从20世纪80年代至今，英国政府陆续发布了《高等教育：迎接挑战》白皮书（1987）、《高等教育：一个新架构》白皮书（1991）、《狄亚林报告书》（1997）、《高等教育的未来》白皮书（2003），制定了《1988年教育改革法》（1988）、《扩充及高等教育法》（1992）、《教学与高等教育法》（1998）、《迈向2006年策略》（2002）等教育政策，为大学与工业部门的合作进而弥补政府资助的削减提供政策支持。在我国，以1985年颁布《中共中央关于教育体制改革的决定》为开端，市场调节手段开始介入高等教育领域，此后诸如投资体制的多元化、毕业生就业制度的改革、科技转移和成果转化的市场化以及高等教育收费制度等，使高等教育增添了越来越多的市场化内容，体现出越来越明显的市场经济特征。在这一改革过程中，政府在高等教育中所扮演的角色已逐步由以往的主导管控的角色向引导监督的角色转变。因此，政府应根据市场需要，根据社会的、文化的目标协同大学之间的关系，政府的行为应该使高校发展所需的资源配置合理优化，从而促使高等教育质量得以提高，办学效益得以提升。针对这一需要，1993年《中国教育改革和发展纲要》就提出："政府要转变职能，由对学校的直接行政管理，转变为运用立法、拨款、规划、信息服务、政策指导和必要的行政手段，进行宏观管理。"

虽然自20世纪80年代以来，伴随着高等教育大众化和财政危机，市场力量不断注入高等教育领域，不可避免地成为主导高等教育的最主要的力量之一，但是在市场难以发挥作用的领域，根据伯顿·克拉克的三角协调模式，政府则应采取必要的行政手段进行干预。从国际视野来看，无论是中央集权型国家还是地方自治型国家，这一点都是共通的。许多国家的应用型人才培养都有政府干预痕迹。如为了进一步促进英国的大学更有效地与企业合作，自1999年起，英国贸工部、教育与就业部和英格兰高等教育基金委员会联合设立一项基金，每年增加2亿英镑，用来奖励大学与企业的联系，促进技术与知识转让，加强高水平的技能发展，提高大学生的就业率。为促进高等教育机构与企业进行产学合作，美国国会相继制定了许多高等教育法案，如《史蒂文森—瓦德勒法》（1980）、《国家合作研究法》（1984）、《联邦技术转移法》（1986）、《迈向公元2000年美国的教育策略》（1991）、《目标2000年：美国法教育》（1994）、《平衡预算法》和《减轻纳税人负担法》（1997）等，其中1994年克林顿政府通过的《学校至职场机会法案》（School-to-Work Opportunities Act）更是把美国企业与学校之间的合作以法律的形式固定下来，要求各州政府建立"学校至职场机会"教育体系，同时联邦政府拨出专项资金用以开展校企之间的合作。德国应用科技大学（FH）之所以发展迅猛，并为德国培养了大批高级应用型人才，与德国政府重视应用型人才培养，并严格立法保障其有效实施密切相关。德国应用科技大学的地位、办学方向及其实施措施等均得到了联邦和各州法律的认可，并得到了政府、社会和企业界的大力支持。德国曾先后制定了完备的法律法规，如《教育法》《职业培训条例》《劳动促进法》等，对企业与学校双方的职责及相关的激励与制约措施进行了明确规定，保证了依法治教。可以说，完备的法律法规体系为德国应用科技大学的发展提供了坚实保障。高昂的培训成本是制约行业企业参与教育与培训的主要原因之一，针对这一问题，澳大利亚政府有效地利用了经济杠杆去撬动行业企业这个巨大的资源宝库。《培训保障法（修正案）》规定，企业能够证明自己在职业培训上的开支达到其年度员工工资总额的5%或更高，即可免除该法中开列的相应税收。此外，澳大利亚政府为了表彰和鼓励行业企业参与人才培养的过程，教育、就业与工作场所关系部（Department of Education, Employment and Workplace Relations）设有部长杰出奖（The minister's for excellence），用于表彰一年内对澳大利亚学徒培训做出突出贡献的组织和个人。部长杰出奖共设三个奖项：最佳雇主奖（The Minister, Awards for Excellence for Employers of Australian Apprentices）、最佳服务支持奖（The Minister's Awards for Support Services Excellence）、最佳学徒协议奖（The Minister's Awards for Commitment to Australian Apprenticeships）。这些奖项的颁布有利于提高雇主个人名誉和公司的声誉，有利于消费者和同行获知公司的成就，对改善其公共关系具有很大的推动作用。这些国家促使行业企业参与人才培养过程的相关法律不断完善，在有法可依的情况下，企业与学校和培训机构的合作更加规范，有力推动了应用型人才的培养。

在颁布相关的法律为应用型人才培养提供政策支持的同时，许多发达国家还建立了实习生制度，为在校学生参与工作进而培养解决实际问题的能力提供合法性制度。如为吸引企业参与学徒制和实习生制，澳大利亚联邦政府按接受培训的等级发给企业补助金，若企业为学徒提供二级证书的培训，可获得1250美元的补助，提供三级、四级或更高级证书的培训，可获得1500美元的补助。日本在1997年1月24日的《教育改革计划》与1997年5月16日《经济结构改革与创新行动计划》中提出建立学生在企业等部门进行实习进修的"体验式就业"制度，其目的是通过"体验式就业"计划的推进，改进大学教育，改善教育内容和教育方法，培养学生的创造能力和自主能力，并以此推动经济结构的调整。国外一些发达国家对企业和实习生都有十分完备的法律进行规范，而我国在这方面的法律建设几乎是一片空白。

当前，地方本科院校在人才培养过程中要实现应用型人才的培养目标，仅仅依靠学校难以实现培养学生解决实际问题的能力，需要企事业单位参与人才培养过程。但是在遵循互惠互利的市场原则下，院校与企事业单位合作培养应用型人才步履维艰，收效甚微。其中的原因除了院校自身因素之外，另一个重要的原因在于作为人才使用者的企事业单位没有表现出足够的热情，明显存在着校"热"企"冷"现象，致使合作难以迈出实际性的步伐，合作效果不明显。而习惯于招聘用人的企事业单位将学生应用能力不强归咎于学校。殊不知，企事业单位对人才规格的要求，离不开企业的主动提供和积极参与。如果企业想获得所需要的人才，就应该提前介入到人才培养过程中去，特别是对于学生职业观的形成、工作适应能力的培养、良好的职业道德行为习惯的养成，企业的作用尤其重要。既然企业参与人才培养过程是必需的，但单独依靠市场的力量又难以调动企业参与办学的积极性，那么根据三角协调模式，在市场力量难以解决高等教育系统的发展面临的问题时，政府的适度干预就是必需的。因此，我们可借鉴其他国家的经验，进一步制定、实施相关法律、法规和政策，有效促进企业参与应用型人才的培养，以确保应用型本科教育的有效实施。

具体来讲，政府对应用型本科课程开发的政策支持主要有：[①]

（1）搭建信息平台，贯通校企合作渠道。各级政府应通过现代信息网络手段，建立地方院校与企业在人才培养、产业开发、科技服务、业务交流方面的沟通平台，便于校企双方通过自由选择或公平竞争找到合适的合作对象。也可以在政府

---

①刘海峰.我国应用型本科高校管理制度创新研究［M］.北京：电子工业出版社，2023：77—78.

统筹下，建立地方性产学合作委员会或其他形式的协调组织，以培养适应本地区企业所需的人才为主体，为本地区有需求、有能力的院校与企业之间开展产学合作创造条件。

（2）设立专项基金，奖励产学合作优秀企业。政府作为高等教育的主要受益者和责任方，应在同级财政的教育资金中建立产学合作基金，鼓励和奖励企业积极参与产学合作，并为解决产学合作中的各种困难提供资金支持。

（3）出台相关法规，规范产学合作。政府应在调研的基础上，制定有关产学合作的配套政策和可操作的实施细则，促使产学合作沿着规范有序的方向发展；修改有关企业法规，如在《企业法》等法律中明确规定企业有参与产学合作的责任和义务，并在税费方面对承担产学合作的企业提供优惠；完善职业资格、劳动准入、社会保障等制度，为产学合作提供必要的保障。

发展应用型教育需要行业企业的支持，这种支持是全方位的，不仅学校的专业设置、课程建设、教学改革等教学过程要实施"工作中的学习"和"学习中的工作"等产学合作教育，也包括学校的资源建设，如师资队伍建设、校内外实践教学环境建设以及教育经费的支持等。除此之外还需要企业理念的支持，使大学的管理者和教师具备诸如责任的理念、工程的理念、任务的理念、效率的理念、合作的理念等等。

二、借助课程政策引导应用型本科课程开发

（一）大学的保守性需要课程政策推动改革

近现代高等教育的源头可以追溯至欧洲12、13世纪的中世纪大学。中世纪大学在其发展之初，为了减少来自外界的种种控制和干扰，维持教学和生活上的自身利益，从教皇、国王或皇帝那里获得具有法人性质的特许状以及其他一些特权，成为一个既非附属于教会，又非听命于政府的独立学术机构。它摆脱了外界的束缚，放弃了暂时利益，成为保护人们进行知识探索的自律的场所，也获得了"象牙塔"的别称。"象牙塔"里的师生"以闲逸的好奇精神追求知识作为目的"，在人才培养上要求培养理智健全、全面发展、思想自由的人，这就要求大学与社会保持一定的距离。然而，随着自然科学知识发展带来的知识运用于生产和生活之中，功利主义教育理念与大学过去数百年历史所形成的理性主义教育理念产生了激烈的矛盾，自然科学知识进入大学课程受到了保守势力的强烈抵抗。文艺复兴之后，许多大学都成为守旧派排斥和压制新思想的工具。为了维护传统的亚里士多德哲学，这些大学禁止讲授新兴的笛卡儿哲学。18世纪以前，西方大学傲慢地拒绝了所有科学技术知识进入大学课堂。到19世纪，英国和美国还不得不通过国

家立法来打开自治的高等学府的铁门，让新的学科进入课程，其中许多学科与人类利益休戚相关，而学阀们却顽固地将其拒之门外。1789年大革命之后，法国新政权强制性地关闭所有的传统大学，建立起和工业社会发展有关的高等教育机构，将新兴的自然科学知识引入大学课程；1852年，英国政府通过皇家委员会的连续几份报告击溃保守势力的顽强抵抗，为自然科学知识进入大学扫清了障碍。正如伯顿·克拉克所说，"大学是所有社会机构中最保守的机构之一，同时，又是人类有史以来最能促进社会变革的机构"。历史上，每当社会对大学提出更多的要求之时，大学的保守性就会被激活。大学保守性的存在使大学陷入狭隘、保守的泥潭，与社会的发展和时代的步伐脱节，从而丧失大学对社会进步的推动作用。从大学课程改革的历史可以发现，大学的保守性需要课程政策来推动课程改革。

（二）地方高校教师课程改革的惰性

在大学教育过程中，教师理所当然是最重要的。教师掌握着学术法则，制定课程计划并帮助创造校园内的学术气氛。通过他们的专业优势和他们与学生之间的关系，教师们维系或削弱着学校的社会环境和知识环境。同样，在课程改革过程中，教师是具体实施者，课程改革需要他们的推动才能落实。然而，正如德里克·博克所言，"改变教学方法要比改变教学内容付出更多的努力，因为改革教学方法意味着教师们必须改变长期以来的教学习惯，掌握一些并不熟悉的新教学技巧"。因此，在课程改革面前，教师更多地表现出保守性和惰性。国外过去有一句民间的俏皮话：大学教授就像他们的教授教他们那样去教授。这是对过去墨守成规的大学教授的一种讽刺，也是对学科传统强有力的惯性的描述。我国大学中一度出现的几十年不变的讲稿的现象也是大学教师保守性或改革惰性的具体表现。对于地方高校教师来讲，在精英教育时代所形成的以学术为取向的学校制度，既规约着教师对地方高校身份的认知，也深刻影响着教师的行为。这促使教师在行动上表现出重科研、轻教学的特征，在教学中产生重理论灌输、轻实践技能培训的行为倾向。地方教师改革惰性的存在需要课程政策来调动教师改革的积极性，为地方高校课程改革的诱致性变迁创造条件。

（三）改革现有课程政策的学术化倾向，建立导向多元化的课程政策

课程政策作为传达革新性课程理念、反映课程领域现实问题和推进课程改革的重要中介性和工具性力量，对本科课程开发具有重要的推进作用。

然而，如前所述，现有课程政策的学术化倾向阻碍了地方高校开展应用型课程开发的积极性。毋庸置疑，课程政策在地方高校课程开发中的作用，是其他任何组织和个人所无法替代的。改革开放以来，虽然高等教育管理体制在持续改革，

大学自主办学地位得到了较大增强，政策已经不再直接干预高校的课程改革，而是变指令性政策为激励性政策，但课程改革政策引领地方高校课程开发的主导性作用依然没有动摇。为此，我们有理由认为，在地方高校开发应用型课程的过程中，课程政策可以也应当有所作为。政府与学校应该在教材规划立项、精品课程与重点课程建设、教学改革立项、教材评奖等质量工程建设中予以扶持，真正体现应用型课程政策导向，进而构建多样化的课程政策，为每一类型高校建立争创一流的激励机制。

大量的历史归纳和理论演绎都表明，人才培养目标的实现和社会人才需求的满足，不仅仅有高校的责任，各级政府也都负有不可推卸的责任。对于应用型本科课程开发来讲，政府的适度介入是必需的。公共政策为应用型课程开发提供外部支持，课程政策的应用型导向则通过资源导向直接推动和影响地方高校课程开发，进而影响其课程开发的方向、速度和效率，并成为课程改革的直接指南与动力，将地方高校的课程变革演绎成渐进深入的过程。

第二节 地方本科院校积极参与应用型本科课程开发

毋庸置疑，虽然政府政策可以为地方高校课程改革提供政策支持和改革动力，但是具体的课程改革还需要院校作为改革的主体加以推动才能顺利开展。

一、重构课程理念

（一）以"学、术并举，崇术为上"的办学理念指导课程理念定位

我国高等教育在很大程度上不是自然发展的，而是政府政策推动形成的，在高等教育迅速迈向大众化的情况下，有些地方高校发展历程较短，来不及凝练办学理念，有些地方高校固守精英教育时期的办学理念，导致办学理念出现危机，必然会导致办学方向不明、课程理念不明、培养人才目标不明、管理方法不妥，学校的各项方针政策缺乏科学性、系统性和连贯性，办学目标缺乏针对性。因而，全国高校也大多缺乏个性，竞争力不强。

鉴于办学理念对课程理念的深刻影响，有必要研究地方本科院校应确立的办学理念，进而指导课程理念定位。

长期以来，尊学与理性主义联姻，崇术与功利主义结合，两者在研究型大学和职业技术学院各自找到安身立命的所在。然而，二战之后，以1957年英国学者C.P.斯诺在剑桥大学所做的《两种文化与科学革命》的演讲为起点，人们开始反思二者割裂带来的种种不良后果，倡导理性主义与功利主义的融合。如美国卡内

基促进教学基金会主席博耶1987年在其著作《学院：美国本科生教育经验》中针对"我们最主要的敌人是'割裂'：在社会中我们失去了文化的内聚力和共性，在大学内部是系科制、严重的职业主义和知识的分割"的弊端，提出主要的解决方法应该是建立联系、共性和具有整体意识。蔡元培早就提出："学必借术以应用，术必借学为基本，两者并进始可。"作为哲学思潮的理性主义与功利主义融合的趋势在高等教育领域必然要求人们调整好"学"和"术"的关系，并在特定院校的办学理念、人才培养类型、课程结构等领域找到其实践的土壤。而处于研究型大学和职业技术学院之间的定位于应用型的地方高校则是其发展的适宜土壤。有学者从学与术在世界各国高等教育发展历史中的具体表现，提炼出地方高校的办学理念应为"学、术并举，崇术为上"，在此基础上提出三种具体的办学理念，即崇尚实用、服务地方、面向大众。这样一种办学理念将旨在"求真"或追求高深学问的"学"与旨在"求用"或追求技艺的"术"联结起来，对既强调理论知识又强调实践知识的应用型本科课程理念的定位具有极强的理论意义和适切的指导意义。因此，地方高校应摒弃唯学术取向的传统课程理念，充分意识课程设置面向大众、追求实用、服务地方对其自身发展的重大意义。

（二）以"实基础，强应用"的人才培养模式彰显应用型课程理念

当前地方本科院校在实行的"厚基础、宽口径"的课程观与应用型本科"学"与"术"并重的课程理念存在不一致之处，因此，改革人才培养模式，使其与课程理念保持连贯性和一致性是必需的。可行的路径是强调"实基础、强应用"。所谓"实"，是指实在、实用，即基础理论知识应该真正成为能力发展所必需的基础，也就是说，基础理论知识应该以"必需、够用"为原则。在课程设置上，应该从某专业为社会所需要的知识能力出发进行课程的整体设计，一些基础理论课可以适当采用整合的方式处理。在课程内容上，可以适当打破严格的学科逻辑体系，采用模块化方式设计。在课程的设置及学分上，可以适当调整，如生物技术专业，北京大学开设了高等数学8学分、大学物理8学分、物理实验4学分；北京联合大学开设了高等数学8学分、大学物理4学分，没有开设物理实验。两所院校在大学物理与物理实验课程学分与学时上的差异，源于两所院校专业培养目标的差异。北京大学要求学生具备"坚实的数、理、化基础知识"，而北京联合大学主要培养能在食品化工和检验检疫、生物制品、生物制药等领域从事分析测试、技术研究、产品开发和管理等技术工作的应用型高级专门人才，学生对数学、物理、化学等基础知识只需"够用、适度"就行，而不需要"系统掌握"。在课程授受方式上，可以适当灵活处理，如德国一些化学专业的高等数学，不是由数学老师来教授，而是由化学老师教授，以真正确保理论知识的适切性。所谓"强"，是指强

化，即强化应用能力或实践能力的培养。这需要改变原来的学科教学模式，在一些专业倡导以项目为核心的教学，以"用"导"学"，以"用"促"学"，从而真正把知识的获得与能力的提高联系起来。如果采取每个专业都泛泛而谈的宽口径模式进行人才培养，不仅不会增加学生的社会适应性，而且会丧失原有的办学优势，直接影响到毕业生的就业问题和社会对学校培养人才能力的看法。因此，应用型本科教育的实际选择不应该强调"宽口径"，而应该强调应用能力的培养。在进行专业调整和制订专业培养计划时，更应该充分考虑到不同行业部门对专业人才的需求，而不宜将专业口径拓得过宽，否则必然会造成更大的不适应。如为突出培养学生运用数学知识于专业的能力，合肥学院分类制定了适应各专业需要的教学大纲，针对各系各专业的不同要求，充分考虑到各部分内容的联系，将相关内容重新整合，有机地组合起来，重新制定了与不同专业培养目标相适应的高等数学教学大纲，同时积极开展应用型案例教学，建立高等数学教师到专业教研室"挂职"制度，这些教师相对固定在某个系承担教学任务，深入到系和专业教研室，与专业课教师沟通交流，学习适当的专业知识，了解专业所需的数学知识和专业中的数学案例，将高等数学与各专业的专业知识结合起来。

二、改革课程编制体系

精英教育阶段的本科培养的是从事基础理论研究和应用的研究型人才，在理性主义课程理念的指导下，采用以学科为中心的三段式课程模式。

公共基础课、学科（专业）基础课、专业课按照从一般到具体、从基础到专业，从理论到实践的线性逻辑顺序排列，构成一个封闭的正三角形。三种类型的课程分别承担着不同的任务，具有鲜明的层次性。典型的公共基础课主要由英语、计算机、政治理论课等通用课程构成；学科（专业）基础课是按照本科专业目录中的二级学科设置相应的课程；专业课则由专业原理性知识构成。一般来说，在三段式课程模式中，公共基础课和学科（专业）基础课统作为基础课程，在课程体系中占有较大的比重，符合学术型本科教育的人才培养目标定位。这样一种课程模式过于强调理论知识的完整性、系统性和严密性，忽视了教育与产业、知识与工作任务之间的联系，往往造成理论与实践的脱节，造成学生学习的盲目性，不利于学生应用能力的培养。同时该课程模式基本上是先上理论课，后上实践课，将理论课与实践课分开，两者相互独立，各成体系。人的认识规律一般是从感性认识上升到理性认识，由于学生没有感性认识，容易造成理论知识的学习流于空泛，无法真正掌握理论知识并通过实践过程将其内化为能力。以这样的课程模式来指导应用型人才培养过程，难以达到人才培养目标。针对目前大部分地方本科院校仍然沿用精英教育阶段学术型本科三段式课程模式，造成难以实现应用型人才培养目标的弊端，改革现有的课程模式就显得尤为必要和紧迫。

那么，如何改革现有的课程模式呢？根据借鉴班尼特促进技能发展的课程模式构建的应用型本科课程模式，以下措施值得地方高校参考。首先，工作感知是课程模式的开端。应用型本科培养的学生以就业为主，因此，有必要让学生了解自己今后从事的行业、工作的性质，如行业或岗位的工作环境、完成工作任务需要的知识及能力。这样有助于学生明确学习目标，并做好职业生涯规划。其次，增加程序性知识模块。美国著名心理学家安德森（J. Anderson）认为，问题解决技能的获得是通过陈述性知识向程序性知识的转化实现的。程序性知识是关于"怎么做"的知识，它主要涉及概念、规则、原理的理解和应用，解决问题的技能、方法及策略的形成，以及行为和情感体验等。这类知识具有较强的特殊性、个体性和活动性。程序性知识的掌握能促使学生主动进行概念、原理的理解，以及将贮存于头脑中的有关原理、定律、法则等命题知识转化为技能，实现这些知识由静态向动态的转化，由贮存知识转化为探究知识，由缓慢再现知识向创造性地解决问题转化，从而提高解决实际问题的能力。本科应用型人才强调对问题解决的执行和监控，程序性知识在其专业知识结构中占主要地位，因此，地方本科院校在课程模式改革中应加强程序性知识课程模块的比重。再次，构建多路径的实践课程体系。实践教学是让学生将所学知识应用于实践并转化为综合能力的关键性教学环节，是培养学生理论联系实际能力的必要手段，是检验和巩固学生所学知识及理论教学质量的有力保证。因此，实践课程在培养应用型人才的过程中起着重要的作用，必须增加实践性课程的学时、学分比例，构建多路径的实践课程体系。具体来讲，实践课程体系可按照"基本技能—初步综合技能—高级综合技能—创新技能"的梯度模式进行设计，采取课内实训、实验设计、毕业设计和课外专业实习、开放实践等多种教学方式，对学生需要掌握的技能进行训练。属于核心或主流技术领域的实践教学内容宜开设为必修课，属于新兴技术领域的实践教学内容宜开设为选修课，属于能力外延扩展或深度提高的实践教学内容宜开设为课外的开放实践。涉及基本技能和初步综合技能的教学内容，可采用与理论教学相捆绑的课内实训或实验的形式；涉及高级综合技能和创新技能的教学内容，可依托实验设计、专业实习、毕业设计和开放实践等形式，独立设置实践教学环节。另外，目前美国等开展的服务性学习也是值得地方高校借鉴的实践教学路径。

知识是能力形成的基础，学生应用能力的形成离不开对理论性知识、工作过程知识和实践性知识的学习。因此，地方新建本科院校培养应用型本科人才，需要突破传统学术型课程模式的构架，对课程编制体系进行大胆的整合、取舍与创新，不断夯实学生应用能力形成的知识基础，不断增强学生的发展后劲。

三、教材建设遵循"编""选"并重原则

事实上对地方高校而言，由于自身师资力量、教学及科研水平、信息资源，以及教材建设经验等方面的差异和不足，本校教师编写的教材并不是教材来源的主要途径。但是现有的教材却难以适应地方高校培养应用型人才的需要。面对教材选用与编写的困境，地方高校的教材建设应本着"编""选"并重的原则，适当处理好这二者之间的关系，做到"扬长避短，借优补弱"。既不可过分选用与人才培养目标不适应的优秀教材，也不可为了片面追求"自编率"，而过多使用一些低水平的职称式的拼凑型教材。具体来讲，地方高校教材建设应采取以下途径。

（一）重视选用优秀教材

地方高校的教材建设普遍起步较晚，编写力量比较薄弱，其教材更新机制、高质量教材的编写管理体系等还在探索、实践、完善中。因此，地方高校教材建设工作的关键在于教材选用。为此，地方高校应搭建信息平台以帮助教师选用优秀教材。信息平台应包括样书库和资料信息库等。样书库搜集本校历年所使用的教材，国内名校、知名出版社编写出版的著名或优秀或最新教材，同类院校同一专业相同课程所采用的教材等实物，为教师提供选择范围；资料信息库搜集教材征订目录、教材研究和建设报纸杂志、教材评估和点评文章、教材研究和建设的学术交流会议资料等，为教师选用优秀教材提供参考资料。通过这些信息平台，保证地方高校教材的适用率、选优率和选新率。

（二）联合编写知行体系教材

目前我国高校教材的出版建设仍存在着严重的不足和缺陷，概括起来就是：教材编写过分强调知识系统的逻辑性，能反映学科体系基本原理的教材多，以训练、培养学生应用能力、创新意识和探索精神为教学目标的教材少。因此，地方高校有必要编写适用于应用型人才培养的知行体系教材。

教材编写是一项系统工程，必须集各人之所学。随着学科发展的相互交叉和渗透的趋势的增强，已往教材编写的个体户模式应转变为现代优质教学资源的团队研发模式。与国家重点院校相比较，地方高校的人力、物力资源等条件本身就存在"先天不足"，发挥团队作用就显得更加重要。整个编写团队的成员应不仅局限于本校的教授、专家、学者，还应扩展到其他地方高校。特别是在凭借一所高校的力量难以完成编写知行体系教材的任务的情况下，联合多所高校共同完成任务才是明智之举。在这方面，皖西学院数学系已经开始迈出了探索的步伐。针对目前使用的同济大学编写的数学教材难以适应大众化阶段地方高校人才培养的现状，皖西学院数学系依托安徽省地方高校联盟平台，联合安徽省其他一些地方高

校数学系骨干教师以及中国科学技术大学出版社，共同开展调研、交流，并于2009年8月召开"应用型本科数学类课程教材建设研讨会"，商讨如何编写适用于地方高校人才培养类型的应用型教材。

（三）与业界合作编写实践教材

地方院校以培养应用型人才为定位，实践教学占有重要地位。但应用型人才培养需要的实践性教材却非常少，不能满足人才培养的需要。实践性比较强的教材只有与现代生产实践、职业工作实践相结合才能编出水平。所以，应该采取措施鼓励高校教师与有关工程技术人员、工厂、企业的高层管理人员合作编书。教材本身具有商品特性，为校企合作编写实践教材奠定了互惠互利的良好基础。如北京联合大学出版的几本业内很有影响的教材就是由该校教师与北京全聚德集团有限公司、黎昌餐饮集团、北京饭店和香港丰琪食品有限公司等饮食企业的高级技师共同合作编写的。这种由校企合作编写的教材，图文并茂，及时反映了业界最新技术动态，满足了应用型人才培养的需求。

四、探索地方高校教师专业发展的多元化途径

关于教师专业发展，有学者将其定义为："它旨在改进教师的态度、技能、行为，提高其能力和有效性，从而更好地满足学生、教师个人的以及大学的需要。"地方高校教师专业发展旨在提高教师的理论水平和理论联系实际的能力，从而满足应用型人才培养以及地方高校应用型定位的需要。高等教育进入大众化和普及化阶段之后，高校数量不断增加、规模持续扩大，高校呈现出层次化和多样化的特点。由于不同类型层次高校的存在，其内在要求的不同必然导致不同类型层次高校的教师专业发展的多样性。在新形势下，对于研究型大学教师的专业发展，原有精英教育阶段的学术性模式仍然有其适应性，而对于应用型高校教师专业发展来讲，学术性模式已经难以适应其人才培养类型的变化。因此，在宏观上，有必要研究在制度和政策层面如何为地方高校教师专业发展提供有利的外部环境；在微观上，应该研究在院校层面如何建立起完善的教师专业发展机制。而在宏观政策与微观机制建立方面，重视教师专业发展的美国和日本都在加强以校为本和以院系为本的促进教师专业发展模式的建设，充分发挥院系在此方面的领导能力。我们可以借鉴他们的经验，先从院校层面出发，不断完善现有的教师内部专业发展机制，探索地方高校教师专业发展的多元化途径。

（一）将具有一定年限的专业实践经历作为入职条件之一

在师资引进方面，德国应用科技大学对教师素质的要求值得我们借鉴。

根据德国高等教育结构法的有关规定，应用科技大学教师的聘任条件是：

（1）高校毕业；

（2）具有教学才能；

（3）具有从事科学工作的特殊能力，一般通过博士学位加以证明，或具有从事艺术工作的特殊能力；

（4）在科学知识和方法的应用或开发方面具有至少五年的职业实践经验，其中至少三年在高校以外的领域工作过。

从聘任条件可以看出，德国应用科技大学的教师除了具有较高的理论水平外，还必须具有丰富的理论联系实际的实践经验。

因此，为满足培养应用型人才的特殊要求，地方本科院校在引进师资时，应综合考虑新进教师的知识结构和实践经验是否合理，而不是简单地以学历、学位层次的高低或科研成果的多少作为衡量的基本标准。为此，地方高校应重视多渠道引进师资，一方面要强调将"具有丰富的行业企业专业实践经历"作为地方高校教师的入职条件之一，另一方面可加强学校各专业与对口行业的联系，聘请当地对口行业的专业人士来学校担任专职或兼职教师。

（二）创建多样化的学习平台

为保证教师可持续发展能力的提高，地方高校应创建有利于教师学习的条件，营造良好的学习氛围，并按不同的专业发展目标建设多样化的学习平台。一是与高水平的研究型大学合作构建旨在提高教师理论水平和创新能力的高级研修基地。目前这种模式是地方高校教师专业发展的主流，与对口的大中型企业合作构建研修基地，以加强教师理论与实际的联系、提高专业实践能力为主要目标。现阶段这种教师专业发展模式比较薄弱，但辅之以相应的措施，将成为今后地方高校教师专业发展的主流。二是与高校教师培训基地合作构建以提高教育教学能力为主要目标的教师职业发展指导中心。

（三）建立专业发展休假制度

我国地方高校可以借鉴西方教师专业化发展模式的成功经验，尝试建立类似于西方大学"学术休假制度"的"专业发展休假制度"，让教师每五至七年轮流带薪外出到相关的行业、企业、学习或挂职，也可以到研究型大学进行交流活动，开展应用型研究活动。前者旨在促进教师理论联系实际的应用能力的培养，后者则旨在促进教师深化理论知识学习，当然这一制度还需要地方高校进一步探索。

（四）加强校本培训

教师的专业发展只有在学校的教育过程中，在具体的教学实践中，在对自身教学实践的不断反思中才能完成。课堂教学是教师最基本的专业活动方式，所以，以学校为基础、基于教学实践的校本培训，必然成为教师专业发展的有效途径。

地方高校在财力有限和教学任务繁重的情况下，不可能送所有教师外出进修学习。就此而言，充分利用地方高校本身的优质教学资源开展校内培训、研修、新老帮带、教学观摩、教学研究等活动，加强教师之间的沟通和探讨，努力促进教师专业团队建设，为教师的专业发展营造一种积极、融洽的氛围，对教师的专业成长具有不可低估的重要作用。

五、增加学习的可选择性和参与性

地方本科院校在应用型课程开发中面临着学生升学与就业的差异性需求难以协调的障碍。在就业率压倒一切以及升学纳入就业统计口径的情况下，部分地方高校饮鸩止渴，课程设置围绕升学考试开设，大肆宣扬考研率，忽视了培养学生运用理论知识解决实际问题的应用能力和职业能力。而部分地方高校在开发应用型课程中遭到有升学需求的学生的抵制和部分教师的反对。要解决此问题，只有通过向学生提供多样化的课程，增加学习的可选择性来实现。如同在相应的路段设有立交桥的高速公路上行车，需要的时候，经过特定的教育衔接措施就可以转入另一种形式，或另一种类别。然而，地方高校由于资源比较缺乏，难以像重点研究型大学那样给学生提供大量可供选择的课程。如何解决此问题，合肥学院数学系课程改革实践为我们提供了解决问题的思路。为了满足少部分学生的升学需要，该系开设了加深理论难度的选修课；为满足大部分学生面向市场的就业需要，则分类制定了适应各专业需要的教学大纲，坚持基础性与应用型相结合，突出用数学方法解决实际问题，特别是解决具有学生所学专业背景的实际问题。借鉴合肥学院数学系的经验，地方高校在解决升学与就业矛盾时，可以通过在陈述性知识模块或基础理论课程中设置可选择性课程，以多样化、高选择度的课程设置，灵活的实施方式满足变动不安的社会需求和学生个性化的学习要求。在满足学生学习的可选择性基础上，大量的研究表明学生的学习效果如何不仅仅取决于学校和教师对教学的投入，更重要的是取决于学生对学习的参与程度或者学习的主动性。使学生参与学习过程的观念由来已久，杜威的以儿童为中心的教学理念以及后来发展的建构主义理论都强调学习者在学习过程中扮演的角色。《21世纪的高等教育：展望和行动世界宣言》也强调指出："在当今这个日新月异的世界上，高等教育显然需要有以学生为中心的新思路以及新模式。"

对于应用型本科来讲，在培养学生应用能力的目标指导下，应该更加强调学生参与学习的程度。应用型本科强调学生在学习过程中实际投入和具体表现的多种多样。这种参与的多样性表现为学生不仅要联系自己的经历或变化的环境对所学的知识动脑思考，动口讲一讲，动笔写一写，还要突出动手做一做，将理论运用于实际生活，运用于实际的工作场景。以此而论，应用型本科要求学生不仅要积极参与理论课程的学习，更要积极参与实践教学。当前地方高校在实施实践教学过程中出现了巴西著名教育家弗莱雷（Paulo freire）指出的一些现象："教师总是教，学生总是被教；教师总是无所不知，学生一无所知；教师总是在思考，学生不用去思考；教师总是在讲授，学生总是顺从听讲……"要改变这种学生不积极参与的现象，必须改革课程实施模式以讲授为主的导向，增加学生自主学习、独立研究和实践活动的时间，增加师生之间的互动、交流，鼓励学生平时积极参与学习，促使学生在任何教学活动中都能主动进行自我建构，进而发展其实践能力和创新能力。

第三节　构建专业学习共同体

应用型本科课程的实施等均需要培育专业学习共同体，那么如何培育专业学习共同体呢？有必要在理论和实践层面对专业学习共同体加以研究，并在此基础上提出具体的构建策略。

一、应用型本科视野中专业学习共同体的基本要素

专业学习共同体作为学习组织的形式，其形成必须具备一定的条件，即基本要素。学者们从不同的角度论述了建构专业学习共同体的要素。

赫德及其他学者认为，专业学习共同体包含五个主题或维度：支持性及共享的领导（supportive and shared leadership）、共享的价值和愿景（shared values vision）、合作学习与学习的应用（collective learning and application of learning）、支持性条件（supportive conditions）、共享的个人实践（shared personal practice）。杜福（DuFour）则认为建构专业学习共同体应注意下列原则：保证学生能够学习、整个思考由教学为焦点转移为学习为中心协作的文化、以学习结果为焦点。思达等（Sada& Adajian）提出专业学习共同体应具备四个组成部分：集体控制（collective control）、协调的力量（coordinated effort）、共享的目的和协作的专业学习（collaborative professional learning）。路易斯（Louis）和克鲁斯（Kruse）则建议教师专业学习共同体由五个部分组成：协作（collaboration）、协作式活动（collaborative activity）、结构性条件以及人文和社会资源、共享的目的（share sense of purpose）、共享的常规和价值（share ways of values）和对学生学习的集体焦点（collective focus on student learning）、反思性对话（reflective dialogue）与去私有化实践（derivatized practice）。随着研究的深入，对专业学习共同体构成要素的分析思路不再采用孤立的、断裂的思维，研究者们逐步关注实施中各个要素间的相互关系，如沃尔德（Wald）和卡斯尔伯里（Castleberry）（2000）提出形成愿景、设立发展计

划以及参与合作学习的构建专业学习共同体的系统途径与过程。

借鉴学者们对教师专业学习共同体构成要素的阐述，本研究认为适用于应用型人才培养的专业学习共同体的构成要素主要有四个部分：共享的价值和愿景、支持性条件及共享的领导、协作性的学习、共享的实践。

（1）共享的价值和愿景。彼得·圣吉认为，共同愿景的核心是共同的目的感和使命感。专业学习共同体的成员为了促进参与成员的专业成长或应用能力的增强而走到一起，其共同的愿景在于将理论与实践结合，使理论与实践能够取长补短。

（2）支持性条件及共享的领导。支持性条件决定共同体在何时、何地及如何定期地聚在一起围绕专业知识和技能进行学习、讨论和创造性工作。一般来讲，支持性条件包括模拟的或真实的工作环境实习实训基地以及实验室等物理性和结构性因素，使得共同体成员能够经常性地围绕某个理论的运用进行讨论、学习或者组织相关的实践活动。在以提升学生应用能力为指向的专业学习共同体中，代表理论智慧的导师或实践智慧的专家是专业共同体的核心领导。核心领导对于增进共同体成员彼此之间的交流和信任、维持正常的伙伴关系起着纽带作用，关键时通过引领、点拨，使得理论和实践的交流更加深入，使合作的每一方信服。

（3）协作性的学习。协作性学习摆脱了个体学习孤立、封闭的状态，通过发挥参与成员的合作精神和相互配合能力，形成一种互惠互利、优势互补的多赢格局。

（4）共享的实践。在专业学习共同体里，成员之间自由交流各种知识与实践经验，形成个人实践经验的多元分享与传播。当然，分享知识与实践经验要以相互信任为前提。因此，需要建立平等民主的学习氛围，以促进共同体成员的真正相互帮助，实现成员之间实践经验的共享。

二、构建应用型本科专业学习共同体策略

（一）专业学习共同体类型

学习共同体由学习者和助学者组成，根据助学者身份的差异性，专业学习共同体可以分为两种类型，一种为校内成员组成的专业学习共同体，另种为学校成员与校外成员组成的专业学习共同体。其中校内成员组成的专业学习共同体又可以分为由教师和学生组成的师生间类型和由学生和学生组成的生生间类型。如在调研中，北京联合大学应用文理学院的档案学专业与北京市各档案馆（局）建立实习基地，或聘请档案馆（局）中有丰富实践经验的工作人员为兼职教师为学生上实训课，组成校内人员与校外人员合作的专业学习共同体。上海电机学院依托

行业，与同行业内外 600 余家企业建立了长期合作伙伴关系，并聘请大量现场工程技术人员作为学院的兼职教师，负责生产实习和毕业设计的教学指导工作，形成学院与行业企业合作的专业学习共同体。合肥学院数学系通过勤工俭学的形式组建由高年级学生与低年级学生构成的专业学习共同体，实现学生之间的互助学习。

在构建专业学习共同体的具体实践中，校内成员组成的专业学习共同体相对来讲容易构建，而校内成员和校外成员组成的专业学习共同体的构建则相对艰难得多。究其原因在于企事业单位以追求利润、效率为目标，而高校的目标在于人才培养，两者难以形成共享的价值、愿景。当人才需求大于供给，企事业单位参与人才培养过程的愿望就会增加。反之，若人才供应充足，企事业单位参与人才培养过程的愿望就会减弱。那么，在高等教育走向大众化，人才供过于求的情况下，是不是意味着校内成员与校外成员组成专业学习共同体在现实中难以实践？答案是否定的。对于企业来讲，社会是企业的依托，企业是社会的细胞，企业只有在发展的同时，推出有利于社会进步与发展的实际举措，被社会承认和接纳，才能有足够的发展空间。也就是说，企业社会责任履行得越好，则公司的社会形象就越好，其绩效也就越高。正是基于这样的理念，发达国家企事业单位纷纷参与高校的人才培养过程，接纳实习生，为学生提供实习场所，等等。这些现象表明社会责任是联系学校与企事业单位合作的纽带，构建校内人员与校外人员组成的专业学习共同体是可能的。然而，在现阶段我国企业履行社会责任的意识和行动都不强的情况下，仅仅依靠企业社会责任感还难以构建校内人员与校外人员组成的专业学习共同体。那么，在这种情况下，高校如何积极发展校外伙伴关系？高等教育进入大众化阶段后，高校的规模越来越大，涉及的利益群体也越来越多样化。这些利益群体都是高校可以合作的伙伴。具体来讲，首先学生的家长是最关心学生的学习成绩和能力的群体，他们是专业学习共同体最容易吸纳的成员。如北京联合大学应用文理学院组建家长委员会参与学生的学习过程；浙江大学城市学院组织成立了学生家长代表参加的家长委员会，定期或不定期召开家长委员会会议，听取他们对学院教学、管理方面的意见，也请他们交流社会有关专业设置和人才需求方面的信息，促进学院及时调整。

另外，许多家长所在的企业或单位，都成了城市学院的教学实习基地和产学研合作基地。其次，校友对母校充满情感，也是构建专业学习共同体应积极发展的对象。在国外，校友捐赠非常普遍，因此国内高校一提到校友首先想到的是捐赠。殊不知，校友是人才培养过程的直接参与者，他们感同身受，特别是在毕业之后更能发现之前人才培养过程存在的缺陷，因此，发动校友反馈信息并邀请他们参与专业学习共同体，为母校做些力所能及的事，这些方式应该是为校友们所乐意接受的。总之，学校应积极发展与家长、校友、社区的伙伴关系，抓住机遇，寻求广泛支持和指导，使专业学习共同体的内涵得到进一步扩展。

（二）建构专业学习共同体的操作策略

1.基于论坛的专业学习共同体

基于论坛的专业学习共同体指的是以论坛作为学习平台，参与成员就共同关心的理论与实践问题进行探讨，活动可以采用"讲+评+互动+引领"方式，即由其中一个成员开讲话题观点，大家参与讨论、点评，然后是共同体成员之间的互动，最后由专家或教师进行理论的总结和实践的引导。

也可以用"辩论+互动+引领"模式，即先确定讨论主题，接着是辩论双方各派出两人阐述对同一主题的观点，然后是互动，最后是教师或专家的理论或实践智慧的引领。论坛组织形式从实际需要出发，在解决问题的方式上可以采用讨论式、辩论式、个案分析方式、专题发言、调研汇报、经验总结、专题报告等，以期共同体对某个理论问题或实践问题的探讨不是浮于表层，而是有深度地进行思考、交流和共享。

2.基于实习、实训的专业学习共同体

实习主要是通过真实的工作环境将所学的理论、技能运用于实践的过程。而实训主要是通过创设基于工作的、模仿从业者真实活动的学习环境，或借助信息技术设计逼真、仿真环境和虚拟真实来提高学习的真实性与有效性，以保证知识向真实情境迁移。实习、实训的关键是给共同体一个真实或模拟的任务，所有成员共同致力于完成这一任务，在与环境的长期而真实的互动过程中，使知识与技能的应用发生于真实的背景中，从而真正掌握成功的实践活动所必需的知识与能力。

3.基于网络交流的专业学习共同体

网络交流主要具有两个特点。一是言论环境自由，在网络上双方更容易畅所欲言，大胆地表达自己的看法与观点，有利于观点的交锋。二是网络交流不受时空限制，共同体成员随时随地都可以参与网络讨论，及时解决学习过程中碰到的理论困惑与实践难题。因此，高校应充分利用网络平台，共建BBS，由导师或专家在线主持，对学习过程中的问题发起及时的讨论、进行指导。

第四节 建立应用型本科课程评价制度

一、明确应用型本科培养规格

高等教育从精英化阶段向大众化阶段转型，意味着本科教育的宏观环境发生了根本性的变化。正是这种根本性的变化，使得本科教育的培养目标、培养规格面临着一系列问题和挑战。目前我国对本科人才培养规格的阐述尚没有比较权威的政策文本，各校在制定各专业的培养规格时主要依据《高等教育法》中培养目标的规定——本科教育应当使学生比较系统地掌握本学科、专业必需的基础理论、基本知识，掌握本专业必要的基本技能、方法和相关知识，具有从事本专业实际工作和研究工作的初步能力，再结合各专业的具体情况和对培养目标的分解加以阐述。殊不知，《高等教育法》关于本科教育培养目标的规定，由于运用"比较""初步"等含糊限定的语言，致使在实际质量监控过程中，实施者无法操作。因此，处处刻记着精英高等教育时期印迹的地方本科院校的人才培养规格的阐述也比较笼统，存在"规格不明"的问题，难以为课程评价服务，因此，有必要明确应用型人才的培养规格。那么，如何明确应用型人才应具有的规格呢？以下确定应用型人才培养规格的途径，值得思考和借鉴。

（一）明确本科人才培养规格

虽然高等教育大众化导致高等教育向多层次、多类型方向发展，但是作为高等教育的一个层次，本科教育在人才培养规格上还是有其统一性的一面。在高等教育多样化的情况下，为保证人才培养质量，各国都在寻求不同类型本科教育的培养规格的共性标准。1996年英国政府的咨询机构高等教育调查委员会（National Committee of Inquiry in to Higher Education）在其报告中明确要求英国大学毕业生必须达到以下三方面的要求：（1）关键技能（Key Skills）：交际能力（communication）、数量能力（numeracy）、运用信息技术（use of information technology）、掌握学习方法（learning how to learn）；（2）认知技能（Cognitive Skills）：理解方法论的能力（understanding of methodology）、批判的分析能力（ability in critical analysis）等；（3）专业技能（Specific Skills）：实验技能、各学科专业能力等。

2005年，欧洲高等教育区卑尔根会议通过的欧洲高等教育区的学术资格框架对学士学位的"学习产出"做出了明确的规定：

（1）已经具有在普通中等教育之上的某一个领域内的知识和智力能力。其典型的水准包括学生所学领域高级教科书中的某些前沿知识。

（2）能以专业的方法在工作或职业中应用其知识和智力能力，典型的表现是在其学习领域内据理争辩，能够设计和解决问题。

（3）能收集和解释相关数据（通常是在其学习领域内），以做出正确判断包括关于社会、科学或伦理问题的见解。

（4）能与专家和非专业听众交流信息、思想、问题以及解决办法。

（5）已经具有高度自主地持续进修所必需的学习技能。

2007年9月，日本文科省为了保证本科教育和学士学位的质量，希望通过制定学生在本科毕业前必须达到的基本要求，为所有本科课程必须达到的最低学习成果提供政策参考，为此，提出了"学士力"的概念。"学士力"指的是所有本科专业学生在获得学士学位之前必须具备的能力。具体内容包括：

（1）知识与理解：①对多元文化与异文化知识的理解；②对人类文化、社会与自然知识的理解。

（2）应用的技能：①交际能力与技能，运用日语和特定外语，做到读、写、听、说四会；②数量的技能，对于自然或社会现象，能够运用象征或符号等，进行分析、理解与表现；③信息能力，正确判断多种信息，有效运用这些信息；④具备逻辑思考能力，对信息或知识能够进行多视角、逻辑性的分析与表现；⑤解决问题的能力，具备收集、分析、整理有关发现问题和解决问题的信息以及解决问题的能力。

（3）态度与志向性：①自我管理能力；②团队精神、领导力；③伦理观；④作为市民应具备的社会责任；⑤终身学习能力。

（4）综合的学习经验与创造思考力：能够综合地运用已获得的知识与技能等，在自我发现的新课题中运用这些知识与技能，并解决问题。这些规定鼓励各院校在总体一致的规范框架内进行创新，适应了高等教育多样化发展的趋势。虽然我国已经进入高等教育大众化阶段，但现阶段尚缺乏对本科或学士学位人才培养规格基本标准的明确规定，因此政府有必要制定本科人才培养规格的基本标准，以适应高等教育多样化发展的趋势。

（二）借鉴国际经验

应用型本科属于本科教育的一种类型，因此，在本科人才培养规格共同基准下，其人才培养规格具有不同于学术型本科的特征。由于应用型人才要面向某一职业或者专业，因此不同专业在其人才培养规格方面的规定有很大的不同。在这方面，美国是通过专业认证机构的专业认证标准来明确应用型人才的培养规格的，也就是说，它通过专业认证对面向某一职业的专业教育和毕业生能力进行了明确和详细的规定。如20世纪90年代末，美国工程认定委员会制定了新的《工科标准

2000》（Engineering Criteria 2000），新标准对所有的工科学生明确提出必须具备11种基础能力。[①]它们包括数学、科学和工科知识的运用能力、设计和管理实验的能力、分析和解释数据的能力、作为专业人员必须具备的理解责任和伦理的能力、有效交际的能力、认识终身学习必要性和实施的能力等。英国通过QAA颁布《学科基准声明》（Subject Benchmark Statements）来进一步明确各个专业的人才培养规格。《学科基准声明》对相当于应用型本科的普通（非荣誉）学士学位的规格规定如下：

（1）掌握并批判性地理解他们所学领域中成熟的原理，以及这些原理的建立和发展途径；

（2）具有应用他们初学范围之外的基本概念和原理的能力，包括在受雇就业情况下，运用这些原理的能力；

（3）掌握本门学科主要的探索方法，批判性地评价在他们所学领域内解决问题的不同方法的适合性；

（4）理解他们所学知识的局限性，以及以此知识为本所做的分析和解释的影响。在其他国家学会、协会和政府机构为了保证质量而纷纷制定应用型人才培养规格最低标准的形势下，地方本科院校可以借鉴这些国际经验，明确应用型人才培养规格。

（三）在实证调查基础上制定应用型人才培养规格

合理的人才培养规格的制定既要在人才培养目标的基础上进行合理的推理、演绎，同时也要以大量的调研材料为支撑，以确保论证的合理性和有效性。对于应用型本科来讲，由于其培养面向就业市场的某一职业或行业的学生，更需要以用人单位的需求作为参考。调研的对象可以涉及学生家长、校友、相关行业的专家等。应根据调研反馈信息修正在人才培养目标基础上演绎的人才培养规格。

然而，对于不同类型、不同层次、不同服务面向的高等学校来讲，其人才培养的规格是不同的，不同的专业培养人才的质量标准也是不同的。

二、实施专业认证制度

我国的高等教育评估已有20多年的历史，随着高等教育评估理论研究的不断深入和实践探索的逐步开展，高等教育评估逐步形成了政府主导的合格评估、办学水平评估、选优评估，以及中介组织倡导的大学排行等，评估的形式和内容也

[①] 张博，杨锋利，黄梅."新工科"背景下应用型本科院校实践教学体系建设研究［M］.长春：吉林大学出版社，2018：78—79.

越来越多样化。然而，国际通行的适用于保证应用型人才培养质量的专业认证在我国整个高等教育评估和高等教育质量保障体系中的地位和作用一直相当薄弱，未能成为一个相对独立的组成部分。因此，在倡导地方高校培养应用型人才的同时，有必要大力推广和实施专业认证制度，通过对专业教学计划进行认证、评价，以保证应用型人才培养质量的最低标准。

（一）通过立法促进专业认证的开展

通过立法，确认认证中介机构的权威性与独立性，是搞好专业认证工作的根本保证。欧美各国一般通过立法来保障专业认证机构的合法权益，为其评估行为与有偿服务提供较为完备的法律依据，具有很强的权威性和独立性，保证认证结果能够得到最大限度的社会认可和信任。相比之下，我国关于高等教育评估的立法工作十分落后。目前，我国有关高等教育评估与认证最为系统的专门性的行政法规只有《普通高等学校评估暂行规定》。但由于它产生于20世纪90年代我国高等教育精英化阶段，许多原则和规定与现阶段高等教育大众化的现实有较大差距，以其来指导今天已发生翻天覆地变化的高等教育，显得有点捉襟见肘。同时，随着高等教育评估的迅速发展，出现了独立于政府之外的评估主体和评价模式，这些新发展却未在规定中得到体现，立法规范出现了真空。政府应着手制定有关高教评估与认证的法规，确认评估中介机构的合法性、权威性与独立性，使我国高等教育专业认证能在国家法律和有关政策规范的指导下得到开展。

（二）鼓励和发展中介性质的专业认证机构

从英美发达国家专业认证的成功经验来看，介于政府、社会和高校之间的中介组织在专业认证方面发挥着重要的作用，有鉴于此，鼓励和发展中介性质的专业认证机构是完善我国高等教育专业认证体系的首要任务。具体来讲，可从以下几方面着手[①]：第一，成立中介性质的专业认证机构。本着官民结合的原则，鼓励各种专业协会、学术团体组成具有中介性质的专业认证机构。或者利用现有政府的某些部门和高校内部某些部门构成此类中介组织的框架。此外，带有中介组织性质的机构，如就业指导、人力资源统筹、出国留学等中介组织，也有可以发展的空间。第二，重视专业认证机构专家队伍的建设。认证专家是专业认证的具体执行者，其综合素质关系到认证机构的专业性和权威性，因而，建立一支具有职业道德良好、自律精神强、专业水平高、通晓应用型人才培养过程、了解就业市场中的职业准入资格的相对稳定的专家队伍，是专业认证工作顺利进行的重要保

---

①邹一琴，郑仲桥，鲍静益.应用型本科人才弹性力培养［M］.南京：东南大学出版社，2018：56—57.

证。专家队伍应以同行专家为核心主体，既包括教育界的专业教授，也包括职业界的专家。这样，一方面保证了认证的专业性和权威性；另一方面，架起了教育界与职业界沟通的桥梁，打破高等教育的封闭状态，使得人才培养过程与就业需要的联系更加紧密。

（三）以某些专业为试点，逐步展开

在英美等发达国家，专业认证范围主要有医药、卫生、建筑设计、工程（包括土木、水利、机械、化学、电子等）、规划、法律、师范等行业领域的专业，涉及面较广。对于专业认证刚刚起步的中国，不宜全面开展，应以几个专业如建筑、工程、医学为试点，在试点过程中不断调整和完善各方面工作，通过以点带面，进而开展大规模的专业认证工作。目前已开展的试点工作有：20世纪90年代已经在建筑工程领域对专业认证制度进行了实践性探索；2006年3月，教育部启动了工程教育专业认证工作，先后在机械工程与自动化电气工程及其自动化、化学工程与工艺、计算机科学与技术四个领域分别成立试点工作组，制订试点办法和章程，完成了8所学校的认证试点；2007年，教育部又将试点认证的范围扩大到包括电气类、计算机类和环境类等在内的10个专业。因此，有必要对这些试点工作取得的经验和不足加以总结，为今后全面开展专业认证奠定基础。

（四）积极参与国际交流，保证认证程序和认证标准的国际化

经济的全球化和高等教育的国际化使人才在国家之间的流动更为频繁，各国的认证组织签订互认协议，相互承认对方认证过的专业点及其所授学历、学位，是应运而生、势不可挡的潮流。为应对这一潮流，我国试点开展的专业认证工作在认证的程序和标准上，不仅要强调考虑我国的实际，更要强调与国际惯例接轨，积极采用国际通行的程序和标准，还应当分析和研究当前国际高等教育专业认证标准的变化和发展趋势，分析国际相互承认的条件和标准，保证我国高等教育与国际高等教育之间的等效与互认，促进应用型人才的国际流动。

第五节 从高校分类的视角看应用型本科课程建设

自1999年我国高等教育开始大规模扩招以来，在短短的几年时间里我国高等教育不仅实现了从精英教育到大众教育的转化，而且2006年全国高校在学人数高达2500万人，超过俄罗斯、印度和美国，成为世界上大学生数最多的高等教育大国。高等教育特别是本科层次的教育进入了一个新的发展时期，面临着新的挑战。这一挑战集中在两个方面：其一是提高质量，以实现党的"十七大"提出的"建设人力资源强国"的重要战略任务；其二是分类发展，以满足不断发展的社会对

人才多样化的需求。对于提高本科质量的战略任务，教育部以及相关部门相继出台了一系列政策，2007年中央财政投入25亿元正式启动"本科质量工程"，对本科教育质量的强调提高到了前所未有的程度。对于分类发展，目前根据社会人才结构和中国高等教育进入大众化阶段的实际，参照联合国教科文组织《国际教育标准分类法（1997年）》的框架，高等学校分为三种基本类型：①学术性研究型大学，培养拔尖创新学术型人才；②专业性应用型的多科性或单科性的大学或学院，培养应用型高级专门人才；③职业性技能型院校（高职高专），培养在生产、管理、服务第一线从事具体工作的职业技术人才。这种三分法比较符合国情，逐渐为人们所认可。在三类高校的人才培养中，学术型人才的培养在精英教育阶段已经积累了丰富的经验，技能型人才的培养近几年在政策推动下也取得一定的成果，唯有应用型人才的培养方式、方法还不明朗，仍处于探索之中。现阶段应用型高校在全国700多所本科院校中有600多所，可以想象，这类高校的在校生规模占据全国高校本科生规模的大多数。但人才培养质量没有提升，提高高等教育质量就不能得到落实。

提高质量与分类发展紧密联系，相辅相成。对于高等教育来讲，质量标准是有分类的，正如联合国教科文组织第一届世界高等教育大会的《21世纪的高等教育：展望和行动世界宣言》所指出的，"高等教育质量是一个多层面的概念"，要"考虑多样化和避免用一个统一的尺度来衡量高等教育的质量"。因此，提高高等教育质量要以分类为基础，高校分类发展的最终目的是提高质量。国际经验表明，在所有推行大众化高等教育的国家中，高等教育体系一定要改革。

任何教育的最终效果都取决于直接面对学生的课程建设和实施过程，因此课程建设是当前提高高等教育质量的核心环节。以人才培养类型作为分类标准的高校分类，最终也要落实在与人才培养密切相关的课程上。因此，建设应用型本科课程是当前推进高校分类发展进而提高教育质量的重要举措。我国高校传统上基本是单一的学术性精英教育，众多高校的课程设置从理念、培养方案、教材到实施及评价都是精英教育模式的产物，因此我国目前正大力建设的应用型高校大多脱胎于学术型教育。由于惯性思维方式和教育体制，这些高校课程设置大多未能摆脱学术性教育的一贯做法，没有真正按照社会人才结构和人才市场需求来培养人才。那么，应用型高校如何突出"应用型"课程特征？高校课程建设理论为我们提供了清楚的分析框架。一般来讲，高校课程建设可分为五个层次，即课程理念、院校层次的人才培养方案编制、单门课程的教材编写、教学、以学业成就评价为核心的课程评价。本节试图从这五个方面来讨论应用型本科课程建设。

一、重构课程理念

美国学者布鲁贝克和我国学者薛天祥都认为高等教育的逻辑起点是高深学问，因而，对于高等学校来讲，课程理念是指人们对高深学问的理性认识、理想追求及所持的思想观念和哲学观点。在高等教育发展的历程中主要形成了两种传统的课程理念，一种是理性主义的，另一种是功利主义的，前者注重高深学问本身的价值，后者则注重高深学问的社会功用。在涉及高深学问的选择、组织、机构及其内容的逻辑时，理性主义课程理念关注学生的知识素养，注重培养学生对高深学问的思维能力和理解能力；课程门类以学科分类为主要依据，并按照学科的逻辑体系组织编排，以便让学生掌握系统的学科知识及其结构；课程内容侧重于理论知识，虽然也有实践课程，但实践课程是为了让学生更好地理解和掌握理论知识而开设的，是附属于理论知识并服务于理论知识的。功利主义课程理念关注学生知识的掌握和实践能力的养成，注重培养学生对高深学问的理解能力和运用能力，课程内容的选择要根据生产或服务的现实需要，强调学生的实践活动，理论知识的学习服务于培养学生实践能力的需要。在价值与功用二元对立的思维模式下，两种课程理念各有不同的市场，传统的大学或研究型大学倾向于理性主义，职业技术高校倾向于功利主义。

正如高等教育的类别来源于历史发展一样，不同种类的高等教育通过满足各自所属的历史时期的不同需要来获得各自的适切地位。现代科学技术的进步，促使社会经济形态变革，产业结构发生了重大变化，导致了现代社会生产活动过程的广泛性、复杂性和深刻性。社会对人才类型的需求越来越多样化，介于学术研究型人才和职业技能型人才之间的将高深学问转化为社会生产力的应用型人才成为社会需求的大多数。应用型人才既要求具备高深学问的知识素养，同时又要求能运用高深学问去研究解决社会问题，因此必然要打破理性主义与功利主义二元对立的局面，重构新的课程理念来指导课程建设20世纪中叶出现的结构主义课程理念使高校课程建设走出了价值与功用非此即彼的、封闭的、非转变性的预设框架，走向复杂性、不确定、开放性、情境性，为应用型本科课程建设找到了价值导向和规范。结构主义课程理念关注学生对高深学问的自我意义建构，注重培养学生在复杂、不确定的环境中对高深学问的理解能力和运用能力，课程体系从"层状"转向"网状"，以"意义建构"来组织课程，强调学习共同体和实践共同体对于意义建构的重要作用。因此，结构主义课程理念在应用型本科课程建设的一系列活动中具有重要的指导意义。

二、吸纳校外人员参与人才培养方案的编制

人才培养方案也称为课程计划或教学计划，是课程建设的开端，它主要是指高校某一专业所开设的各门学科及其先后序列和相互之间的关系统合。对于我国高校来讲，在1985年《中共中央关于教育体制改革的决定》颁布之前，高校的人才培养方案主要由教育主管部门提供指导方案，各高校参照指导方案来编制培养方案。1985之后将制定培养方案的自主权下放给高校，由于惯性思维方式的影响，各高校编制培养方案的自主意识比较薄弱，习惯于互相抄袭、模仿，研究型大学照搬世界一流大学，应用型院校模仿国内研究型大学。但是，经济与社会发展所需要的人才是多层次、多类型的，知识经济时代的现代化建设，固然需要一大批拔尖创新人才，但需要的量更多的却是数以万计的专门人才，仅仅依靠一份研究型人才培养方案难以满足社会多样化的需求。因此各高校应按照自身人才培养类型定位改变模仿的习惯而自主编制培养方案。

一般来讲，往往只有从事某领域研究的教师能够清楚地认识到该学科发展的趋势，因此，对于研究型大学来讲，学术型人才培养方案的编制一般可以由学科的教授根据本校的研究方向及研究兴趣来编制。但是，对于重视培养学生应用能力的应用型高校来讲，国内外的实践证明仅仅依靠教师来编制培养方案，无论对学校的教育目标还是对学生自己的发展目标来说都是难以实现的。课程是教育外部关系和内部关系的交汇点，这在面向社会需要的应用型高校表现得更为突出，因此决定了其培养方案的编制应该有来自不同背景的人员参与。一般而言，学科专家、课程专家是编制人才培养方案团体的核心成员，而学校与教育的行政人员、有关机构或行业的代表等则是可以咨询的对象。不同参与人员的知识结构和地位，在一定程度上代表了社会需求的方向，这样，在面对同样的问题时就有了不同的视角和观点的碰撞，使编制工作可以跳出传统的以学科为主的圈子，能从社会需要、学科和人的全面发展等多个视角来分析和考虑问题，能有效改善培养方案中基础知识、最新知识、实践知识等知识的分配结构以及理论学习与实践、实习实训等时间的合理分配及安排顺序。如澳大利亚许多大学在培养方案的制定过程中就十分注意吸收行业、企业人士参与；美国、日本的许多高校拥有类似于课程开发中心的机构，其主要目的在于协调、参与并帮助学科专业人员、有关机构或行业的代表进行人才培养方案的编制工作。因此，处于建设中的应用型高校的人才培养方案的编制应注意吸纳以学科教师为主的具有多元成分和结构的人员参与，特别要注意选择和吸纳那些具有一定代表性的用人单位专家、有关的实验教学人员和行政管理人员参加，充分利用毕业生对现有培养方案的评价及各种反馈信息，从模仿到创新，实现高等教育分类发展和提高质量的要求。

三、建设知行融合的教材体系

教材是体现课程内容和教学方法的知识载体，是课程的具体化。课程是通过教材这个中介形式在教学中"流通"而付诸实践的。教材是教育过程的要素之一，高等学校教材的质量不仅直接体现着高等教育和科学研究的发展水平，也直接影响高等教育的质量。教材作为一定知识与技能的归纳，具有统一的体系结构。按照教材体系侧重点的不同，可以把教材分为理论体系和工作体系（或经验体系）。理论体系指按照学科知识的内在逻辑来组织教材内容，将本学科涉及的基本概念、基础理论、基本方法与典型事实按照认知规律进行编排，它强调教材内容的系统性和内在逻辑性。工作体系指以职业岗位所需的技术或技能问题为中心来设计和组织教材内容，注意从问题引出概念、原理等理论知识，强调教材内容的可操作性。两种教材体系各有优缺点。理论体系教材尤为重视理论完整性、结构系统性、逻辑严密性、知识深度性，有助于学生尽快掌握基本的理论、概念、原理、原则，但其缺点也很明显，忽视实践应用，因而不能很好地培养学生的实践能力。工作体系教材从实践出发，重视培养学生的动手能力，但是由于内容以问题为中心展开，致使某些概念、原理缺乏内在的有机联系，章节之间往往不能很好地衔接。两种教材体系各有适应的人才培养类型和院校类型。理论体系教材适合于培养学术型人才，因此，研究型大学一般采用理论体系教材；工作体系教材适合于培养职业技能型人才，所以高职高专院校一般采用工作体系教材。那么，应用型高校采用什么样的教材体系来培养应用型人才呢？由于应用型人才既要有宽厚的理论基础，又要具备较强的动手能力，因此教材建设既要考虑为学生搭建可塑性的知识框架，又要从实践知识出发，建立理论知识与实践知识的双向、互动关系。这种理论知识与实践知识双向互动的教材，可称为知行体系教材。知行体系教材并不是按照从理论到实践或者从实践到理论的单向方式进行组织的，或者把理论单元和实践单元割裂开来，而是将理论知识与实践知识有机融合起来，在理论知识与实践知识的循环往复中发挥促进掌握理论知识和培养动手能力的作用。在精英教育阶段，高等教育资源相对紧缺，上大学足以吸引国人，至于教材是否影响所培养学生就业的问题，则较少考虑。适用于培养学术型人才的理论体系教材一用就是多年。当前面对精英教育和大众化教育并存的局面，教材建设应当遵循分类指导的原则。目前，适用于高职高专院校培养职业型人才的工作体系教材在"精品课程建设""万种教材"等教育部项目的推动下已经取得一定的成果。而适用于应用型高校培养应用型人才的知行教材体系，由于特征和要求不明显则成了被遗忘的重要角色，只有某些应用型院校的若干专业教师在探索。因此，在当前提高质量、分类发展的背景下，鉴于以往教育部在推动高校教材建设时所发挥的促进作用，教育部应针对培养应用型人才的高校通过立项、评奖等措施建立奖励机制，鼓励教师积极编写教材，并筛选出具有应用特色的优秀教材，以促进应用型院校培育更多优秀的人才。应用型高校应以此为契机，推动教材编制从理论体系向知行体系改革，构建适合学生发展需要的教材体系，以更加符合应用型人才的培养要求。

四、构建专业学习共同体

人才培养目标、教材编制意图，最后都要通过课程实施来实现。课程实施是教师和学生共同参与的有目的、有计划的教学活动，因此课程实施与教学含义差不多。传统的课程实施重在教师的"教"，忽略学生的"学"。现代课程实施认为，知识是人们对世界的一种解释，技能是一种行为，学生个体是通过积极主动的心理建构来获取知识和技能的，教师不可能把知识和技能完整有效地传送到学生的头脑中，因而教学的重心在于学生的学习。随着学习理论的不断发展，以"学习共同体"为基础的探究式学习、合作式学习等形式，在中小学课堂教学等领域得到了广泛的应用。与中小学的教学相比，高等教育是建立在普通教育基础上的专业教育，以培养高级专门人才为目的。

高校学生一般是18岁以上的人群，具备一定的抽象思维能力和社会经验，能对一些理论问题和实际问题进行思考。因此，高校教学具有专业性、实践性、探索性和独立性等特征。高校教学所具有的特征更容易充分实现学习共同体所具有的功能。在高校分类发展的情况下，不同类型的高校可以组建不同性质的学习共同体。研究型大学以学术为中心形成学术共同体，应用型高校则围绕专业学习和实践形成专业学习共同体。在专业学习共同体里，强调行为主体间共同学习新知识，共享实践经验。对于共同学习新知识，可以采取课堂讲授、讨论、小组学习等多种方式共享信息，辨别相关理论和问题；对于共享实践经验，行为主体可以互相扮演辅导者的角色，互相观察彼此的经验、行为操作和技能训练，检验彼此将理论运用于实践的能力，也协助对方解决困难。专业学习共同体成员可以由同一门课程或同个专业的校内师生组成，也可以是师生和校外有实践经验的技术人员和管理干部通过实习、实训的形式组成，目的在于通过共同学习理论知识、共享实践经验从而达到拓宽理论基础、增强学生实践能力的培养目标。

五、面向实践能力的学业成就评价

任何课程终端都要有评估和反馈，都要通过一定的检查手段对这个过程进行评估和反馈。目前不少专家学者和教学管理人员把提高教学质量的目光投向了更新课程内容、改革教学方法和教学手段上，这当然是无可厚非的，但没有正确认识到课程评价对于提高教育质量的重要作用。课程评价不仅是推进课程建设的制度保障，本身也是课程建设的重要内容。在课程评价这个复杂系统中，学业成就评价对检查教学质量、督促学生学习、加强学生管理以及推动课程建设都具有极其重要的意义，因而是课程评价的核心内容。学业成就评价是根据一定的标准对学生的学习成果进行价值判断的过程。人才培养目标不同，学业成就评价标准的侧重点也就有所不同。学术型人才主要从事基础理论研究，追求高深学问，以认识世界为主要任务，是"家"字号的高级专门人才，如科学家、哲学家、经济学家、数学家等。人才培养目标的特点决定了学术型人才需要系统地学习某门或某几门学科知识，具备扎实的理论基础和科学思维方法，因此，其学业成就评价内容可以偏重对学科基本理论知识的理解与掌握，对学科前沿知识的了解，知识结构体系的完整性、系统性，以及科学思维、研究意识、质疑能力、探究能力与反思能力等方面。应用型人才不是以认识世界为主要任务的，而是以改造世界为主要任务，是行业的"师"字号高级专门人才，如工程师、经济师、律师、教师、临床医师等高级专门人才，其专业口径较宽，适应面较广，理论水平较强，实践能力更强。因而，应用型人才的学业成就评价不仅重视对学科基本理论知识的理解与掌握，更侧重学生对所学知识的分析、理解与应用，注重学生动手能力的考核以及合作精神的培养等等。因此，应用型高校应从以前偏重于对学生知识掌握的评价转变为更加重视对学生动手能力、实践能力等方面的评价。

课程是教育外部关系与内部关系的交汇点，通过课程建设来实现全国高校的分类发展，提高教育质量，这是一项复杂而艰难的系统工程，有许多的工作要做，上面只是提出若干思路而已。具体到某一所高校，如何通过课程建设来实现分类定位，提高教育质量，还必须根据其所处的外部社会环境、内部的师资力量、实验设备、实训基地等条件，扬长避短，充分论证并落实到具体实践中。

第六节　应用型本科精品课程建设

应用型本科院校如何根据应用型高等教育的特点，建设符合应用型人才教育规律的精品课程，是我们必须面对的课题。本节结合近几年精品课程建设的实践，试就应用型本科院校精品课程建设的关键要素谈几点看法。

一、准确定位课程培养目标是建设精品课程的重要基石

教育部、财政部2007年发布的《关于实施高等学校本科教学质量与教学改革工程的意见》（简称《质量工程》）指出，精品课程是指具有一流教师队伍、一流教学内容、一流教学方法、一流教材、一流教学管理等特点的示范性课程。我们

认为，"五个一流"是精品课程的五个重要的构成要素，它们是有机的整体，缺一不可，五个要素都必须统一于人才的培养目标，都要服从人才培养的需要。人才培养目标的定位具有层次性和多样性，不同层次、不同类型的高等学校的人才培养目标会有各自不同的定位，学校办学和人才培养目标的定位决定其学科、专业和课程培养目标的基本定位，而课程培养目标的准确定位是建设精品课程的基石。

（一）应用型本科课程培养目标的基本定位

随着我国高等教育由精英教育走向大众化教育，高等教育的办学模式、办学层次、人才培养呈现出多样化的特征。从应用型人才的类型看，技术应用型本科教育不同于学术型本科教育，学术型本科教育的主要任务是培养能探索和发现新原理、研究客观规律并能将科学原理及学科体系知识转化为设计方案或设计图纸，再进一步将设计方案与图纸转化为产品的科学研究人才。

应用型人才则要求有更强的实践技能和动手能力，能较快地适应实际岗位的需要，会处理实际工作中的问题。从技术人才培养的层次看，应用型本科课程教学不同于以操作技能和职业岗位技能为核心的中高等职业教育。本科及以上层次的应用型人才应具有更强的通用性和创新性，本科层次的应用型人才比高职教育培养的技能应用型人才有更"宽""专""精"的知识结构，有更强的自主学习能力和岗位适应性，有技术创新和技术二次开发的能力，有更高的适应多种岗位的综合素质。因此，应用型本科课程教学应该满足培养多类型、多层次应用型本科人才的要求，应以培养学生实践能力、沟通能力和应用创新能力为目标。

（二）准确定位课程具体培养目标还应考虑的因素

课程培养目标的基本定位是指导我们开展精品课程建设的一个总纲，但就确定某一门具体课程的培养目标而言，还需考虑以下几个方面的因素：

（1）学校自己的办学市场定位与特色；

（2）该课程在专业培养目标中的地位和作用；

（3）该课程与专业课程体系中相关课程之间的关系；

（4）课程知识体系的基本特点与要求，以及相关岗位群对该课程的知识、能力和素质的基本要求，并将两者有机结合，以确定该课程应有的培养目标。

二、深化课程内容体系改革是建设精品课程的核心内容

（一）应用型本科课程内容体系改革的基本思路

准确定位课程的培养目标是应用型本科院校建设精品课程的基石，深化课程内容体系改革是建设精品课程的核心。能否以服务为宗旨、以就业为导向，培养社会第一线需要的高等技术应用型专门人才，其关键就在于课程内容体系是否符

合应用型人才培养目标的要求。具体来说，就是要改革传统教学模式中存在的忽视理论与实践的结合、忽视课程内容的应用、忽视多种教学方式与手段的综合运用、忽视技能和创新思维能力培养的问题。

其改革的基本思路是：按照本科层次应用型人才培养目标和创新思维的现代教育理念，结合课程的特点，在广泛吸收国内外应用型本科教育先进教学理念和经验的基础上，以培养适应岗位群能力为着眼点，以应用型为特征，构建理论与实践高度融合的课程内容体系。

（二）应用型本科课程内容体系应具有的基本特征

应用型本科课程内容体系应具有先进性、科学性、前瞻性、国际性、针对性、适应性、实践性、职业性等特征。先进性要求课程体现现代教育思想和先进的教学观念，课程内容设计以学生为本，能够充分发挥学生的主体作用，发挥教师的主导和引导作用，有利于学生创新思维的培养。科学性要求课程内容能够反映学科动态发展的内在规律性，反映本学科领域的最新科研成果，体现新时期社会、政治、经济、科技的发展对人才培养提出的新要求。前瞻性要求课程内容必须反映前卫的岗位技术，关注未来职业发展的趋势，保证教学内容与实践同步。国际性要求课程内容具有国际视野，符合国际职业教育标准，能够参与国际竞争，有利于培养具有国际竞争力的高素质应用型人才。针对性要求课程内容以培养适应岗位群能力为着眼点，以应用型为特征构建课程内容体系。适应性要求课程内容能够适应多样化的现代教学手段和方法的需要，特别是要有利于计算机技术和网络技术的应用。实践性要求课程内容体系要理论与实践相结合，构建完善的实践教学体系，加强实践教学基地和实验设备等实践教学环境建设，采用模块化的理论与实践相结合的教学模式，运用多种实践教学手段和方式，培养学生的实际操作技能和运用所学知识解决实际问题的能力。职业性要求课程内容与现行国家或国际职业资格标准相融通，为实施职业资格证书制度和应用型本科院校"双证书"制度创造条件。

三、构建完善的实践教学体系是建设精品课程的关键

应用型本科院校精品课程建设是否有特色，关键就在于是否构建了符合课程培养目标要求的、具有鲜明特色的实践教学体系。实践教学是课程教学体系的重要组成部分，也是应用型本科教育区别于学术型本科教育的关键环节。应用型本科教育的实践教学内容应该贯穿于整个课程教学过程之中，与理论教学相互融合，共同构成一个完整的课程教学体系。因此，必须改革传统的只注重知识系统性的学科型的课程体系，以就业为导向，以培养适应岗位群能力为着眼点，改革不适

应应用型专门人才培养的课程体系和结构，建立以提高学生实践能力为出发点的课程内容体系和实践教学体系。

我们认为，构建完善的实践教学体系，应从以下几方面着手：首先，分析职业岗位群的知识、能力和素质需求，构建课程内容体系框架。依据国家职业资格标准，对实际岗位的职业素质需求进行分析，了解岗位群所需的知识、能力和素质结构，结合课程学科结构和特点，将所需的知识、能力和素质有机地结合起来，构建理论与实践高度融合的课程教学体系。其次，确定岗位核心能力，设计课程的综合实验方案。在分析职业岗位群需求的基础上，找出岗位核心能力或关键能力，然后围绕岗位核心能力设计出综合实验方案。再次，将综合实验模块化，将其嵌入到整个课程教学过程之中，将综合实验的教学内容分解为若干单元模块实验教学内容，并与各个单元模块理论教学内容相对应，保持同步，以达到循序渐进、边讲边练的效果。最后，根据实践教学需要，采取多样化的实践教学方式，注意借鉴、吸收和总结经验，在不断完善实践教学体系的基础上，编写出独具特色的课程实验教材和指导书。

四、现代化教学方法与手段是建设精品课程的前提条件

（一）加强校园网络和精品课程网站建设，为精品课程建设提供必要的技术平台

《质量工程》要求注重使用先进的教学方法和手段。要合理运用现代信息技术等手段，改革传统的教学观念、教学方法、教学手段和教学管理。精品课程要使用网络进行教学与管理，相关的教学大纲、教案、习题、实验指导、参考文献目录等要放在网上并免费开放，鼓励将网络课件、授课录像等放在网上开放，实现优质教学资源共享，带动其他课程的建设。由于校园网络和精品课程网站的建设是精品课程建设的基础工作，因此学校应切实保障和加大对精品课程建设的经费投入，应从事业费拨款中安排一定比例用于精品课程网站建设。学校在保障经费投入的同时，还应配备专门的精品课程建设技术小组，为精品课程网站建设提供服务，以促进课程教学方法与手段的改革与完善。

（二）加强专业和课程的实验、实训和实践基地等硬件、软件建设，不断完善课程的实践教学环境

应用型本科教学方法与手段改革的关键在于实践教学环节，改革的目的就是尽可能地营造理论结合实际的实践环境，让学生作为实践的主体，在教师的启发和引导下，自主地、创造性地开展实践理论知识的活动。而加强现代化的实践教学环境的硬件、软件建设，是实现课程培养目标、贯彻课程教学内容改革思想和

实施现代化教学手段和方法的前提条件，因此必须重视这项工作。

（三）根据课程教学的不同内容，采取多样化的现代教学手段与方法

课程组教师在教学过程中应贯彻"学为主体、导为主线、知识传授与能力培养并重"的原则，在借鉴、吸收国内外先进的教学方法和手段的基础上，根据课程的培养目标和教学内容改革的思路，按照不同教学内容的要求，分别采取传统课堂教学、CAI课件教学、网络教学、现场教学、案例教学、讨论式教学、实验教学、师生共同进行课程设计、课程见习等方法和手段，从而构建与培养目标和课程内容体系相配套的现代化教学模式。同时，要改革传统的考核方式，引导学生自主学习，培养学生的综合素质和创新思维能力。

五、加强精品团队建设是建设精品课程的重要保证

一流的师资队伍是精品课程建设的重要保证，应用型本科人才培养目标的定位决定了其师资队伍建设有别于普通学术型本科高等教育。我们认为，加强应用型本科精品团队建设应以"双高""双师""双语"为建设目标。

应用型本科院校理想的精品团队应该是以"双高"教师为课程负责人，由中青年"双师""双语"教师为主讲，并有一定比例的辅导、实验（实训）指导教师，结构合理的教师梯队。课程负责人应该由师德高尚、治学严谨的高学历、高职称优秀教师担任。作为课程的主讲教师，应具备"双师"和"双语"素质，能够把握学科和职业发展的前沿动态，带领和指导整个团队进行课程的教学和科研。这是实施"双证书"制度和适应高等教育国际化对教师的必然要求。因此，学校应该制定相应的制度和政策，加强对中青年骨干教师的培养，不断提高精品团队的教学、科研水平和实践能力。加强精品团队建设，还需要建立健全配套的激励机制和相关制度，充分调动广大教师参与课程建设的积极性，这样才能有效地推进应用型本科精品课程的建设工作。

第七节　以创新创业教育课程改革为例——"五个融入"深化创新创业教育综合改革的实践与探索

近年来，黄淮学院优化应用型人才培养顶层设计，"聚焦专业、聚焦学业、聚焦创业"，把深化创新创业教育作为教育教学综合改革的突破口，实施"读书工程、竞赛工程、孵化工程"，构建"五个融入"为特色的创新创业教育体系，把创新创业教育融入人才培养全过程，努力为地方经济社会发展培养高素质应用型人才。学校被评为全国首批深化创新创业教育改革示范高校、全国首批创新创业典

型经验高校、全国大学生创新创业产学研合作示范基地、"国家级科技企业孵化器""黄淮众创空间"获批首批国家级众创空间。

一、创新创业教育顶层设计

（一）融入人才培养目标：实现"培养目标＋创新创业"

学校确定了"培养理想信念坚定、专业知识扎实、实践能力突出，具有创新精神的高素质应用型人才"的总目标，各专业按照黄淮学院《关于制定2022版本科专业人才培养方案的指导意见》要求，坚持"双创"融入原则，注重培养学生的创新意识和创业精神，激发学生的创新兴趣和创造潜能，不断提升学生创新创业综合素质和能力。

（二）融入通识教育过程：实现"通识教育＋创新创业"

学校在通识教育中开设《大学生职业发展与就业指导》《创新创意创造方法》必修课程，开设《创业思维和行动》《创业沙盘实践》《创业项目实训》等创新创业类选修课程，激发学生对创新创业的兴趣和感性认识，加强对学生职业发展规划和就业指导，训练学生创新创业的基本思维和方法，为学生未来创新创业发展和高质量就业提供基础。

（三）融入专业教育过程：实现"第一课堂＋创新创业"

学校坚持把创新创业教育融入专业教育，推广"校企合作、产教融合"培养模式改革，鼓励学生在专业领域进行创新创造，立足专业知识和技能发现新问题、解决复杂问题，实现创新创造和发明，并孵化和转化为创业就业机遇。为此，学校立项建设一批"专创融合"特色示范课程，在专业教学中融入、渗透创新与创业的理念和方法。狠抓第一课堂教学模式改革，推广案例分析、互动讨论、头脑风暴、沙盘模拟等教学方法，在专业课程中开展"创新前沿""创业漫谈"专题研讨，渗透创新与创业的理念与方法。

（四）融入课外实践活动：实现"第二课堂＋创新创业"

学校制定《第二课堂实践教学实施方案》，设置第二课堂实践创新学分，专题设置了"读书工程""竞赛工程""孵化工程""社会实践""职业证书"等5个实践模块，共10个学分，要求学生至少修满6个规定学分方可毕业。学生通过项目开发、发明创造、获得专利、社会实践、竞赛活动、自主创业均可获得相应学分，以此激发学生参与创新创业的积极性和主动性。在培养过程中，以学科竞赛作为深化创新创业教育的重要抓手，各专业围绕"聚焦专业、聚焦学业、聚焦创业"，重点开展"读书工程""竞赛工程"和"孵化工程"，积极开展跨学科竞赛和创业大赛等活动，引领创新创业教育。

（五）融入学生发展评价：实现"学业发展＋创新创业"

学校坚持成果产出导向，从学生论文发表、专利发明、项目立项、成果转化、技术应用，以及产生的经济效益或社会效益等角度，评价各学院、各专业的创新创业教育成效。在学生综合素质测评、评优评先、奖学金评定等学业发展评价中，融入学生创新创业评价体系，使创新创业成为学生工作的有机组成部分。

二、创新创业教育推进举措

（一）构建创新创业教育组织运行机制

1.成立创新创业教育组织领导机构

2012年，学校成立了创新创业领导小组（正式文件上的名称），组长由校长担任，副组长由主管教学工作和学生工作的校领导担任，成员由教务处、学生处、招生就业处、科研处、财务处、团委主要负责同志和各学院总支书记组成（图3-1）。2012年5月，学校成立了大学生创新创业中心，为正处级建制，负责全校创新创业有关政策制定、教育课程设计、师资队伍建设、实践训练活动、创新创业培训、大学生创新创业园运行管理等工作，为大力推进学校创新创业教育工作提供了有力的组织保障。

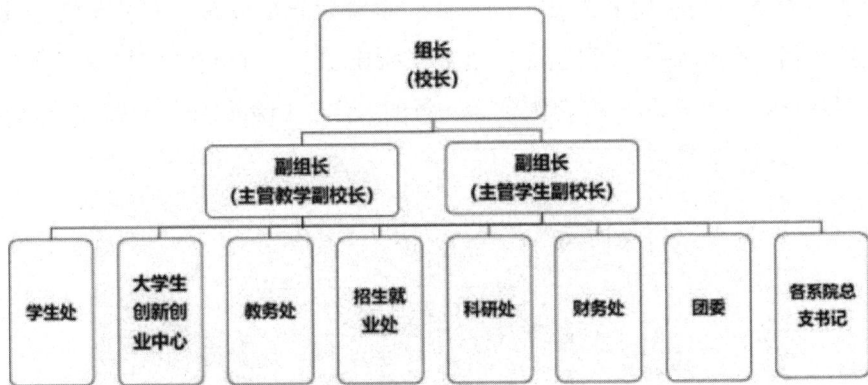

图3-1　黄淮学院创新创业领导小组组织架构

2.成立创新创业学院

2015年，学校整合分散在教务处、学生处、大学生创新创业园、招生就业处、团委等部门的创新创业教育职能，组建创新创业学院，配有专兼职教学和管理人员，划拨5000多平方米的教学和办公场所，购置一批具有先进水平的教学设施，为学生创新创业提供持续帮扶、全程指导、一站式教育教学服务。

3.成立大学生就业创业指导服务中心

2023年7月，学校将招生就业处中的就业职能与大学生创新创业中心合并，成立大学生就业创业指导服务中心（创新创业学院），为正处级建制，对学生就业创业实行持续帮扶、全程指导、一站式服务（图3-2）。

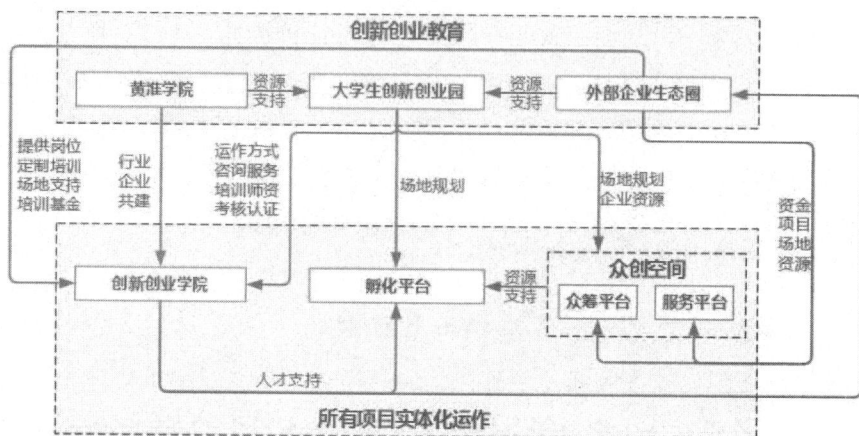

图 3-2　创新创业教育现有运作机制

（二）协同搭建创新创业实践教学平台

1.建设大学生创新创业园

2012年6月，建筑面积2.3万平方米的黄淮学院大学生创新创业园建成并投入使用，是全省高校建设的第一批大学生创新创业园（图3-3），通过"学校搭台、企业入驻、合作育人、协同创新"的模式，本着"互尽所长、互补所需、共同分担、共同受益"的原则，汇聚企业、创业团队60余家，校企共同打造了集创新创业、实习实训、科研孵化、综合服务为一体的大学生创新创业、科技孵化基地。

图 3-3　黄淮学院大学生创新创业园外景

2.着力打造"1+N"众创空间集群

学校依托大学生创新创业园，跨学科、跨专业组建了"黄淮众创空间"，下设

Fab-Lab实验室、机器人创客空间、3D打印技术研究中心、VR虚拟现实技术研究中心、智慧城市技术中心、ERP技术中心、卓匠书社、融园众创咖啡、动画制作中心等一批创新创业实践平台（图3-4），形成了辐射全校、涵盖多个专业的综合性"众创空间"。

图3-4 黄淮学院大学生创新创业园跨学科平台架构

各学院也分别成立了梦工场、炫光数字动画、BIM技术研究中心、圆梦坊-暴风文化创意中心等35个小型创客空间（目前实际存在的不多，已在逐一落实），形成了以"黄淮众创空间"为引领，学院"微创空间"为主体，综合性与专业化相结合的"1+N"创客空间集群，营造了良好的创新创业文化生态。

（三）全面深化创新创业教育改革

1.改革创新创业教育模式

学校把创新创业教育从第一课堂贯穿到第二课堂，探索"问题+课题、项目+团队"的创新创业教育模式。第一课堂倡导"教学做一体化"教学模式改革，引导教师在"做中教"，鼓励学生在"做中学、学中做"，开展讨论式、项目式、案例式等教学方法改革，把企业真实项目、综合项目或产品项目纳入实验实训教学内容，推动课堂教学从"以教为中心"向"以学为中心"的转变，引导学生打牢专业基础，培养创新精神和创业意识。第二课堂以项目教学为主题，引导学生在科技创新、产品研发、学科竞赛和社会调查等活动中发展专业兴趣，培养创新思维和创业能力。目前，创新创业教育实现了部分课程第一课堂与第二课堂的"专创融合"。这一融合主要是师生团队共同完成实际项目，并把企业项目转化为专业课程教学内容，转化为学生毕业设计及课程设计。

2.加强创新创业课程建设

学校重视创新创业教育课程校企共建资源，鼓励教师把科研成果和行业企业新技术融入教学内容，开展研究性教学模式改革，改革教学方法、教学手段、课程考核和评价方式，逐步提升课程教学的"两性一度"。近三年，学校"专创融合"示范课程建设取得显著成效。《机器人仿真与编程》《乡村景观设计》《短视频制作综合实训》等课程被立项为2022年省级"专创融合"特色示范课程。同时，立项《软件分析与设计》等10门校级"专创融合"特色示范课程，《微生物遗传育种》等16门院级"专创融合示范课程"，进行创新创业教育和专业教育深度融合的实践探索，促使学生创新能力培养从试点探索走向理性认识，再从理性认识走向系统实践。

3.健全"以赛促学"激励机制

学校制定《黄淮学院学科竞赛管理办法》，以学科竞赛为抓手，以赛促教、以赛促学，驱动创新创业教育深化改革。在全校学生中积极开展"互联网+"大学生创新创业大赛校赛、"创青春"创新创业大赛校赛、美丽乡村设计专项赛、3D打印创意设计大赛、挑战杯文创产品竞赛等品牌竞赛活动。2018年以来，学校建立了月选拔赛、学期决赛和学年总决赛的创新创业项目竞赛机制，邀请国家级创新创业孵化载体负责人、知名行业专家和相关政府机关负责人作为专家评委进行评审、点评与指导，参赛项目深度融合社会经济发展，涵盖现代农业、制造业、电子商务、信息技术服务、文化创意服务、社会服务等多个领域，实现以赛促学、以赛促练、以赛促创。

4.推动创新项目转化为创业项目

学校重视创新创业项目的转化，择优选取有竞争力的创新创业项目参加校级、省部级和国家级的各类创新创业竞赛，激发学生创新创业热情。一大批学生以兴趣为驱动、以项目为依托、以研究课题为核心、以自主学习和导师指导为主要方式开展各项实践活动（图5-5）。一些优秀的创新创业项目已经脱离学校孵化走向市场，取得了良好的经济收益和社会效益。近三年，我校大学生创新创业训练计划获批国家级项目9项，省级项目39项，在河南省大学生创新创业训练计划十五周年总结工作中，我校荣获最佳组织奖。

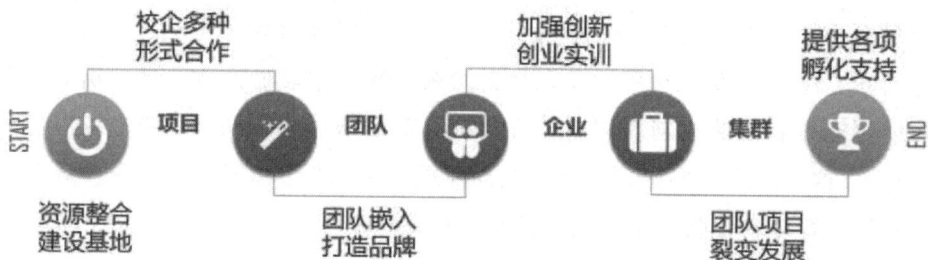

图5-5 创新创业项目运作模式

（四）建设高水平双创教育师资团队

为建设一支高素质的创新创业教育专兼职师资队伍，实现在专业教学中有效渗透创新创业教育的目标，从2009年起，学校实施创新创业骨干师资培养计划，组织骨干教师到德国、英国等以及台湾地区高校参加创新创意种子培养培训，同时引培入校，邀请校外专家举办校内创新创业师资培训班，以师资训练营、工作坊等形式，开展线上线下结合，理论与实操互补的专业化培训。近三年，共培养创新创业师资50余人，教师专业发展与创新创业指导能力显著增强。同时，学校通过系统化的专业培训，组建了创新创意课程导师、创业导师和科技导师3个专业化的创新创业骨干教师团队，对学生创新创业进行全程指导，形成创新创业教育合力。

三、创新创业教育改革成效

（一）涌现一批学生创新创业典型

随着学校创新创业教育的深化改革，学生创新创业的能力不断增强，10名学生先后入选"全国大学生创业英雄100强"，2名毕业生入选"河南省大学生创新创业标兵"。王健乐、邵帅、梅家晨等一批学生创新创业典型脱颖而出。

王健乐，建筑工程学院2012届毕业生。2020年8月，时任中央政治局常委、国务院总理李克强在重庆考察期间，走进王健乐创办的小二郎文化传媒有限公司，了解公司情况并对公司发展提出殷切希望。

邵帅，经济管理学院2021届毕业生。列入2019年福布斯中国30岁以下精英榜获奖者。邵帅以《写给黄淮》《你是人间四月天》等作品获取网易云粉丝100+万，播放量超50亿。

梅家晨，计算机与人工智能学院在校生。获得2021年度"中国大学生自强之星"、2022年度河南省大学生"创新之星"。2022年4月，省委书记楼阳生到黄淮学院调研指导，走进梅家晨所在的创客空间，与梅家晨进行亲切交流，对产品取得的成果表示肯定，并鼓励当代大学生要从研发实践中学，既要掌握基础知识也要培养创新能力，勉励梅家晨同学能开发出迭代性、颠覆性产品，取得更大的成就。

此外，雒清雅学生团队《放学你别走——复兴汉代寿司》创业项目，获2019年全国大学生微创业大赛金奖；熊晨宇学生团队《工业废水有机生物材料处理》获2020年全国大学生微创业行动银奖；《冰释由心——渐冻人脑控交互系统研制》成功入选2021年"创青春"中国青年创新创业项目支持计划（科技创新"攀登计划"类项目）；《行随心——智能脑控轮椅》入围2022年河南省"大学生创业项目培优计划"项目；《睿能热控——基于极小曲面和3D打印技术的新一代热交换器》入围"创响中原"2023年河南省大学生创业项目培优行动"飞鹰"项目。

近三年，学生参加中国国际"互联网+"大学生创新创业大赛，获国家级铜奖1项，省级金奖4项，银奖17项，铜奖26项。

（二）培养一批服务地方的师生团队

我校创新创业教育聚焦地方经济社会的发展，注重在服务国家战略、地方支柱产业和科技创新中培养学生的创新能力和创业意识。近年来，在创新创业教育综合改革中培养了一批成绩显著的师生团队。

1.服务美丽乡村建设实践团队。

建筑工程学院赵辉老师主持的微建筑师生工作室，围绕服务乡村振兴战略开展创新创业教育实践探索，与地方政府合作成立了"乡村规划设计研究院"，整合建筑学、土木工程、城乡规划、艺术设计等学科专业成立"乡村设计学院"，开办"乡村设计"微专业。先后完成了荣获AAA级文化旅游景区的新蔡水韵天街项目，师生团队设计改造了明港镇新集村、驿城区蚁峰镇、驿城区鲁湾村、确山县中山店村、遂平县红石崖村等13个"美丽乡村"示范点。其中，信阳市明港镇新集村规划的"三院七坊一园区"建设模式受到了住建部、教育部和省市领导高度评价。新集村已成为河南美丽乡村建设品牌，荣获住建部和农业部颁发的"美丽宜居村庄""环境整治示范村"等4项国家级荣誉，为地方经济社会发展提供智力支撑。

2022年4月18日，省委书记楼阳生到黄淮学院调研，对黄淮学院产教融合办学理念表示肯定，提出要在全面推进乡村振兴上有新作为，扎实推进美丽乡村建设，为加快美丽乡村建设提供"黄淮方案"，打造"黄淮样板"。

2.服务"中国药都"建设创新团队。

建设"中国药谷"是驻马店市"十四五"规划中的"一号工程"。市委、市政府要把"中国药谷"打造成具有全球影响力的中国医药创新发展基地、国家原料药集中生产基地。学校化学工程与工艺、制药工程、生物工程等专业对接代表性企业天方药业生产过程，让师生团队学生参与化学制药工艺、制剂生产、药物检测分析、药物研发与工艺开发、制药污水处理等项目的实验实习。2021年，学生团队参加"全国高校制药工程设计竞赛"获一等奖。

3.服务新能源产业创新团队。

新能源产业已成为驻马店市努力发展的第二大支柱产业。我校新能源科学与工程、储能科学与工程、新能源汽车工程等专业组建师生科技创新团队，聚焦"锂电池隔膜、新型电池隔膜制备技术、硅基高效纳米太阳能高效转换和安全储存"等关键技术开展技术攻关，取得6项理论创新，突破10项关键技术，开发了12种新产品。相关产品已取得4项认证，创新成果已编入3项行业标准、制定了2项企业标准，获得河南省科技进步三等奖2项。

4.服务城市智慧照明创新团队。

学校依托河南省智慧照明重点实验室建设项目，主动服务驻马店市新型智慧城市建设，与西平县"城市智慧照明"示范基地合作，开发出能够挂载交通状况监控、公共安全监控、气象监测、环境监测、显示屏、充电桩、通信基站等设备的智慧灯杆。目前，研发成果已经由河南省鼎力杆塔股份有限公司进行生产和销售。

5.服务"国际农都"创新团队。

打造"国际农都"是驻马店市"十四五"规划的重点项目，农产品加工产业已成为第一大主导产业。生物工程、食品科学与工程、食品质量与安全等专业，与企业合作共同开发《生物分离工程》《发酵工程》等校本教材，把企业产品项目转化为实践教学项目，让学生在实验室和中试车间开展综合能力实训。师生团队研发的黄淮纯粮酒、黄淮干红、黄淮酸奶等产品已由合作企业投入生产并推向市场。近三年，生物与食品工程学院学生参加实际生产项目30余项，参与教师科研项目30余项，发表科技论文20多篇。

6.软件开发创新团队。

国际教育学院邱栋老师带领的易团队，采取CDIO工程教育培养模式，开展校企合作开发项目，将专业教育和创新创业教育融合起来，重点开发工业智能软件和智慧教育软件产品，取得了20多项软件著作权证书。团队与市科技局、工信局、智能制造协会、CIO联盟等单位和行业协会合作，通过软件开源与定制开发的方式，服务了本地几十家制造业企业。由于创新创业成绩突出，团队获河南省18届"青年五四奖章集体"荣誉称号，与团队合作的易创网络科技有限公司获批国家高新技术企业。

（三）获得一批创新创业教育典型荣誉

十余年来，学校创新创业教育改革取得了显著成绩，先后被评为首批"国家级众创空间""国家级科技企业孵化器""中国大学生创新创业产学研合作创新示范基地"，2016年8月份，获评教育部"2016年度全国创新创业典型经验高校"，2017年2月学校被教育部授予"全国首批深化创新创业教育改革示范高校"，被省政府授予"首批河南省双创基地"。

2022年1月，河南省高校创新创业管理服务中心落户黄淮学院。2022年12月，学校入选2022年河南省省级创新创业学院建设高校。学校先后参与拟订了《河南省进一步支持大学生创新创业若干措施》《河南省人民政府办公厅关于支持推动高等院校创设大学生创业园的指导意见（初稿）》等文件。

学校创新创业教育受到国家、教育部和河南省领导高度重视。全国人大十一、十二届副委员长陈昌智、教育部副部长孙尧、朱之文，中国职业技术教育学会会长、原教育部副部长鲁昕、河南省委书记楼阳生、时任河南省委书记郭庚茂、时任河南省省长谢伏瞻、时任河南省委书记王国生均调研考察过我校创新创业工作并给予高度评价。《人民日报》《光明日报》《中国教育报》《新华日报》等主流媒体先后40余次报道了黄淮学院创新创业教育工作及其成效。

第四章 应用型本科院校的教学改革

教学是人才培养的关键环节，也是教育改革的重点所在，培养应用型人才，需要与之相适应的教学活动，传统的教学已经不能满足应用型人才培养的需要。因此，探索应用型院校的教学改革，就成为能否有效培养应用型人才的决定性因素。本章将在回顾我国本科教学改革历程的基础上，探讨适应应用型院校的教学模式。

第一节 改革开放以来本科教学改革回顾

教学改革是高等教育改革中一个具有深刻实质性的重要组成部分，没有教学改革就谈不上教育改革。改革开放以来高校本科教学改革在政策的调整下所取得的成就是有目共睹的，但也存在许多问题，因此，有必要对这一段时期的教学改革进行全面的总结与反思，肯定所取得的成绩并发现存在的问题。本章从政策分析的视角，在对我国高校本科教学改革政策及其成果进行历史性梳理的基础上，分析政策对我国教学改革所发挥的作用并研究其中存在的问题，以期为今后教学改革政策的制定及其导向提供参考。

一、改革开放以来本科教学改革发展历程

高校教学改革从宏观上看，就是人才培养模式的改革。所谓人才培养模式，就是与人才培养有关的教育思想、学科专业划分与设置、课程体系、课程内容教学方式方法、教学评价等所有环节的总和。其中任何一个环节的变动都是教学改革的重要内容，因而涉及任何一个环节的政策都属于教学改革政策的范畴。根据教学改革在不同时期的变化，可以把本科教学改革发展历程分为三个时期。

（一）教学改革起步阶段（1985年—1992年）

在试点改革取得初步成功的基础上，政策开始介入高等学校的教学领域，教学改革进入了起步阶段。1985年颁布的《中共中央关于教育体制改革的决定》（以下简称《决定》）是这一阶段教学改革的纲领性文件，涉及人才培养模式改革的多个方面。针对苏联教学模式在人才培养上强调专业教育，相对忽视学生知识的宽度，在学科专业调整方面，《决定》指出存在的问题为"专业设置过于狭窄，不同程度地脱离了经济和社会发展的需要，落后于当代科学文化的发展"，应进行学科专业调整。这加速了教育部1982年开始的大规模的专业调整进程。我国第一次专业调整于1987年底结束，这次调整统一更改了部分专业的名称，拓宽了专业口径，充实和加强了新兴边缘学科及薄弱学科，专业种类由原来的1400多种缩减到671种。针对教学计划、教学内容的同质化倾向，《决定》指出高校"有权调整专业的服务方向，制订教学计划和教学大纲，编写和选用教材"，赋予了高校改革教学计划、教学内容的自主性。在课程体系改革方面，《决定》提出"积极进行教学改革的各种试验……增加实践环节，减少必修课，增加选修课，实行学分制和双学位制，增加自学时间和课外学习活动，有指导地开展勤工助学活动等等"。

《决定》之所以对教学改革如此重视，原因在于教育的外部环境发生了深刻的变化。随着经济体制从计划经济到有计划的商品经济的转轨，以指令性指标为手段管理经济和其他事业的方式发生了变化，根据教育外部关系规律，变化的社会环境必然要求教育所培养的人才规格做出相应的变化，而人才培养规格的变化又要求教学进行相应的改革。

《决定》的颁布启动了将高校本科教学改革纳入国家政策视野的序幕。该政策最为重要的一项内容是高等学校获得了制订、修订和执行教学计划的自主权，教学计划由参考性文件变为自主性文件。在《决定》精神的指导下，高校搞活教学的热情空前高涨，许多高校根据本校的具体情况，自主制订和调整培养目标，制订了各具特色的课程体系，制订了弹性化教学计划，设置了模块课程、柔性课程等。

（二）全方位改革阶段（1993年—1999年）

1992年，党的"十四大"明确提出建立社会主义市场经济体制。市场经济体制必然导致社会方方面面的变化，高等教育也不例外。就在这一阶段，我国高校本科教学在前一阶段教学计划、教学内容放权的基础上进入全方位的改革。

1993年中共中央颁布的《中国教育改革和发展纲要》指出，要"进一步转变教育思想，改革教学内容和教学方法，克服学校教育不同程度存在的脱离经济建设和社会发展需要的现象。要按照现代科学技术文化发展的新成果和社会主义现代化建设的实际需要，更新教学内容，调整课程结构"。在这个思想的指导下，原国家教委及相关部门颁布了多项政策，对本科教学进行了大刀阔斧的改革。从所颁布的政策来看，教学改革主要围绕三个方面的内容展开。一是教学内容和课程体系改革。教学内容和课程体系直接反映教育目的和培养目标，是保证和提高教育质量的核心环节。因此，这方面的改革被看作是本科教学改革的突破口，对带动各方面教学改革向纵深发展产生了深远的影响。为了深化高等教育改革，提高教育质量，培养适应21世纪中国社会发展和现代化建设需要的人才，原国家教委从1994年开始制定并实施了《高等教育面向21世纪教学内容和课程体系改革计划》，立项主要内容包括"未来社会的人才素质和培养模式；各专业或专业群的培养目标及人才规格；主要专业或专业群的课程体系结构；基础课程、核心课程的教学内容体系及教材；教学手段、教学方法的创新"，要求"各类成果应具有可操作性，并能在教学实践中检验"。此项改革正式批准立项221个大项目，包括985个子项目，有300多所高校参与了改革实践。二是减少专业种数和拓宽专业口径。专业设置不仅直接影响着人才培养的类型，也影响着高等教育各项功能的发挥。为解决专业设置宽与窄的矛盾，继1987年之后，原国家教委于1993年和1997年两次修订本科专业目录，1993年将800多个专业调整到500多个，1997年将原来的504个减至249个，力求通过全国本科专业目录的调整，使得各院校以此为契机，拓宽专业口径，制定新的人才培养方案和教学计划。为实现拓宽专业口径的目标，国家教育主管部门颁布的《高等教育面向21世纪教学内容和课程体系改革计划》（1994）、《面向21世纪教育振兴行动计划》（1998）、《世行贷款21世纪初高等教育教学改革项目立项》（1999）等文件都要求教学改革立项必须围绕"拓宽专业口径，增强适应性"来开展。三是加强文化素质教育。针对以往忽视人文素质教育的问题，1995年7月原国家教委高教司印发了《关于开展大学生文化素质教育试点工作的通知》，指出要加强大学生文化素质教育，使专业人才具有较高的文化素质。同年，原国家教委确定在北京大学、清华大学等52所高等学校开展文化素质教育试点工作。经过3年的试点工作，国家教育主管部门于1998年4月在第一次全国普通高等学校教学工作会议上颁发了《关于加强大学生文化素质教育的若干意见》等文件，在全国高校全面推行文化素质教育。1999年6月，中共中央颁布《关于深化教育改革全面推进素质教育的决定》，有力地促进了大学素质教育向纵深方向发展。加强文化素质教育的思想不仅引发了大学课程体系的改革，突破了以往课程编排上的"公共基础课→专业基础课→专业课"的"三段式"线性模式，素质教育课程被提到与专业课程同样重要的地位，而且打破了专才教育思想一统天下的局面，为通才教育思想逐步渗透到教学改革进程中奠定了基础。与此同时，1994年国务院颁布了《教学成果奖励条例》，奖励具有独创性、新颖性、实用性，对提高教学水平和教育质量，实现培养目标产生明显效果的教学改革方案。

这一阶段颁布的教学改革政策如此之多的原因在于外部社会环境的变化致使高等教育进入严格意义上的改革阶段。教学改革的拉动力主要来自两个方面：一是市场经济体制要求。市场经济体制要求高校人才培养要适应市场机制所具有的灵活性、多样性的需求。二是21世纪的社会需求。《中国教育改革和发展纲要》曾指出，"谁掌握了面向21世纪的教育，谁就能在21世纪的国际竞争中处于战略主动地位"。在这一思想指导下，从政府到高校均有计划地开展了面向21世纪的一系列教学改革，力图以教学改革为契机，实现本科教育思想和人才培养模式的全面改革。

（三）提高质量成为教学改革与发展的主旋律阶段（2000年以后）

1999年中国高校开始大规模扩招，由于学生人数的急剧增加而教育资源难以在短时间内迅速增长，教育出现质量下滑的趋势。这引起了社会各界的广泛关注，由此高等教育进入以提高质量为中心的发展阶段。教学改革是提高教育质量的最重要的手段，对此教育部及相关部门出台了一系列保证教学质量、提高教学质量的政策，对教学质量给予了前所未有的重视与关注。2001年，教育部出台的《关于加强高等学校本科教学工作提高教学质量的若干意见》（教高［200114号］强调，"抓好本科教学是提高整个高等教育质量的重点和关键……把加强本科教学工作列入重要工作日程"，并就加强教学工作明确提出了加大教学经费投入、教授上讲台等12条针对性很强的要求。在《2003—2007年教育振兴行动计划》中，教育部启动了"高等学校教学质量与教学改革工程"，强调进一步深化高等学校的教学改革，完善高等学校教学质量评估与保障机制。根据高等教育发展的现状和需求，教育部决定分步实施"质量工程"。目前，已经实施的内容有：一是启动精品课程建设。2003年4月，教育部发布了《关于启动高等学校教学质量与教学改革工程精品课程建设工作的通知》，旨在以精品课程建设来带动教学改革，提高教学质量。二是开展本科教学工作水平评估。2003年教育部启动了高等学校教学工作水平评估，旨在通过评估手段促进教学质量的提高。三是设立高等学校教学名师奖。为进一步鼓励教授上讲台和建设精品课程，教育部从2003年开始，设立高等学校教学名师奖，并以此为契机，在全社会形成关注教学、关注名师的良好氛围。随着"质量工程"项目的逐步开展，为切实提高教学质量，2005年1月，教育部下发了《关于进一步加强高等学校本科教学工作的若干意见》（教高［2005］1号），就高等教育的发展提出16条要求，强调高等教育必须在规模持续发展的同时，把提高质量放在更加突出的位置。2007年1月教育部、财政部联合发布《关于实施高等学校本科教学质量与教学改革工程的意见》（教高［2007］1号），中央财政投入25个亿，正式启动"高等学校本科教学质量与教学改革工程"。其建设内容主要包括"专业结构调整与专业认证""课程、教材建设与资源共享""实践教学与人才培养模式改革创新""教学团队与高水平教师队伍建设""教学评估与教学状态基本数据公布""对口支援西部地区高等学校"六个方面。随后教育部颁布的《关于进一步加强高等学校本科教学工作的若干意见》（教高［2007］2号）除了延续［2007］1号文件的改革精神和改革措施之外，还进一步提出"加强教学评估，建立保证提高教学质量的长效机制"。

与前几个阶段不同的是，这一阶段教学改革政策主要受高等教育从精英化到大众化自身变革影响而引发。从教育部连续出台的旨在提高高等教育教学质量的政策文件可以看出教学改革已经不再是孤立的事情，而与提高教育质量结合起来，并以提高教学质量为核心来开展工作。

二、本科教学改革政策变迁的特点

（一）政策环境直接影响教学改革政策的颁布

美国政策科学家安德森认为，"政策行动的要求产生于政策环境，并从政策环境传到政策系统"。改革开放以来我国本科教学改革政策是因外部政治、经济、科学技术发展变化以及高等教育自身发展变革而提出的诉求，并随着政策环境的变化而进行调整。在改革的每一阶段，政策所要解决的问题、价值取向各不一样。从计划经济向市场经济转变、从20世纪走向21世纪，高等学校的外部环境发生了很大的变化，这种变化的社会环境要求人才培养具有多样性和灵活性，因此，政策从教学管理体制的改革入手，到教学计划、学科专业目录的调整，再逐步深入到教学内容和课程体系的改革，进而带动教育思想的变革；在高等教育由精英教育向大众教育过渡的背景下，教学质量的提高成为突出问题，教学评价进入政策的视野并付诸行动。总之，高等教育内外部环境的变化直接影响教学改革政策的颁布。因此，今后教学改革政策的出台应建立在对内外部环境变化研究的基础上，预测未来环境的变化，进一步提升教学改革政策的先导性、前瞻性。

（二）政策从协调冲突性矛盾向建立激励机制转变

一般来讲，政策产生于两种需要中的其中一种，一是协调冲突性要求，二是为集体建立激励机制。教学改革政策也不例外。改革初期，政策以协调学年制与学分制、指令性教学计划与自主性教学计划、专业口径的宽与窄、教学方式方法的先进与落后、课程内容的旧与新等多种矛盾为主，后逐步过渡到建立以教学改革立项、教学评价等方式为主的激励机制。20世纪90年代以后颁布的教学改革政策大都以建立激励机制为主，如《教学成果奖励条例》充分肯定教学工作和教学改革成果的重要作用，使之与国家科学技术三大奖受到同等对待；为了全面推动《高等教育面向21世纪教学内容和课程体系改革计划》，原国家教委在1997年底已经投入1000余万元，"质量工程"项目则拨出25亿经费。激励机制政策建立在高校自主选择教学改革的基础上，更适合人才培养多样化的要求。

三、政策制定及其执行中的一些问题

从具体的政策文本来看，改革开放以来本科教学改革政策涉及了人才培养过程的全部环节，从理论上讲，按照政策指导培养的人才所具备的知识、能力、素质应该都不错，但是多年来大学生能力、素质不佳的报道和实证研究经常见诸媒体。这些现象都显示出教学改革政策本身存在一定的缺陷。纵观30年来教学改革政策的制定与执行，有若干问题值得进一步思考。

（一）对政策问题的确认

政策问题的确认是政策过程的第一个环节，是政策的起点。在高校教学领域存在大量的问题，但是并不是所有的问题都是政策问题，政策问题需要有一个确认的过程。教学改革是一个渐进式的、摸着石头过河的过程——在改革初期，把教学管理制度作为突破口，试行学分制；在改革起步阶段，把下放教学计划制定权并调整专业设置作为教学改革的突破口；在改革的深化阶段不仅对专业设置、课程体系、教学内容进行改革，还改革专才教育思想为通才教育思想；近阶段则迫于规模扩招导致教育稀释而出台提高教学质量的政策。在改革过程中，政策的焦点不断转移和反弹，比如专业调整，经过一段时间的调整，专业数量下降了，但是不久又上升了，接着再颁布政策进行调整。高等学校的教学改革到底要改什么才能提高其所培养人才的素质是一个悬而未决的问题，政策问题的不确定性导致政策循环往复。

（二）人才培养的多样化、个性化与改革政策的统一性问题

在多年的教学改革历程中，大部分改革是在部分学校试点成功的基础上形成政策然后在全国推广的，比如学分制的推行、人文素质教育的开展等。由于政策是一种社会活动，而不是单一的或孤立的事件，因此，本科教学在试点改革时，在某种程度上体现了人才培养的个性化，一旦以政策颁布的方式在全国高校铺开，则政策的"一刀切"又会导致人才培养模式回到了千校一面的情况，虽然改革促使高校教学工作得以前进，此千校一面非彼千校一面，但是政策的统一性与人才培养个性化、多样化之间存在的矛盾比较难以协调，需要在两者之间建立微妙的

平衡。①

（三）高校教学改革的主动性问题

一系列教学改革政策的频繁出台，说明教学改革还不是大部分高校的主动要求，而是在政策影响下开展的。社会在不断向前发展，科学技术日新月异的宏观环境要求高校要不断进行教学改革。培养人才是高校的根本任务，教学工作是主旋律，因此教学改革是高校永恒的话题。高校自身应建立教学改革的长效机制，而不是寄希望于一纸政策就能解决所有的教学问题。

第二节　应用型本科院校教学模式

科学技术要创造性地应用于生产实践，应用型人才是其转换为现实生产力的载体。当今社会，理论素养、实践能力和创新意识的综合指标越来越成为评价人才是否优秀的标准，各行各业的发展也都迫切需要应用型人才的加盟。而培养这类人才的基本途径是学校教学，因此，加强教学工作是提升应用型本科教育质量的根本举措。

一、应用型本科院校教学的原则：实践性

应用型本科的培养目标是应用型人才，而作为人才培养主渠道的教学则更具有实践性、应用型和技术性，其主要表现在教学目的的实践性、教学内容的实践性及教学过程与方法的实践性。只有如此，才能培养高素质的具有创造性精神的应用型高级专门人才，才能实现培养目标。因此，实践性是应用型本科教学应遵循的基本原则。应用型本科院校在开展教学工作时，应坚持实践性的原则，在各个教学环节凸显、贯彻实践性原则。

（一）应用型本科教学目的的实践性

普通本科强调培养目标的通用性，更多的是培养研究与设计的学术性人才。而应用型本科的培养目标是应用型人才，其主要包括技术应用型、复合应用型、服务应用型与职业应用型人才，应用型本科的教学目标是其培养目标的具体化与细化，是培养目标的体系，是落实到实际层面上来说的。应用型本科以培养一线生产实际需要的人才为核心教学目标，在能力培养中特别突出对基本知识的熟练掌握和灵活应用，以及解决实际问题的能力。

---

①冯之坦，胡一波.应用型本科创新型人才培养模式改革与实践［M］.北京：中国商务出版社，2022：55—56.

比较而言，应用型本科对于科研开发能力不做更高的要求，强调实际动手操作能力与解决实际问题能力的培养；在教学目标上不是强调认知性目标，而是强调实践性、参与性与体验性等非认知性目标，在一定程度上具有实践性与体验性。如对某一职业的认识，不是停留在理性认识的基础上，而是让学生在参与实践的过程中真正了解与热爱其职业，使其更具有感性认识。从而在教学目标上对实践性进行规定，使其真正成为教学的起点，为整个教学进行正确导航；也以其为终点，对其整个教学进行正确的评价。

（二）应用型本科教学内容的实践性

本科教学体系可分为理论体系和技术体系两部分。普通本科教学强调理论体系，采用的是以学科为主的三段式的教学内容模式：公共基础课—学科基础课—专业课，它们具有鲜明的层次性，逻辑性很强，严格按学科知识的逻辑顺序来进行。普通本科教学也存在技术体系，但其主要是为理论体系服务的，居于次要地位，从属于理论体系。而应用型本科教学强调技术体系，教学内容并不是基于学科的，而主要是基于职业工作能力需求的原则来构建理论体系，因而教学内容是技术教育内容，而不是科学教育内容。再者，要使知识与技能真正内化为能力，必须通过实践环节。

因而，应用型本科要采用实践性很强的课程导向模式。应用型本科虽存在基础理论，但最基础的，主要还是基于职业的能力培养，应用型本科在重视基础理论的同时，更应关注实践、实验、实习、训练、试验、证书培训、课程设计、毕业来设计，其内容要围绕着一线生产的实际需要来设计，要强调基础、成熟和实用，而不强调学科体系的严密逻辑及对前沿未知领域的高度关注。应用型本科教学内容具有实践性，体现出很强的实践性特征，在整个课程体系中要突现实践课程教学体系，实践课程教学课时数要达到一定的要求，要远远高于普通本科实践课程教学学时，甚至在某些专业方面要与理论教学达到1∶1的比例。

（三）应用型本科教学过程与方法的实践性

应用型本科教学过程与生产实际结合较密切，强调教学实施的过程取向，强调教学过程的生成性与发展性，更加重视课程设计、实习和实训等教学环节，所培养的人才比工程研究型人才与设计型人才更需要工程实践训练，更要有良好工程环境和氛围的体验。应用型人才培养过程更加强调与一线生产实际相结合，强调产学研的结合，产学研结合是实现应用型人才培养的根本途径。应用型本科教学过程要紧密依托行业和当地政府与企业，建立产学研密切结合的教学运行机制，在教学方式上要与实际职业岗位相衔接，在教学的场地与时间上要具有弹性，不仅是课堂与教室，还一直延续到产学研的合作单位，使学生在实习训练中完成从理论教学到实践教学的过渡，从学校到职场的过渡，以凸显应用型本科教学过程与方法的实践性，为学生的就业提供帮助。

二、应用型本科院校教学的内容与方法

应用型本科院校应积极开展教学改革，以便与提高培养目标的层次水平相呼应，应用型本科院校的教学主要是按照本科教育的基本要求强化基本理论知识、完善学科体系、加强实践教学、强化能力培养等。[1]相对过去的专科教育，应用型本科院校明显加强了公共基础理论的教学，普遍重视学科的理论体系，如加强工科的"高等数学""大学物理"，文科的"大学语文"等课程以及专业基础课程。同时为了加强大学生的教学实践能力和包新能力的培养，应用型本科院校不断强化实践性教学环节，努力加强素质教育。从这几年应用型本科院校的教学实践来看，应用型本科院校的教学改革取得了许多成果，但与培养应用型本科人才的要求相比，无论是教学内容，还是教学方法，其改革的力度和深度都还有待加强，而且要凸显应用型本科教育的特色。

应用型本科院校应重视按照本科教育的基本要求改革基础理论课程，但同时在专业课程方面无论是广度还是深度都应进一步加强。专业课程的改革，会直接影响培养目标的实现。专业课程教学内容和教学方法的改革到位了，培养目标提出的业务才能落到实处。

另外，对于基础课程来说，不仅要有自己的教学目标，更要为专业课程打基础。专业课程对基础课程具有一定的导向作用，如果专业课程仍停留在原来的状况，则基础课程就容易陷入改与不改的困境，更会造成基础课程与专业课程的脱节，阻碍教学改革的整体推进乃至改革效益的提高，更会影响应用型本科院校特色的凸现。

专业课程改革应紧紧围绕培养目标的业务要求来开展。应用型本科院校以培养应用型本科人才为己任，应用型本科人才以掌握技术并能熟练运用为主要特点，因此，应用型本科院校的教学内容和教学方法应紧紧围绕着学生掌握技术及其应用能力的培养来选择、组织和展开。分析应用型本科院校近几年的教学改革实践可以看出，应用型本科院校的教学方法，特别是专业课程的教学方法仍延续着专科教育做法，即注重实践教学环节和强化动手能力培养。专科教育与本科教育的教学方法虽然在形式上有些相同，但其实质是有区别的。应用型本科院校在继承

---

[1]冯之坦，胡一波.应用型本科创新型人才培养模式改革与实践［M］.北京：中国商务出版社，2022：71—72.

过去的成功经验和优良传统时，必须结合新的要求进行相应的改革，特别是专业课程的内容及其教学方法。

应用型本科院校改革教学内容和教学方法对自身的发展是至关重要的。只有成功改革教学内容和教学方法，应用型本科院校的预定目标才有可能实现，应用型本科教育的特色才能凸显。因此，应用型本科院校首先要调整先基础后专业的改革策略，实施综合改革策略，将基础课程和专业课程的改革相互配合、协调推进，从而保证基础课程和专业课程的教学内容前后呼应，具有良好的连贯性和一致性。其次要强化技术科学，以技术知识及其应用技能为核心重组教学内容，以培养技术能力为依据重构课程体系。再次要强化理论与实践的良好结合，所谓良好结合就是这种结合应该对社会的实际工作岗位有较好的模拟性，即学生应该在与将来的社会实际工作岗位相接近的环境中学习和掌握技术并得到一定的实际应用经验。最后还要注意的是，应用型本科院校的实践教学应针对技术应用能力的培养来展开，不仅时间上要保证，更关键的是内容要贴切，要彻底改变过去"走过场"的做法，使实践教学真正起到培养能力的作用。

三、构建培养应用型人才教学体系的探索

就系统建设而言，一个良性循环的应用型人才培养体系应包括教学运行体系，包括教学思想的确立、课程的设置、教学的实施及其评价等环节。应用型本科院校应紧紧围绕"应用型人才"这个培养目标，构建以能力为重心的教学体系。

（一）构建相对完善系统的理论教学体系

在理论教学体系的构建过程中，要对人才培养目标进行全方位的研究，在总体上设计出学生需要掌握的知识后，按照有所为有所不为的原则，对所有理论课程进行整合，构建出完整、系统的理论教学体系，同时为实践教学预留出充分的学分和学时。在理论课程的设置过程中，还应充分考虑到社会对人才的全方位要求和毕业生今后发展的需要，夯实学生的理论基础，使学生具备较为厚实的基础理论知识和必要的人文社会科学知识，提高学生的综合素养，为学生未来的可持续发展奠定基础。同时也要结合专业特点，实行分层次教学和分类教学。

（二）构建实践教学体系

围绕社会对人才创新、创业精神和实践能力的要求，需要构建从课堂内系统的、综合性的实践课程，到课外的自助开放实验、贯穿学习全过程的专业素质拓展训练和校外实习相结合的培养体系。根据应用型本科人才多层次、多元化的能力特点，需要构建分类设计、分层施教、分步实施、独立设置的必修与选修相结合的实践教学体系。在教学过程中，在实验教学方式上要注重因果式引导、成果

型训练，从而激发学生的专业学习兴趣与钻研的好奇心。还应对现行的教学内容和教学方法进行改革。[①]首先在观念上要明确任何一门学科都是围绕具体的研究领域进行阐述，并随着研究成果的积累而不断完善深化的过程。因此，教师应重点讲授研究和解决问题的思路和方法，鼓励学生积极提出问题，参与讨论，以激发学生学习的积极性、主动性和创造性，并通过各种方法和渠道为学生提供学习和实验资料，促使学生努力探求知识，在学习的过程中始终保持着研究、分析和解决问题的兴趣。

（三）构建素质拓展教学体系

作为21世纪的应用型人才，应当具备良好的综合素质，才能适应社会不断发展的要求。因此，在理论教学、实践教学体系以外，还应该构建素质拓展教学体系。素质拓展教学体系的内涵包括社会综合能力的训练和专业外延的训练，既包括专业技能、专业素养的拓展，也包括社会综合能力的扩充，还包括学生精神气质的陶冶和身心品质的全面提升。素质拓展训练可以通过各种灵活多样的形式开展，包括各类专业证书教育、各类专项培训，以提高学生的专业应用能力和技术开发能力，使学生在各项培训和实践中提高素质，获得技能；还可以通过各种综合性技能竞赛，各类科技、文化活动提高学生的社会交往能力、团结协作精神。总之，以能力培养为重心的教学体系的整体构建，是培养知识、能力、素质和谐发展的高素质应用型本科人才的内在要求，也是适应我国经济结构调整的客观需要。应用型本科院校为社会培养应用型人才，是时代赋予的任务，也是应用型本科院校在激烈的竞争中站稳脚跟，不断发展的必由之路。

（四）构建新的教学运行机构

改革过去单纯教学型的教学模式，解决偏重于理论教学、对学生实践能力和创业精神不够重视的弊端，构建具有产、学、研一体化特色的教学运行机制。该运行机制以学科和专业为依托，以学科专业带头人和骨干教师为主要力量，充分利用现有学科专业的智力资源，打破院（系）行政机构的界限，融教学、实验、科研开发为一体，与实验室和实训基地建设相结合，具备开放性和综合性功能。在保证教学的基础上，面向社会和企业进行应用科学研究和开发，为社会提供技术咨询、项目研究、技术应用服务。同时注重将最新科研成果及时"转化"到课堂，将最新的知识传授给学生。不仅要成为学校人才培养模式改革的示范性场所，而且要成为应用型技术成果研发的基地。要参照公司运行机制，构建以科研开发

---

①郑直，贾晓红.本科生创新OPCE理念与实践［M］.武汉：武汉大学出版社，2022：113—114.

和成果转化为主要功能的学科性公司，按照现代公司运作模式组建学校的产业资本、创业资本和人力资本。通过与企业合作或共同开发等形式，积极推动各项科研成果的开发和转化，实现学校"服务社会"的职能。在条件成熟时，创建具有学科特色的科技产业公司。最终实现以教学带动科研、以科研推动产业，达到提高教学质量、培养合格人才的办学目标。

制定和实施"教学管理细则""教师教学规范""理论课教学规范""实验课教学规范""毕业设计（论文）工作规范""毕业实习工作规范"等管理规范，使教学各环节管理制度化、规范化。建立教学监督检查制度，监控教学各环节，形成教学质量监控机制；建立各项教学奖惩制度，通过教学通报教学事故的认定与处理等，在保障课堂教学合格率的基础上，不断提高课堂教学优秀率，为培养应用型人才提供制度上的保障。

（五）立足地方，依托行业，实现产学研结合

重组基础实验课程特别是工科本科的基础实验课程体系，发挥自然科学基础实验中心的作用，组建以工程技术实训中心为核心的跨院系的基础性实验或专业实训教学机构，形成基础实验、综合实验、设计实验三个实践教学层次，既能培养学生的工程意识和工程实践能力，又能培养其开拓创新精神。这样，一方面可以以实验室、实习工厂、实训基地（中心）为依托，保证培养学生技术应用能力的连续、梯次的实践教学顺利进行，实现"实验、科研、生产的一体化"；另一方面，可以通过与地方政府和企业的合作，建立具有开放性的产学研实训基地，以人才培养、成果转化、共同开发等多种形式运作，以期取得良好的办学效益。应当有效利用社会资源，聘请社会与企业专家、工程技术人员担任兼职教师，承担相关课程的教学和实验工作；委派中青年教师到企业挂职锻炼。以此形成一支既有较高学术和教学水平，又有较强实际工作能力的"双师型"专兼职教师队伍。根据学科优势和当地经济发展建设的需要，应用型高校应重点建设相应的具有产学研功能、能够实现资源共享的开放式实验中心或实训基地，使之不仅成为教学和职业技能训练场所，而且成为教师提高实践能力和进行科学研究的基地，成为政府机关、企业及事业单位相应层次人员岗位技能培训的基地。

第三节　应用型本科院校的校企合作

应用型本科院校的主要职责是培养技术应用型人才，直接为本地的行业和企业服务，促进本地区社会经济发展。因此，校企合作是实现这类学校培养应用型创新人才的关键。但是由于取消了部门办学，原有的行业办高校与企业之间的联系被割裂，新建的大学与企业之间的合作缺乏有效的制度安排，因此虽然国家从政策层面反复强调校企合作，各地高校都在积极探索校企合作的模式，但是从总体上看，应用型本科院校游离于企业和产业之外的状态尚未得到彻底改善。在高等教育多样化发展的背景下，应用型高校如何在明确自身定位的前提下，探索同时具有"应用型"和"本科教育"特点的校企合作模式甚为关键。

一、校企合作是我国高等教育改革的必然要求

《国家中长期教育改革和发展规划纲要（2010—2020年）》对高等教育改革和发展提出的一项重要任务是"优化结构，办出特色"，纲要指出高等教育必须适应国家和区域经济社会发展需要，建立动态调整机制，不断优化高等教育结构。其中一个重点就是要扩大应用型、复合型、技能型人才的培养规模应用型人才主要从事非学术研究性工作，任务是在一定的理论规范指导下，进行社会化的操作运用，将抽象的理论符号转换成具体的操作构思或产品构型，将知识应用于实践。简单地说，应用型人才是符合社会实际需要的人才，除了具有一定的理论知识，更为重要的是具有实践能力。作为主要培养应用型人才的高等教育机构，应用型本科高校必须与企业密切深度合作。

首先，应用型人才必须符合社会的实际需要。

在社会主义市场经济条件下，社会的实际需要最后具体落实到企业的需求上，只有深入企业，与企业合作，才能准确判断企业的实际需求，也才能对社会经济未来的人才要求变动趋势做出正确的预测。因此人才培养的规格和目标必须由企业与高校共同制订，企业还必须参与整个培养过程，包括制定培养计划、建设课程体系、确定教学内容、实施培养过程，最后参与制定人才培养质量评价的标准。

其次，应用型人才必须具有出色的实践能力，而实践能力的培养必须与企业紧密合作，单凭高校的师资、设备和环境是无法培养出学生扎实的实践能力的。

培养学生的实践能力，首先需要具有实践能力的教师做指导。而我国传统高校的教师大多是从高校到高校的，很少有教师具有在企业工作的经历，直接从企业聘请的教师就更少了。培养学生的实践能力，需要学生真正参与工作流程和工作项目。高校尽管有实验室以及实训中心，但是设备与材料有限，难以重造一个真实的工作环境。

再次，应用型人才还必须具有一定的职业精神和职业道德。在封闭的校园中学习和生活，远离社会和企业，学生就难以接触企业文化和职业精神，靠课堂学习难以学会真正的职业道德，这将对他们毕业后融入企业造成障碍。

最后，校企合作是应用型高校实现为社会服务职能的重要途径。《国家中长期教育改革和发展规划纲要（2010—2020年）》要求高等教育应增强社会服务能力，

要求高校"牢固树立主动为社会服务的意识，全方位开展服务。推进产学研用结合，加快科技成果转化，规范校办产业发展"。

作为应用型高校，必须主动服务国家战略要求，特别是主动服务行业企业需求。

二、应用型本科院校校企合作的特殊性

在高等教育已经成为社会中心的现代社会，校企合作对于任一类型的高等教育机构的生存和发展都意义重大。但是，由于人才培养规格不同、在创新型国家战略体系中所处位置不同、实现职能的侧重点不同，应用型本科院校与另两类高等教育机构即学术型大学和高职高专相比，在开展校企合作时有其特殊性。

（一）高校职能的侧重决定了校企合作的重点不同

校企合作既有利于人才培养，也促进了科学研究，更是服务社会的主要内容，对不同类型的高校都适用。但不同类型的高校对三大职能的侧重不同，对国家竞争实力的贡献不同，因此校企合作的重点也不同。

比较而言，学术型大学更加侧重于科学研究，致力于让我国的科学研究能力和学术水平处于国际领先的地位，其服务社会的职能主要通过科研成果向生产领域的转化来实现。校企合作的重点在研究领域，与企业合作进行科技研发、研究成果的资本化及其向生产要素的转化，一般以项目的形式共同参与研究开发并进行相关的技术转移，其研发项目代表了本行业的领先水平。这类校企合作有望实现整个行业的技术突破，从而取得在全球化竞争中的优势。

高职高专院校侧重于教学职能即培养技术型的人才，服务社会的职能主要通过开展职前职后培训来实现，其校企合作侧重于教学过程。高职学校通常成立以相关企业人士为主的专业委员会，企业与学校在专业培养目标的论证、教学计划的制定、课程开发、教材编写、校内外实践教学基地建设等各方面进行合作，企业可以直接地、全方位地介入学校教学过程的各个方面。这类合作的目的是增加高职学校人才培养的社会适切性，满足国家在经济结构转型中对于技术人才的要求。

应用型本科院校居于二者之间，既要重视实践教学又要加强应用型科学研究，其服务社会的职能通过为企业提供技术指导、咨询以及应用型研究成果等方式实现。校企合作一方面在于学校为企业提供技术服务，另一方面在于企业为学校提供实践教学的条件。应用型本科院校可以为中小企业解决技术问题，帮助中小企业设计开发新产品，提高我国工业企业整体的生产能力以及技术含量，帮助出口企业提高劳动生产率，开发高附加值的出口商品，实现出口产业链的升级，摆脱

原来在全球贸易中的尴尬地位。

（二）不同类型高校的区域特征对校企合作的影响

学术型大学拥有各自的优势学科，其学术研究水平居于全国领先地位，在我国一般指"985"大学，都是部属高校，面向全国招生，其公共资金主要来自中央财政拨款。与这类学校合作的企业一般是国内甚至是国际上知名的大企业，在本行业具有技术领先地位。

高职高专院校一般是市属院校，为本地区的经济发展服务，因此要适应本地区的经济结构，培养当地企业需要的技能型人才，满足企业对技术能力的需求变化。这类院校数量众多，目前已有1000多所，其合作方式以工读结合为主，学生在其学习过程中多次进入合作企业进行实习实训。参与合作教学的学生数量多，合作的时间长，频度高。从适切性与成本控制的角度考虑，合作企业主要是高校所在地的中小企业。这也造成了高职院校校企合作的不均衡现象。经济发达地区企业集中，对技术人才需求量大，有意愿也有能力提供大量合作教学的条件，因此校企合作成效显著，如上海、宁波等地的校企合作就势头正旺。

应用型本科院校一般是省属高校，除了在经济发达的大都市和省会城市比较集中之外，一般比较均衡地分散于各地，基本上每个地级市都有一所应用型本科院校，它不仅成为该地区的教育文化中心，同时也是该地区的科学技术服务中心。应用型本科院校培养的人才以满足本地区社会经济发展需要为主，同时辐射周边地区，并向经济发达地区输送技术人才。其科研成果的转化以及技术服务和咨询业务也必然与本地经济结构紧密相关，为本地区重点发展的支柱性产业服务。这类大学需要与本地区的中小型企业建立广泛的联系，不仅为单个企业提供服务，更重要的是与多家企业共同组成研究中心，对本行业带有普遍性的技术问题进行研究，推动本地区重点产业的技术进步和产业升级。如江西省赣南师范学院地处江西赣州，当地优势产业是脐橙种植以及果品储藏和加工。该校与赣州市果业局、赣州市农业局、赣州市柑橘科学研究所、上海温兴生物工程有限公司、江西王品农业科技开发有限公司等6家单位通过会员制形式组建了脐橙工程研究中心。中心整合学校、研究机构、企业和行政部门的资源，既增强了研究能力，培养了研究人才，又为该地区从脐橙种植到加工的整个产业链提供技术支持，其目标是建设成为脐橙产业技术的创新中心、转化中心、辐射中心及人才培训基地。

（三）不同人才培养目标对校企合作的影响

学术型大学以培养科学研究人才为主要目的，其中包括应用型研究人才。其培养人才的重点在研究生阶段。本科教育是为研究生教育打基础的，因此以通识教育和基础理论训练为主，较少将本科生派往企业接受专业教育和技术教育。研究生则通常参与校企合作的科研项目，以科研促进教学，既获得研究经验提高了研究能力，也可以更好地为将来在企业界进行应用型研究做准备。

高职高专院校培养实际操作能力强的技术工人，其目标是与企业无缝对接。最为典型的是订单式培养，学校招生与企业招工融为一体，学生入学就与企业挂钩，"厂校结合，工读交替"，在一定的学制年限内，多次反复安排学生进入工作岗位，从见习到实训到顶岗实习，由基础到专业知识循序渐进，理论与实践密切结合，学校教育与工厂培养相辅相成，不仅学习岗位技能而且融入企业文化，真正实现学校与企业的零距离。

应用型本科院校的培养目标是在高新技术产业链中工作，可使研究工作深化、生产工艺水平和营销管理水平提高的"研究开发型""集成创新型""工程技术应用型"的中、高级应用型人才。从职业带理论来说，应用型本科教育的培养目标指向技术员与工程师的交叉区域，即高级技术型人才或初级、中级工程型人才，也就是技术教育与工程教育在本科教育层次上的交叉部分。对文科来说，培养的则是应用文科理论为社会谋取直接利益的人才。与学术型大学不同，应用型本科生的培养重视的是实际工作能力而不是学术研究能力；重点不是知识的积累和创造，而是知识的应用。因此，这就要求在教学内容上将学科知识体系与实际工作过程结合，在教学方法中将理论教学与实习实训结合，在教学成果的检验中将毕业设计与设计样品的制作、安装、调试结合。这些教学要求必须在本科教学过程的各阶段通过校企结合才能实现。

与高职高专所培养的技能型人才不同，他们不要求具体的岗位操作技能，而是要具备研究、开发、设计、制造、营销、管理等实际工作能力。因此学生一方面需要进行系统的学科理论学习，另一方面需要在企业进行见习与实践教学，了解企业的实际工作过程和工作需要，将理论与实践需要融会贯通。在实践教学中，学生不仅要了解一个企业的需求，更要掌握整个行业的现状和未来技术发展的趋势，这样毕业生才不仅有即时性的技术，而且具有前瞻性的眼光和迁移能力，能够成为适应企业发展的技术骨干。这就要求在校企合作教育中，除了个别专业为当地大型支柱企业服务，由企业赞助组建专业学院或专业班之外，大部分专业不宜进行订单式培养。虽然教学计划、课程开发、教学内容可以参考企业和行业的需求及时更新，但是应在全行业的范围内组织专业委员会，其成员必须在本行业内具有一定的先进性行业的范围内组织专业委员会，其成员必须在本行业内具有一定的先进性和代表性。专业委员会的建议只能作为课程开发的参考，教学计划不能放弃学科知识体系的完整性。

三、我国应用型本科院校校企合作的模式

从 2008 年 6 月开始，本课题组先后在北京、湖北、江西、福建、河南、上海等地进行了广泛而深入的调研，了解和分析我国应用型本科院校的发展现状，以期对这类高校的未来发展提供一个可资借鉴的模式。

从各国应用型本科院校校企合作的实践来看，其方式多样，设计安排灵活多变，有以教育为目的的校企合作，也有以科研开发为目的的校企合作，但更多的合作方式是将大学的三个职能融为一体，使双方实现共赢。我国应用型本科院校起步较晚，开展校企合作的时间不长，但是也已经在实践中取得了一些初步的成果。

（一）以教育为主要目的的校企合作

这些合作方式主要以培养应用型人才为目的，主要包括四种：一是企业受大学的邀请参加专业委员会，为相关专业的教学计划、教学内容提供意见。二是企业向应用型本科院校派遣兼职教师，帮助大学构建双师型教师队伍，如北京联合大学应用文理学院规定各学科的教师编制中要有 25% 的社会兼职教师。三是企业与大学联合建立实验室和实训中心，如上海工程技术大学与国内外企业合作，建设了多个高水平的联合实验室和研究中心。其"现代工业实训中心"与德国博世集团、德国西门子公司、美国德州仪器公司、美国盖勒普公司等企业建立了联合实验室，与上海纺织控股集团公司、上海航空公司、上海地铁运营公司、上海交运集团公司等企业集团合作，建设了 7 个高水平的联合实验室和研究中心。四是企业为学校提供实习和实训场所。

（二）以科研为主要目的的校企合作——合作研究中心

前述江西省赣南师范学院与企业以及政府相关部门合作的脐橙工程研究中心，围绕以脐橙为主的果业产业发展的关键技术，开展工程化研究、集成、示范与推广，在育种与栽培、土壤与肥料、营养与生理、病虫害防治、果品贮藏与加工等方面进行科研攻坚。其中主要实验室如工程中心的质检中心、土壤与肥料实验室、营养与生理实验室、病虫害防治实验室、苗木脱毒实验室、贮藏与加工实验室等均设立在该校的化学与生命科学学院，此举无疑将大大充实该校的科研实力，提高其科研水平。

（三）教学与服务的结合——在企业进行的生产性实训

以深厚的职业教育基础为背景，德国的应用型大学非常重视基于工作的教育（work-based education），形成了完善的实训教学制度。德国应用科技大学（FH）在 8 个学期中安排 2 个完整学期的实习。第 1 个实习学期的主要任务是让学生通过

实习，加深对基础理论知识的理解，掌握本专业的基础工程技能，了解企业生产和管理的过程，第2个实习学期旨在培养学生的实际工作能力，工科专业的学生在此时要承担接近工程师要求的任务，实习学生要在企业中由有经验的专业人员或经营管理人员指导，完成实习任务。学生在实训期间的活动既是学习也是工作。作为教学过程的延续，学生接受企业兼职教师的指导，实习结束时除要由企业出具实习证明外，学生必须完成实习报告，由教授给出成绩。作为实习性质的工作，企业向学生支付报酬，如在下萨克森州的报酬一般为600~800马克，这可以视作学校向企业提供劳务我国的应用型本科院校也在企业建立了许多实训基地。截至2007年，上海电机学院签约的实习基地就有68家，主要是一些上海市的大中型企业和高科技IT企业。

（四）教学、科研与服务的结合

第一种模式是教师走出去。应用型本科院校的教师和研究人员脱产挂职或者利用业余时间兼职在企业工作，为企业提供咨询服务。通过咨询活动，教师把在实际应用中获得的知识带回课堂，课程会因为现实中的例子而更加生动，促进教学与实践的结合，同时还能为学术研究提供新的问题和新的需求。上海电机学院在这方面就进行了成功的实践，2008—2009学年该校派遣了8位教师到企业挂职，主要是刚分配到校的新教师，一方面为企业提供服务，另一方面也是让新教师接触实际工作，为以后教学中理论与实践相结合打好基础。电子信息学院派遣两名刚硕士毕业的新教师到相关企业挂职一年，其中一位教师在挂职期间为企业完成了一项重要的软件开发任务，受到企业的好评和挽留，挂职期满该教师回到学校工作，却保持了与挂职企业的合作。江西赣南师范学院经济管理学院的多名教师身兼多家企业的咨询顾问，常常将企业咨询的问题带到课堂的案例教学中，获得了良好的教学效果。

第二种模式是将企业需要带进来，教师根据服务的企业的需要安排学生完成毕业设计。在德国、英国和澳大利亚等国，应用型大学的学生不必撰写毕业论文，但必须完成毕业设计。毕业设计必须解决实际的生产问题，所以一般由合作企业根据实际的生产经营活动遇到的问题提出。设计成果不仅要出图纸而且要出样机或样品，并且学生要参与安装、加工、调试。毕业设计包括从选题到完成样机、样品的全过程，保证了设计成果的可行性，做到了设计—工艺的一致性，对培养学生的独立工作能力，使之成为应用型工程师非常有利，其设计成果一般都能被生产企业所应用。这是教学与科研、服务的完美结合，既完成了对学生的教学过程，又形成了新的应用型研究成果，同时顺利实现了研究成果的产业化，为企业提供了新产品开发的服务。

我国很多工科类院校也在实践和探索毕业设计（论文）与企业需求结合的道路。据称，重庆文理学院工科类专业的毕业论文选题来自企业，并在企业完成的达到50%。调研中我们发现，上海电机学院非常重视本科毕业论文选题与企业的合作，其工科类专业毕业设计（论文）选题中，半数以上来自企业。

四、我国应用型本科院校校企合作的现状及存在的问题

通过对我国不同地区的一些应用型本科院校的调研，我们欣喜地发现大多数高校都认识到了校企合作在应用型人才培养中的重要性，并且在实践中大胆地进行了多种尝试。但是由于无论在教学上还是在行政管理上保守思想仍然起着支配作用，又缺乏有效的制度支持，我国应用型本科院校的校企合作尚处于探索阶段，学校与企业间的深度合作尚未形成，与德国应用型大学的基于工作的学习（work-based study）还有相当大的差距。

（一）在企业开展的实习实训难以满足应用型人才培养的要求

虽然应用型本科院校都非常重视实习实训这一实践教学环节，也多方联系并积极利用各种有利条件，建立了不少的企业实训基地，但是能够成规模接纳实训学生的企业不多。

1.在企业进行实习的时间不够

德国应用科技大学的第一个学期安排在专业学习和专长学习之间，即第3学期，使学生在理论学习的基础上，得以拓宽技能和能力，同时对职业有一定了解，获得一定的职业常识；第二个实习学期则安排在第7或第8学期进行，要求学生到企业从事本专业工程技术人员的工作，并进行毕业设计。这样在企业实习实训的时间总长度为一年。

在我国传统的本科高校的教学计划中，学生一般只安排一次在企业的实习，大多安排在最后一个学期，以毕业实习的形式进行，一般为时4—6周。在调查中，我们发现上海电机学院积极发挥其隶属上海电气集团的优势，创造各种条件安排落实企业实习实训。该校在教学计划的安排中，为各专业学生提供最少两次到企业实习或实训的机会。一般在第一学期安排周时间的入学见习，主要目的是让新生通过参观相关企业了解本专业的职业性质。一周内安排四五家企业让学生参观，增强感性认识。在第八学期安排毕业实习，为期6周，如果毕业设计的选题来自企业，则可以通过实习期间在企业调研搜集资料。然后学生回到学校进行毕业设计或毕业论文的写作。

两次到企业实习实训的教学安排比较有效地增强了学生与职业之间的联系，尤其是第一个见习期的设计有利于学生加深对职业性质、技术岗位的总体性了解，

是一种比较先进和有效的实践教学安排。但是，由于资源有限，这一见习期的时间比较短。从实习安排的时机看，一入学就进行见习，缺乏必要的基础知识，只能是走马观花，无法像德国应用科技大学的学生那样可以通过第一个实习学期掌握本专业基础工程技能，了解企业生产和管理的过程。从总的实习实训时间看，我国应用型高校整个大学四年的实习时间加起来也不到一个学期，与德国应用科技大学整整一年的实习安排相比，还是有很大的差距的。

2.实习内容以参观为主，学生很少能得到动手操作的机会

虽然学校非常重视生产实习，学生也非常希望获得实际工作的经验，但是很多企业不愿意拨出专门的技术人员和生产设备来安排实习生进行生产性操作。由于我国的合作企业并无德国"教育企业"的身份，它们对学生实践能力的培养并不承担义务，因此学校深感无奈，只能退而求其次，通过在学校建立工程中心或者建立仿真环境下的模拟实验室来提供学生动手实践的机会。

3.企业很少提供劳务报酬

由于学生到企业实习很少能够在第一线进行生产性操作，没有机会为企业创造价值，因此企业不可能付报酬给实习学生。相反，由于影响了企业的正常生产秩序，学校反而要向企业支付实习费用。因此这种实习没有能够实现教学与服务的结合。

4.在企业进行毕业实习难以有组织成规模地开展开发

能够成规模实习的合作企业对应用型本科院校是一大挑战。联系实习单位对于高校的教学管理部门来说，是一个比较重的负担。即便企业同意接受毕业实习的学生，限于规模，也很难一次性成规模地接受一批学生进行实习。高校与行业主管部门脱钩之后，不少高校难以获得足够的企业资源，只能要求学生自行联系实习单位，分散的实习活动的组织管理、与教学内容的衔接、实习效果的评估都难以有效开展。

依托上海电气集团的资源优势，上海电机学院电气学院的毕业实习基本上能够由学校组织，相对成规模地在对口企业和岗位上进行，其中接受学生实习的主体正是上海电气集团的下属企业。2008年电气工程及其自动化（专升本）专业30人中，8人在上海汽轮机有限公司实习，9人在上海汽轮机发电设备有限公司实习，5人在上海锅炉厂有限公司实习，6人在上海电气集团风力发电设备有限公司实习，另有2人在上海航天设备制造总厂实习。

相对来说，工科类专业较容易落实集中实习，文科和经管类专业则难以集中实习。该校当年的经管类专业43名毕业生分散在30家单位实习，最集中的上海昕畅国际货物运输有限公司也只容纳了4名学生，与该校同属上海电气集团的上海电气国际经济贸易有限公司也只接收了3名毕业生，大部分学生通过各种社会关

系自行联系了实习单位并作为他们预就业的途径。电子信息专业18位学生则分布于12个实习单位。

学生自己联系的分散实习往往不能够很好地达到实践教学的目的。以上海电机学院国际贸易专业为例，该专业将电气产品贸易作为该校管理类人才培养的特色，在教学计划中特别添加了电气类的基础课程，其目的是为集团培养电气专业方向的营销和贸易人才。但是作为人才培养的重要阶段之一，毕业实习却比较分散，大部分学生通过各种社会关系自行联系了实习单位并作为他们预就业的途径，其中少有学生从事电气产品销售。由学校安排到上海电气国际经济贸易有限公司的实习生只有3人，这样就不能够很好地实现学校预定的人才培养特色。

（二）毕业设计（论文）与企业需求的结合尚有待加强

应用型本科人才培养的关键环节之一是毕业设计（论文）。作为应用型本科院校，毕业设计（论文）应该体现出与学术型高校完全不同的特点与风格。学术型高校的毕业设计（论文）重视知识的创造和科学技术的创新，而应用型高校的毕业设计（论文）则强调对知识的应用以及将新技术转化为产品，聚焦于解决生产环节中的实际技术问题。这样就要求毕业设计的选题与企业的需求相结合。

德国应用科技大学的毕业实习要求结合毕业设计进行。其基本过程是：学生先到企业申请课题，与企业签订承担或参与项目的合同，然后通过设计、加工、安装、调试等一条龙锻炼，完成实习与相关的毕业设计。学生各有一个企业和学校的指导教师，毕业设计的答辩由企业和学校的代表共同组织。

调研中我们发现，我国一部分应用型高校已经认识到这个问题的重要性，但是大部分高校还很难做到这一点。

上海电机学院非常重视毕业设计（论文）环节，要求尽可能结合生产和科研单位的实际任务选择课题。学校颁发了一系列文件加强对这一工作的管理，从选题、指导教师的审核与认定、毕业设计场地的安排到毕业论文答辩都进行严格的管理和质量控制，并对毕业设计全过程进行追踪管理。各学院也多方联系并利用自己与电气集团下属企业的良好关系，要求尽量将毕业设计与企业实践相结合，经过努力取得了相当的成效。2008届本科毕业生与2007届本科毕业生相比，表中所列三个专业来自企业的毕业论文选题的数量都呈现明显增长，其中国际经济与贸易专业实现了零的突破。电气工程及其自动化专业在两年中均有超过一半的毕业生的毕业设计（论文）来自企业项目，2007届的21名毕业生中，有12人的毕业设计选题来自企业，尤其值得一提的是，其中11人被安排了企业工程师作为第二导师。三个专业合计的毕业论文选题中来自企业的项目所占的比例也由不足20%上升到27%。这充分说明了该校对这一问题的重视以及其所采取的相应措施取得的良好实施效果。

这一调查结果也彰显了行业高校的巨大优势。上海电机学院隶属于上海电气集团，这种行政隶属关系有利于其人员以及其他资源的共享和互利，该校的电气工程及其自动化专业与上海电气集团下属的企业对口紧密，因此占有先天的优势。同为工科类专业，该校的电气工程及其自动化专业能够从企业获得毕业设计（论文）选题的机会远远多于计算机科学与技术专业。在2008届的毕业生中，有9人的毕业设计（论文）的选题来自上海电气集团风力发电设备有限公司，主要围绕与风力发电机有关的各种技术问题展开，包括了风力发电机的控制系统、变浆系统、液压系统、偏航系统、变频器系统以及风力发电机的故障处理与排除等。其中6人的毕业设计（论文）工作完全在该公司完成，除了学校的论文指导教师以外，风力发电设备有限公司给他们分别配备了一名高级技术人员指导其论文设计当然，在这种可喜的变化中，依然可以看到尚有不能尽如人意之处。

1.专业间差异巨大

工科类专业具有先天的优势，而经管类专业则很困难。

从调查资料来看，该校的工科类专业的毕业设计（论文）选题来自企业的比例明显高于经管类。2007届毕业生中，电气工程及其自动化专业21人中有12人的毕业设计选题来自企业，同期的国际经济与贸易专业则没有来自企业的选题。2008届毕业生中后者的情况虽有所好转，但是仍然不到全部毕业生的10%，而前者则超过50%的毕业设计（论文）选题来自企业。

2.与企业合作指导毕业设计（论文）未能够制度化，规模受到限制

调研中我们发现，来自企业的毕业设计（论文）选题往往集中在某些教师指导的学生中。这些教师一般具有企业背景，或与有关企业有某些合作关系，因此密切关注企业需要解决的技术问题，并掌握相关信息，能够给学生提供这样一些有实际生产价值的选题。而在一个学校，这样的教师总是数量有限，他们个人能够从企业获得的信息和选题也有限，随着扩招和学校的发展，如此有限的资源难以满足毕业生数量增加所带来的需求。因此，急需建立学校层面与企业间的密切合作伙伴关系，并将校企合作指导毕业设计（论文）的工作制度化。

3.完成毕业设计（论文）的地点基本上在学校而非企业

调研中，我们发现即使是来自企业的毕业设计选题，其完成地点也大多在学校的实训中心。其原因在于，一方面，实习时间有限，一般本科高校的毕业实习时间只安排几周，只够学生搜集相关资料；另一方面，企业难以提供完成毕业设计（论文）所需要的实验设备、原材料以及充足的指导。因此学生最后还是回到学校的实验室进行毕业设计以及制作。

4.即使在工科类专业，来自企业的毕业设计选题也往往很难在企业中得到实

际应用

通过对一些毕业设计指导教师的访谈我们发现，来自企业的毕业设计（论文）选题很少由企业主动提出，要求学生通过毕业设计来解决其生产中的问题。大多数是教师通过与企业界朋友的关系，了解到企业急需解决的（有些是已经解决了的）技术问题，挑选出认为适合该专业学生水平的，分解成毕业设计的选题，让学生选择并指导学生完成。指导教师和企业认为毕业生的技术水平有限，其毕业设计还达不到满足企业实际需要的水平。因此，学生完成的毕业设计难以真正被企业采用，指导教师认为理想的状况也只是学生的设计中有一些灵感可以提供给企业借鉴。这种毕业设计显然还不能达到教学、科研与服务结合的目的。

（三）校企合作培养应用型教师遭遇制度障碍

1.高校教师参与企业实践需要制度保障

虽然应用型本科院校大都希望教师能够参与实践工作，但是调研中，我们发现学校管理者对于教师将部分工作时间用于企业咨询服务存在思想上的顾虑，口头的鼓励和制度上的限制成为一种矛盾，阻碍了教师对企业实践投入时间和精力。调研中，很多学校对待教师兼职的问题态度不明。一方面院系领导认识到教师到企业兼职有利于实践教学的开展和应用型人才培养目标的实现，但是另一方面学校行政管理部门担心这种现象会导致管理混乱。有的学校出于规范管理的立场明令禁止教师用非法定假日在企业兼职，有的学校则不作规定，既不支持也不反对。教师们对此颇感困惑。

这种顾虑和矛盾在20世纪早期的美国高校中也广泛存在，并引起很大的争议。最终从麻省理工学院诞生了一种"每周一天"的制度，将教授参与公司咨询的活动合法化。即高校规定教师每周可以有一天的自由支配时间去企业兼职。这种制度目前已经在美国大学界普遍实行。

可见，学校的管理制度应该适应形势的变化，为学校的发展目标服务，而不是仅仅考虑管理者的方便。调研中，我们发现北京联合大学应用文理学院正在尝试制定相关制度，鼓励年轻教师在企业兼职以及将其在企业的工作关系转化为教学资源，从目前的情况看，这项制度取得了一定的效果。

2.建设双结构型教师队伍需要制度创新

培养应用型人才必须有应用型的师资队伍，将高校教师派到企业去挂职或者兼职只是建设应用型师资队伍的方式之一。应用型高校必须有一批来自企业的高水平的工程技术人员担任实践教学工作。来自企业的教师不仅具有较扎实的专业知识、丰富的实践经验，而且能够把企业的生产、经营、管理以及技术改进方面的最新情况与教学内容紧密及时地结合起来，真正体现理论联系实际，使得学生能够学以致用。能够将企业工作的经验与定的理论素养和学术能力有机地结合起来的教师当然是首选，如德国应用科技大学的教师必须具有5年以上的企业实际工作经历，在这一类大学发展的初期，并不要求具备博士学位才可以担任教授，但现在也要求教授必须具有博士学位。

在我国的现实情况下，担任应用型高校教学工作的大多数是从高校毕业的博士或硕士（其中很多是从研究型高校毕业的），这些人极少有几年的企业实际工作的经历。要求在一个教师身上同时具有实际工作经验和较高的学术水平，在我国目前来看是不现实的。因此一些应用型高校提出通过两条途径分别引进不同能力素质的教师，将其整合起来打造兼具学术能力和技术能力的教师队伍。如上海电机学院提出要打造学术与企业工作背景并重的"双结构型"师资队伍，在"十二五"规划中，他们提出要积极探索现代大学人事管理制度，建设师资队伍的"四个一工程"，其中就包括了拥有一批"工程背景深厚、实践经验丰富的工程技术人才"。

但是高校在实践中摸索出的师资培养队伍建设的新做法和新思路，却受到国家层面人事管理制度与政策的制约。目前，无论是师资聘任的条件、教师资格的获得，还是教师考评的指标、职称晋升的规定，都由国家和省市人事部门牢牢控制，而现有的政策和规定又都存在着重学术成果、轻实践能力的弊端，学校并没有自主权。目前高校只能通过聘请企业高级工程技术人员担任兼职教师，承担实践教学课程的做法来解决这一问题。但是从稳定性和持续发展性来看，还需要从国家政策层面进行制度创新，以利于应用型高校引进技术型教师，适应应用型人才培养的要求。

（四）校企合作有效开展的阻碍因素

我国应用型本科院校的校企合作难以广泛和深入地开展，阻碍因素同时存在于企业、学校和政府三方。

首先，我国的企业不承担教育的责任，接受高校学生的毕业实习并非其义务。接收学生实训，难免占用企业的生产设备、材料和人员，影响正常的生产进度。同时企业看不到校企合作培养应用技术型人才对企业有什么利益和好处，因此普遍对于接受大学生实习实训抱有一种抵触与逃避的态度。另外，企业承担毕业实习的指导工作，缺乏相应的保障措施和补偿条款，企业担心学生出事故，害怕承担风险。

在这方面，德国以法律形式保障校企合作的经验值得借鉴。1996年德国科学委员会通过《对应用科技大学双轨制改革的建议》的决议，决议中首次承认企业也是应用科技大学的学习地点，在企业中学习是应用科技大学学习整体不可缺少的组成部分。

在德国，企业参与工程师后备力量的培养既是一种义务也是一种荣誉。一方面，能够成为教育企业，虽然需要付出一定的人力和物力资源，但它说明了国家和社会对该企业资质与实力的认可，企业非常重视从中得到的无形资产。另一方面，随着科学技术的提高和生产方式的转变，德国企业对工程和技术人员的要求也越来越高。企业既可以通过接收实习生扩大影响，又可以在实习生中物色高水平人才。成为应用科技大学学习地点的企业可以占有优先考查学生各方面的素质和能力、优先引导大学生认同本企业文化的优势，从而在人力资源竞争中占有优势。

其次，有些应用型本科院校对于校企合作的重要性认识不足。一些新建本科高校在升本时提出培养应用型人才，一段时间以后就开始转变办学思路，向研究型高校看齐，放弃应用型高校的定位而向多学科综合大学发展。这样工作重心就由应用型人才培养转向学科建设、科研指标提升，对于校企合作的制度性建设的积极性不够。

再次，政府未能在学校与企业间发挥积极的协调中介作用。在以前行业办学阶段，主管部门以行政命令手段要求国企接收实习生。政企分开后，政府对企业失去了约束力；企业对实习生的实际操作能力没有信心，不敢将生产任务交给他们，出于经济效益考虑，不愿花费时间和场地提供实习机会；而高校尽管强调理论教学与实践教学相结合，但是通过实验室和工程训练中心培养出的学生并不具备在生产一线直接为企业创造财富的能力，因此学校没有对等的资源与企业交换，只好缴纳一定的实习费给企业以换取学生实习的机会。

目前，我国教育管理部门对所有高校还是采用一个统一的制度进行管理，没能根据不同类型高校的性质进行分类管理。从专业设置、教师评聘到教学评估等各个环节，都急需出台适应于应用型本科高校的特殊政策。

五、国家政策导向及其实施

值得高兴的是，政府已经充分认识到应用型人才培养的重要性，并提出校企合作培养应用型人才的改革方向。在《国家中长期教育改革和发展规划纲要（2010—2020）》中，首次正式提出"重点扩大应用型、复合型、技能型人才培养规模"，并具体要求"探索高等学校与行业、企业密切合作共建的模式"，"支持建设一批高等学校产学研基地"，要求实施"卓越工程师教育培养计划"。

（一）"卓越工程师教育培养计划"简介

"卓越工程师教育培养计划"（简称"卓越计划"），是贯彻落实《国家中长期教育改革和发展规划纲要（2010—2020年）》和《国家中长期人才发展规划纲要（2010—2020年）》的重大改革项目。

在应用型本科教育中，首先试点改革的是工程技术类的专业。截至2010年，我国开设工科专业的本科高校有1003所，占本科高校总数的90%；高等工程教育的本科在校生达到371万人，研究生有47万人。为促进高等教育面向社会需求培养人才，全面提高工程教育人才培养质量，2010年开始，教育部高等教育司与中国工程院联合开展"卓越工程师教育培养计划"，以期对我国的工科高等教育起到示范和引导作用。这项计划的实施期限为2010年至2020年，要求参与计划的全日制工科本科生达到10%的比例。可以预见，这项计划的顺利实施将对我国应用型工科人才培养的模式产生革命性的影响。

（二）"卓越工程师教育培养计划"的核心是校企合作

"卓越工程师教育培养计划"具有三个特点：一是行业企业深度参与培养过程；二是学校按通用标准和行业标准培养工程人才；三是强化培养学生的工程能力和创新能力。这三个特点都离不开高校与企业的深度合作。可见，该计划的核心正是校企合作进行工程技术教育。

（1）在"卓越工程师教育培养计划"的指导思想中明确提出树立"主动服务行业企业需求的观念"，要求改革和创新工程教育人才培养模式，创立高校与行业企业联合培养人才的新机制。

（2）"卓越工程师教育培养计划"的总体思路是在总结我国工程教育历史成就和借鉴先进国家成功经验的基础上，以走中国特色新型工业化道路为契机，以行业企业需求为导向，以工程实际为背景，以工程技术为主线，通过密切高校和行业企业的合作、制订人才培养标准、改革人才培养模式、建设高水平工程教育师资队伍，扩大对外开放，着力提升学生的过程素养，着力培养学生的工程实践能力、工程设计能力和过程创新能力。

（3）"卓越工程师教育培养计划"提出了五项重点任务，其中前三项任务都落脚于校企合作。

第一项重点任务就是"创立高校与行业企业联合培养人才的新机制"，要求建立行业指导、校企联合的"卓越工程师教育培养计划"实施机制。建立"卓越工程师教育培养计划"校企合作人才培养机制，共同制订培养目标，共同建设课程体系和教学内容，共同实施培养过程，共同评价培养质量，并要求研究制定相关政策，探索建立中国特色社会主义市场经济条件下的大学生实习制度。

第二项重点任务"创新工程教育的人才培养模式"，提出将学生的学习分为在学校学习和在企业学习两个阶段。本科及以上层次学生要有一年左右的时间在企业学习，在企业学习的阶段主要是学习企业的先进技术和先进文化，深入开展过程实践活动，结合生产实际做毕业设计，参与企业技术创新和工程开发，培养学生的职业精神和职业道德。

第三项重点任务"建设高水平工程教育师资队伍"，要求高校要建设一支具有一定工程经历的高水平专兼职教师队伍。其中专职教师要有计划地参与企业实际工程项目或研发项目，部分教师要具备一定年限的企业工作经历。教育部要求参与高校有计划地选送教师到企业工作1—2年，积累工程实践经验。同时要求高校从企业聘请工程实践经验丰富的技术人员担任兼职教师，承担专业课程教学任务，或者担任本科生、研究生的联合导师，承担培养学生、指导毕业设计等任务。

（4）"卓越工程师教育培养计划"从师资、实践教学、科研、安全保障等方面，对参与计划的企业提出了一些具体要求。要求企业配备经验丰富的工程师担任学生在企业学习阶段的指导教师，并要求高级工程师为学生开设专业课程。要求企业根据校企联合培养方案，落实学生在企业学习期间的各项教学安排，提供实训、实习的场所与设备。安排学生实际动手操作。在条件允许的情况下，接受学生参与企业技术创新与工程开发。要求企业与高校共同安排好学生在企业学习期间的生活，提供充分的安全保护与劳动保护设备，对学生进行专门的安全、保密、知识产权保护等教育。

作为示范，"卓越计划"还要求多部门联合择优认定一批学生在企业学习阶段管理规范、保障有力、效果良好的大型企业，设立国家级和省级"工程实践教育中心"，承担学生在企业学习阶段的管理和培养任务。工程实践教育中心应由企业主要管理人员负责。其任务是与高校共同制订培养目标，共同建设课程体系和教学内容，共同实施培养过程，共同评价培养质量；承担学生在企业学习期间的各项管理工作。

（5）为保障企业参与校企合作的积极性，打消其顾虑，"卓越工程师教育培养计划"还提出要制定鼓励企业参与合作培养应用型人才的政策。其中包括财税优惠政策、学生实习安全责任事故处理政策、企业工程师承担高校培养任务的鼓励政策、企业工程师接受继续教育的政策以及企业享有学生优先录用权的政策等等。

无论是从应用型人才培养的规格要求，还是从国外应用型人才培养的成功经验来看，我国应用型本科都必须将校企合作培养人才的模式作为改革的方向。在《国家中长期教育改革和发展规划纲要（2010—2020）》的精神指导下，已经启动的"卓越工程师教育培养计划"作为改革的试点和先锋，其有力的激励与保障措施以及有针对性的政策调整，将刺激高校和企业合作培养人才的积极性，鼓励并引导校企之间形成合作培养应用型人才的良好机制。我们期待该计划的成功实施能够发挥示范效应，并从工科教育扩展到其他科类，引导应用型本科院校通过校企合作培养符合社会需求的应用型人才。

第四节　黄淮学院本科教育教学改革与实践示范案例——以学科竞赛为抓手，培养高素质创新性应用型人才

近年来，黄淮学院"聚焦专业、聚焦学业、聚焦创业"，实施"读书工程、竞赛工程、孵化工程"，把创新创业教育融入专业教育，把第一课堂与第二课堂有机衔接，努力"培养理想信念坚定、专业知识扎实、实践能力突出，具有创新精神和国际化视野的应用型人才"。以"竞赛工程"为例，全校形成合力，狠抓学科竞赛，为地方经济社会发展培养了一大批高素质创新性应用型本科人才。

一、学科竞赛融入培养方案路径设计

围绕高素质应用型人才培养目标，突出学生实践能力和创新精神培养，设计学生学科竞赛与创新能力提升的矩阵关系。按照该矩阵关系，对教育部认定的46项学科竞赛项目所涉及的知识、能力元素分析，归类对应学生12项能力培养，设置课程模块。图4-1所示，学科竞赛、能力、课程模块改革到人才培养修订完善的流程图；图2所示，学科竞赛元素和对应能力的柱状图。

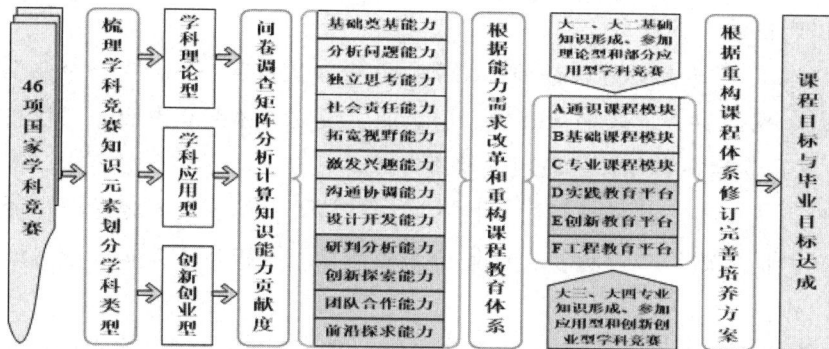

图4-1　学科竞赛、创新能力融入培养方案流程图

二、学科竞赛知识和能力培养体系设计

学校依据教育部认定的学科竞赛项目名单，统计各项学科竞赛涉及的知识、能力元素，进行列表梳理和分析（见图4-2），建立学科竞赛质量评价层分数学模型，构建"三层次六阶段"螺旋式学科竞赛培养模式，推动专业教育基于"三融合"的高素质应用型人才培养模式改革。

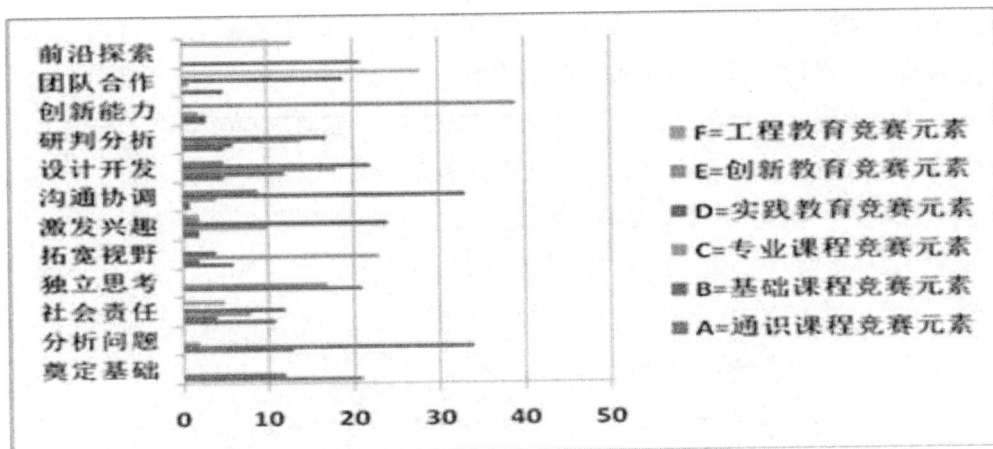

图 4-2　学科竞赛知识元素和12项能力构成柱状图

三、"三融合"学科竞赛培养模式设计

学校确定了解决工程复杂问题能力、工程伦理教育、思政教育的培养思路，坚持以学生中心、产出导向、持续改进的教育理念，以学科竞赛项目为载体，以学科交叉培养为路径，把人文素养教育、工程认证标准、新工科建设要求融入学科竞赛培养全过程，构建"三融合"学科竞赛培养模式。本模式注重知识应用、突出工程能力、强化人文素养、增强创新意识的培养目标。教学实施注重将技术、管理、商业与人文等要素融入项目设计之中进行训练。在项目实施过程中，聚焦当前社会热点，让学生基于项目、基于问题、通过案例的主动探究式学习，解决新时代背景下如何培养新工科高水平应用型人才问题。图4-3所示"三融合"学科竞赛培养模式。

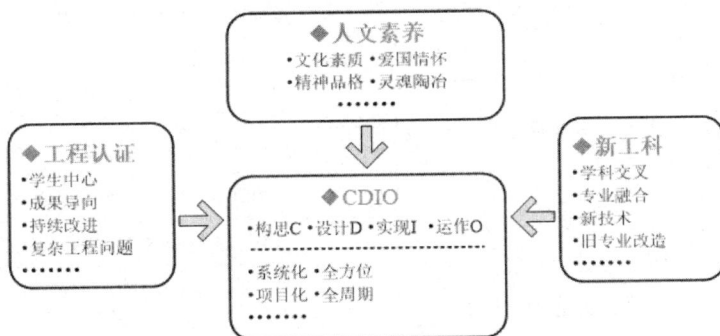

图 4-3　"三融合"学科竞赛培养模式

四、"三层次六阶段"学科竞赛实践教学模式设计

学校针对实践教学缺乏系统性和适应性的问题，依据工程教育高素质应用型

人才成长的规律，整合校内外实验实训和实践资源，通过基础训练、工程实训、学研创新三层级的实践教学，设计基础实验、开放实验、高阶实训、学科竞赛、技能提升、学研开发六阶段的螺旋式教学进程，搭建面向工程类专业"三层次六阶段"的学科竞赛实践教学模式，打造实践教学体系的系统性和适用性，图4-4所示"三层次六阶段"螺旋式学科竞赛实践教学模式。

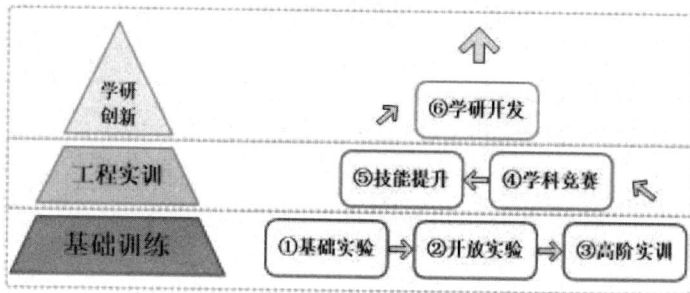

图4-4 "三层次六阶段"螺旋式学科竞赛实践教学模式

五、建构学科竞赛质量评价层分数学模型

监管学科竞赛组织过程，客观评价学科竞赛实践教学质量，是保障"以赛促教、以赛促学、以赛促创"实践教学新格局的重要举措。我校从学科竞赛的影响力和学生综合能力的培养达成两个维度，构建了学科竞赛质量评价指标体系，见表4-1。

表4-1 评价指标体系

一级指标	二级指标	三级指标
影响力（A1）	主办单位的主体（B11）	教育部主办（C111）
		其他部委或教指委主办（C112）
		学会或协会主办（C113）
	竞赛的覆盖面（B12）	一本高校参赛比例（C121）
		普通本科高校参赛比例（C122）
	公众关注度（B13）	招聘网站词条数目（C131）
		知网相关研究的数量（C132）
综合能力的培养（A2）	学习分析能力（B21）	获取知识的能力（C211）
		认识问题的能力（C212）
	评判创造能力（B22）	发现问题的能力（C221）
		创新思维能力（C222）

本模型设计三级评价指标，衡量学科竞赛项目影响力和综合能力的培养效果，可以有效推动高校开展高水平学科竞赛培养应用型人才，促进学校将学科竞赛的

关键指标融入人才培养模式、教学模式、教学方法、教学内容等改革之中，让学科竞赛在高水平应用型人才培养中发挥积极作用。

本模型实施之后，已纳入河南省教育厅出台的《关于加强普通高等学校大学生学科竞赛工作的指导意见》文件，并发布了《2021年度河南省普通高校大学生竞赛白皮书》，完成了"河南省学科竞赛信息化管理平台"的搭建和应用，规范和完善全省学科竞赛的管理，图4-5所示相关平台和管理办法。

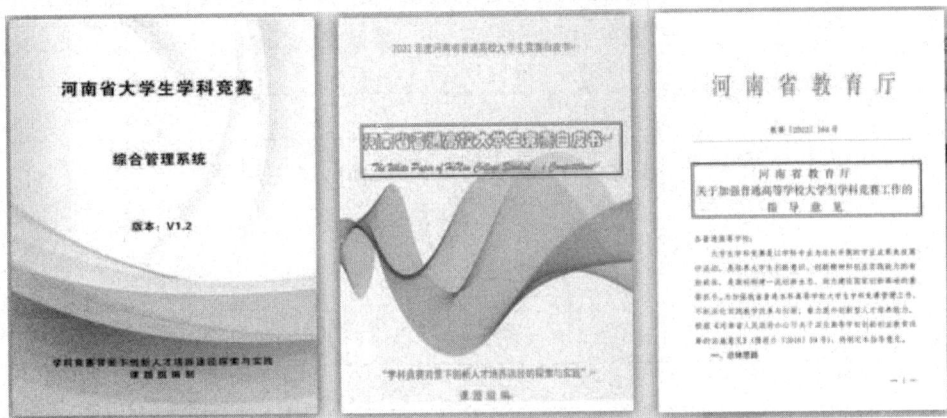

图4-5　竞赛管理平台、竞赛白皮书和管理办法文件

六、学科竞赛实践培养模式取得的成效

近年来，我校以学科竞赛为抓手培养创新性应用型人才的举措，总结经验后出台《黄淮学院学科竞赛管理办法》，学校每年拿出一百万元的专项资金支持各类学科竞赛，鼓励每个学院推出一项精品赛事，每个专业面向一个学科竞赛，同时培养一批学科竞赛指导教学团队，取得了显著成绩。

（一）推动第一课堂与第二课堂的有效衔接

学科竞赛落实了学校提出的"聚焦学业、聚焦专业、聚焦创业"，开展"竞赛工程"和"孵化工程"的要求和举措，将"双创"教育有机融入课内课外和人才培养全过程。近年来，《创新创意创造方法》立项为省级一流课程，"机器人仿真与编程""乡村景观设计""短视频制作综合实训"等课程被立项为省级专创融合特色示范课程。

（二）高水平学科竞赛获奖项目大幅提升

近三年，学校积极承办各类省级以上学科竞赛和创新创业竞赛，学生参与各级各类创新创业竞赛11000余人次；参加国家、省、校等各级各类学科竞赛43000余人次，立项省级以上大学生创新创业训练项目48项。获取全国"互联网+"大学生创新创业大赛、"挑战杯"大学生课外学术科技作品竞赛、中国大学生创业计划竞赛等国家级奖项不断获得突破。10名学生入选"全国大学生创业英雄100强"，2名毕业生入选"河南省大学生创新创业标兵"。《人民日报》《光明日报》《中国教育报》《新华日报》等主流媒体先后145次报道我校创新创业教育工作及其成效，见表4-2和表4-3。

表4-2　近三年学生参加创新创业实践活动人数及比例统计表

年　度	创新创业竞赛参与人数	占在校生人数比例（%）
2020	2700	13.5
2021	4217	20.8
2022	4196	20.0

表4-3　学生学科竞赛获奖人数及比例统计表

	国家级			省部级			合计	占在校生总数比例（%）	排行榜赛事国赛获奖人数
	一等奖	二等奖	三等奖	一等奖	二等奖	三等奖			
2020	33	123	166	177	228	233	960	4.79	744
2021	39	99	153	203	253	385	1132	5.55	921
2022	30	152	267	212	407	567	1635	7.65	1222

备注：项目级别认定参照《黄淮学院大学生学科竞赛项目库及级别认定目录》

（三）学科竞赛实践教学模式推广和应用情况

学校把学科竞赛实践教学模式和实施成效总结为《学科竞赛背景下高水平应用型人才培养途径的探索与实践》，获批2021年河南省高等教育教学成果奖特等奖；本成果在双一流、特色骨干大学和应用型本科高校推广应用取得了显著的成效，已被中国教育报、新华网等媒体报道，并得到上海交通大学林志新教授等教育专家的高度评价和赞誉。见图4-6、图4-7、图4-8。

本成果在河南省郑州大学、中原工学院、郑州轻工业大学，汉江流域联盟大学陕西理工大学、荆楚理工学院，应用型高校G12联盟常熟理工学院、长江流域大学联盟、黄淮学院等省内外70余所高校广泛推广和应用，惠及50余万学生。为此，河南省教育厅把"建行杯"2023年河南省"互联网+"大学生创新创业大赛暨"青年红色筑梦之旅"活动，交由我校主办，图4-9是大赛决赛现场。

图 4-6 河南电视台和《中国教育报》对研究成果报道

图 4-7 郑州大学、陕西理工大学等 70 省内外的部分高校推广应用证明

图 4-8 河南省教学成果特等奖

图 4-9 黄淮学院承办"建行杯"2023 年河南省"互联网+"大学生创新创业大赛

七、学校学科竞赛经验总结和典型案例

（一）以学科竞赛为载体融入人才培养过程，依托各类实践教学平台，促进高水平应用型人才培养质量提升

案例一：能源工程学院。围绕"互联网+""挑战杯""节能减排""智能车"等学科竞赛，依托河南省产业学院、工程研究中心、校外育人基地等产学研平台，校企协同、学研结合、立德树人，将企业工程项目、教师科研项目、学生创新项目引入实践教学，构建"理论教学—实验教学—工程训练—科研创新—企业实训"的跨域融合工程实践体系；在专业课程中融入创新创业项目和方法，将竞赛获奖、职业证书、论文专利等折算为学分，构建依次递进、有机衔接的应用型课程体系，培养高素质应用型人才。

能源工程学院先后获批国家级一流本科专业建设点 1 个，国家级一流课程 1 门、省级课程 4 门、平台 4 个、科技进步奖 2 项、学生工作优秀成果 1 项、中国"校企合作·双百计划"典型案例 1 项；获河南省黄大年式教师团队、示范劳模创新工作室；学生在国家级学科竞赛中获奖 100 余项，授权专利 86 项；1 名学生获全国大学生创新创业英雄 100 强、2 名学生获中国大学生自强之星，"能动天下·源启未来"国情观察团获全国学生优秀社会实践活动团队。图 4-10 所示能源工程学院实践教学体系及成效。

案例二：经济与管理学院。以 A 类学科竞赛"互联网+"全国大学生创新创业系列赛事、"挑战杯"系列赛事和全国大学生数学建模竞赛为引领；B 类和 C 类竞赛为补充，构建了全方位、高覆盖的大学生学科竞赛工作体系；面向全院学生开设《创新创业基础》等课程，实现学科竞赛知识全覆盖；加快推进学科竞赛平台建设，对"互联网+""挑战杯""数学建模"等竞赛从立项选拔、团队组建、指导教师遴选、经费保障、结果考核等实施项目化管理，为经济与管理学院学科竞赛发展提供了完善的后勤保障。

图 4-10　能源工程学院实践教学体系及成效

定期举办学科竞赛经验分享会、大学生创新创业成果展、"科技文化节"学生科技系列活动、校企大赛，进一步激发学生参与创新实践的兴趣，培养学生的创新思维与创新能力，提升语言表达、成果交流能力。近年来学生获得省级及以上学科竞赛获奖 100 余项，1 名学生成功跻身福布斯 30 岁以下精英榜。图 4-11 所示经济与管理学院学科竞赛工作体系及成效。

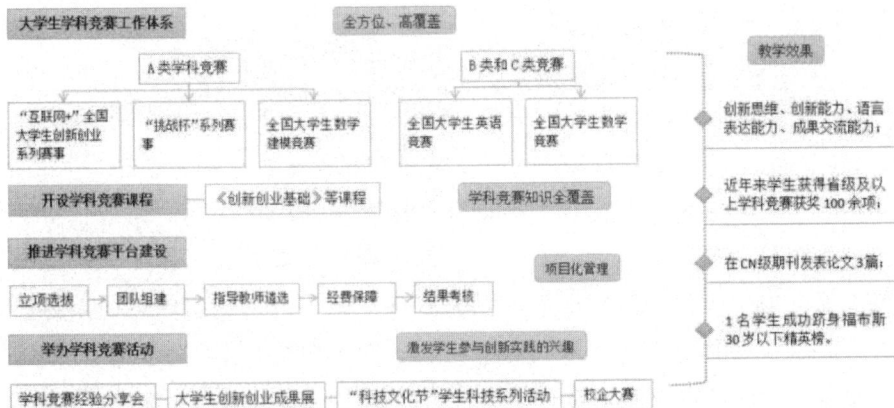

图 4-11　经济与管理学院学科竞赛工作体系及成效

案例三：生物与食品工程学院。高度重视应用型人才培养，积极探索学科竞赛与人才培养新模式。实行"四年连贯"计划，大力推行实践教学模式。依托黄淮学院河南省辣椒核心种质创制及分子育种创新团队、发酵工程团队以及食用菌教学科研团队，将学科竞赛与教师科研项目、企业横向项目、课程实践项目等有机融合，构建四位一体的学科竞赛与应用型人才培养体系。以"教材→科研问题→文献追踪→理论创新→项目研究"为主线的教学模式，不断优化实践教学课程体系、构建综合实践创新平台、探索学科竞赛项目向实践教学内容的转化等内容的研究和实践，促使实践教学从以知识传递为核心的教育向以知识创新为核心的素质教育转变，以满足现代社会发展对高水平应用型人才的需要。

近年来，学院依托学科竞赛不断优化课程与专业建设，着力打造了河南省一流专业1个、河南省一流课程3项。学生获得省级以上学科竞赛50余项，获奖数量和等级逐年上升。2023年全国大学生生命科学竞赛河南省赛区决赛在我校成功举办。该竞赛具有鲜明特色，涵盖动植物学、微生物学、分子生物学、农学、食品科学等多个学科。近三年我院学生荣获全国大学生生命科学竞赛国家二等奖2项、国家三等奖6项以及省级奖项20余项。全国大学生生命科学竞赛已成为我院人才培养的一大特色。图4-12所示生物与食品工程学院学科竞赛工作体系及成效。

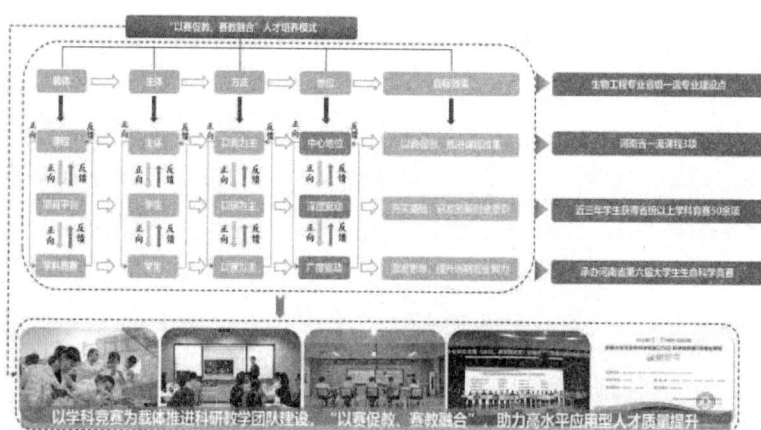

图4-12　生物与食品工程学院学科竞赛工作体系及成效

案例四：文化传媒学院。积极推动赛教融合与课程思政同向同行，将课程思政理念融入学科竞赛的全过程，从竞赛主题、设计元素呈现、作品评选标准等各个方面入手，把思政教育内容全面融入竞赛环节中，再把赛制体系融入专业课程教学中。以全国大学生广告艺术大赛、中国大学生广告艺术节学院奖、全国全媒体作品大赛等学科竞赛中的企业真实项目为载体，"导演基础""纪录片创作""广播电视节目制作""广告策划与创意""影视广告制作"等课程教学中进行专业与课程联动，共同成立学生创作团队。

基于OBE理念和新文科建设要求，依托黄淮学院—驻马店电视台国家级大学生校外实践基地、凤凰教育高校数字媒体产教融合创新应用示范基地、河南省数字艺术实验教学示范中心、河南省全媒体科普创作基地等校内外实践平台，以培养高素质应用型新闻传播人才为目标，坚持立德树人，构建"校内教学+学科专业竞赛+创新创业实践+应用型研究"四位一体的应用型人才培养体系，近年来学生在全国大学生广告艺术大赛、中国大学生广告艺术节学院奖、大学生科技文化艺术节、全媒体作品大赛等国家级、省级学科竞赛中获奖200余项，并获"全国大学生微创业行动"金奖、挑战杯河南省大学生创业计划金奖、河南省团委活力杯创新创业大赛三等奖等。图4-13所示文化传媒学院实践教学体系构建。

图4-13　文化传媒学院实践教学体系构建

案例五：计算机与人工智能学院。依托国家级一流专业建设点、河南省智慧照明重点实验室、河南省国际联合实验室、计算机类省级实验教学示范中心等10余个省市级科研教学平台，构建"产教融合、科教融合、校企融合、学科交叉融合"四融合学科竞赛培养模式。图4-14所示该学院学科竞赛培养模式及实践成果。

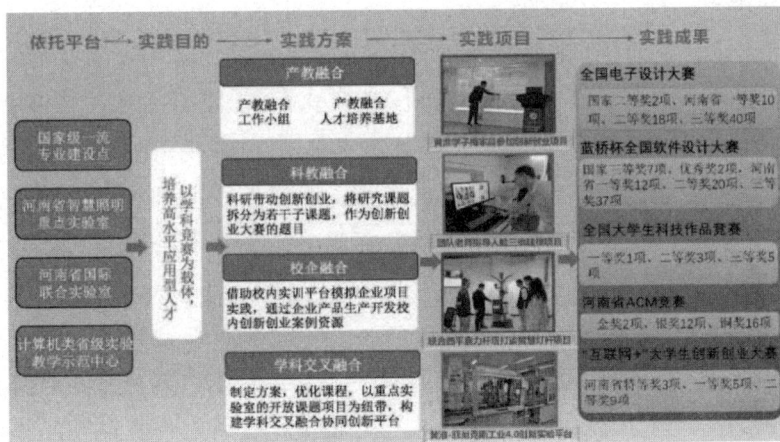

图4-14　学科竞赛培养模式及实践成果

学院优秀学生代表梅家晨同学在老师指导下，大一便斩获第十三届蓝桥杯电子类省级二等奖；带领"垂直起降固定翼无人机"团队入选河南省大学生创新创业训练计划；申报国家级实用新型专利三项；通过淘宝和跨境电商，开发制造的6款电子产品销往欧洲、南美洲等几十个国家和地区，销量近4000套。计算机科学与技术专业黄浩兰、范保文、严志伟三位同学，2021年参与到由朱玉祥、张瑜、张俊明三位博士组建的三维人脸建模科研攻关团队，能够高效准确地还原脸部细节与表情特征，研究成果处于国内领先地位。学科竞赛指导老师根据驻马店市新型智慧城市建设总体规划的要求，在西平县打造出了"城市智慧照明"示范基地。学科竞赛团队设计出了能够挂载交通状况监控、公共安全监控、气象监测、环境监测、显示屏、充电桩、通信基站等设备的智慧灯杆，由河南省鼎力杆塔股份有限公司进行生产和销售。

基于以上培养模式打造学科竞赛人才培养机制，培养的学生先后获全国电子设计大赛国家二等奖2项，河南省一等奖10项、二等奖18项、三等奖40项；在蓝桥杯全国软件设计大赛中获国家三等奖7项、优秀奖2项，河南省一等奖12项、二等奖20项、三等奖37项；获全国大学生科技作品竞赛一等奖1项、二等奖3项、三等奖5项；获河南省ACM竞赛金奖2项、银奖12项、铜奖16项；获中国"互联网+"大学生创新创业大赛河南省特等奖3项、一等奖5项、二等奖9项。

（二）以学科竞赛为载体推进教学课程组建设，创新教学组织形式，促进"以赛促改"项目成果落地

应用学科竞赛的研究成果，以学科竞赛为抓手，梳理了竞赛学科知识元素与人才培养能力要求的关系，重构了课程知识模块，在此科学研究基础上展开"课程组负责制"的教学模式改革，将课程组教师的能力特点对应到知识元素与能力矩阵关系的中去。

以黄淮学院"控制学科课程组"的工作内容为例。该课程组改变传统的主讲教师责任制的课程教学与备课方式，实行课程组负责制，将原有"自动控制原理""单片机与电机控制技术""PLC应用技术"等控制学科课程体系的理论与实验教学内容重新规划，创新教学组织形式，加强了课程组教师教学方法相互了解与教学内容的互通，整合了学科现有优势教育资源，加快了学校优秀老师的教学经验与资源的推广，缩短了年轻老师的成长周期，促进了学校教学质量的整体提高，取得了"自动控制原理"省级一流课程荣誉。在实际教学过程中，结合学科竞赛知识能力矩阵关系，实行课程组教学，丰富了教学形式，创新了以不同教师开展不同项目案例的模式。通过学科竞赛知识元素将"自动控制原理"课程进行能力培养模块化分类，如"自动控制原理基础知识教学模块"，"自动控制原理分析和设计方法教学模块"，"自动控制原理控制装置或控制器应用教学模块"等，改变传统的"自动控制原理"课程教学以单一教师讲解为主的理论教学模式；把"控制类课程群"的理论和实验教学进行重构，对实验教学采用应用"电子竞赛开发板"+"自动控制原理实验箱"+"MATLAB仿真"相结合方式，不仅在实验过程中调用源代码，也可以通过连接相应器件和执行机构，在可搭建模型基础上通过观察示波器等测量设备观测和记录实验效果，实现验证性、自主性、开放性和创新性的有机结合的实验教学模式，起到综合与创新的实验效果。

课程组教学改革活动与学科竞赛活动同频共振，在实施课程组教学改革同时获得了一系列教改成果，其中学科竞赛也取得了一系列竞赛优异成果。例如，以"电子设计大赛""物联网设计""挑战杯"等大赛活动为例，课程组教师引导学生应用理论知识解决实际问题，强化学生创新能力，获得了"第六届河南省高等学校物联网设计大赛特等奖——渐冻人脑机交互系统""2020年'挑战杯'河南省大学生创新创业计划竞赛金奖——脑控智能家居系统设计"等一系列优异奖项。在一流课程建设中，课程组把近几年的电子设计大赛控制类题目知识能力元素融入了理论和实践教学，梳理了竞赛知识群与相关课程群的能力逻辑关系。"自动控制原理"一流课程的设计思路也围绕学科专业能力提升为主线，促进"自动化"学科、"电子信息"学科、"机械设计"学科等学科知识元素与能力提升有机转化与融合。

（三）以学科竞赛为载体推进科研团队建设，丰富教学活动形式，拓展"以赛促改"高水平应用型人才培养路径

以学科竞赛为载体，推进"教学科研团队"的创新组织建设是完成"以赛促改"丰富教学活动形式与高水平应用型人才培养路径教学模式改革的又一项重要内容。以黄淮学院智能脑机交互项目团队、黄淮学院黄大年式教师团队——土木工程教师团队、黄淮学院软件工程教学研究团队为例。

案例一：黄淮学院智能脑机交互项目团队。以河南省智能脑机交互设备实验室为平台，团队成员包含2位教授、2位副教授、2位博士老师，负责人刘新玉副教授；学生团队每年招入6—10名新生每年，最终形成包含24—40个实验室项目团队。黄淮学院智能脑机教学科研团队建设目的是围绕脑科学的研究成果提升学生创新实践，通过竞赛成果与科研学习提升学生科学研究素养与科研团队建设水平。另外，脑科学的研究成果方便引入课堂并实现快速高效学习，一方面使学生通过加入科研团队参与项目，学习专业领域知识；另一方面，通过脑科学的研究，使学生了解大脑生物学机理。最后，在掌握科研过程的积累与学习，开展多种形式的实践创新提升活动，包含学科竞赛等竞赛活动。

在丰富教学活动促进教学改革上，采用课题组每周科研汇报；教学方法上采用"提问式""启发式""对比式""讨论式""小结式"等多种方法综合应用；教学手段上以项目式教学手段；在教学过程中以"基础→实践→综合→创新"为主线，因材施教，提高了学生的学习效率和学习积极性。另外，从"学科理论型竞赛"梳理知识点，融入脑科学知识基础和专业理论教育模块；从"创新实践型竞赛"中梳理竞赛知识元素，融入专业系统开发能力模块、创新和实践教育平台。然后重构学科理论教学和项目实践教学体系，在教学改革以竞赛促进能力的基础上，实现项目应用、创新和工程开发成效。

在近年历次大学生竞赛中，智能脑机项目团队表现卓越，先后获得2020年"挑战杯"河南省大学生创业计划竞赛一等奖；第六届河南省高等学校物联网设计大赛一等奖（冰释由心——渐冻人脑机交互系统）；2021年河南省"互联网+"大学生创新创业大赛一等奖（辅助失能患者运动的智能脑控轮椅）等。

案例二：黄淮学院黄大年式团队——土木工程教师团队。团队教师成员共15人，学生成员近百人，负责人陈秀云教授为国家注册建筑师，获河南省优秀教师、河南省高等学校青年骨干教师、河南省教学标兵、河南省优秀共产党员、河南省女职工建功立业先进个人、河南省优秀教育管理人才等多项荣誉称号。"黄淮学院黄大年团队"通过竞赛与科研活动提升学生专业素养与科研能力水平的同时，响应国家乡村振兴战略，开展"产科教融合、校地企合作"，推进首批省级重点现代产业学院——防水材料与工程，省级新工科大学生实践基地，省级本科高校课程思政样板课程，省级一流课程，省级本科教育线上教学优秀课程等教学建设活动并获得多项省级奖励。

"黄淮学院黄大年团队"以黄大年同志为榜样，心有大我，立德树人，甘于奉献，敢为人先，开拓创新，团结协作，追求卓越。在丰富教学活动形式，拓展高水平应用型人才培养路径中，团队积极服务"乡村振兴"国家战略，以"美丽乡村"社会服务为主题，进行产教融合，增强社会服务能力。其中，与河南省信阳市明港镇政府建立战略合作联盟，成立"拙匠书院"，探索平原乡村振兴之路，服务乡村规划设计、产业研究和运营管理工作。在教学研究团队积极服务"乡村振兴"国家战略的活动中，优秀设计作品层出不穷。学生成员参与"黄淮学院黄大年团队"承办的"产科教融合、校地企合作"坝道工程医院综合足尺试验共享平台建设研讨会、第十一届全国防震减灾工程学术研讨会、2021建筑与地下工程抗浮技术研讨会等，丰富了学生教学活动形式，拓展了专业科研活动的眼界。

"黄淮学院黄大年团队"以服务国家战略的实践教学，丰富创新了人才培养路径，团队学生在大学生"斯维尔杯"建筑信息模型应用技能大赛、UIA霍普杯国际大学生设计竞赛等高水平大赛中屡获佳绩。围绕2021UIA霍普杯国际大学生设计竞赛的主题为乡村困境——"新乡村规划","黄大年团队"组织学生参与了"大别山革命老区振兴发展规划"、新集村"拙匠书院"示范乡村的学习实践。2019年，住建部副部长倪虹在新集村教学基地召开了论证会，指出新集村乡村建设经验值得在全国推广。2020年，教育部原副部长鲁昕考察实践基地，河南省副省长武国定两次到新集村教学基地调研乡村振兴工作。目前，新集村已成为河南美丽乡村建设品牌，获住建部颁发的"美丽宜居村庄"等四项荣誉，日接待访客最高达1.2万人次，众多媒体报道其建设经验。

案例三：黄淮学院软件工程项目与教学研究团队。团队成员包含十余位老师，负责人邱栋副教授；学生团队每年招入10—20名新生每年，最终形成包含40—60个软件工程项目与教学研究团队。项目与教学研究团队自2011年开始开展学科竞赛与项目开发的实践教学活动，聚焦创新创业国家教育发展战略，对接国际工程教育，引入CDIO工程教育理念，建立"生产—教学"模型，实现"产品"和"人才"双产出的教学改革新思路。以学科竞赛为抓手推进创新型人才培养与实践，是解决学生与教师的连接、知识点与能力要求的连接、项目进度与学习进度管理连接的有效手段；也是应用课程组创新更灵活的组织模式，实现新一代信息技术与传统学科知识体系的交叉、重构。

围绕服务地方、产教融合的实践方面，团队与省市人民银行合作研发反洗钱监督平台、国库报表核对平台、国库债券审核缴销平台、党务信息化坐标管理系统，与市科技局合作开发科研项目申报服务平台，与市人才交流中心合作开发人才服务云平台，参与了学校信息化建设项目黄淮教育云平台、动漫资源网平台等项目；为企业开发人力资源一点通、天中汇电子商务平台、LOC农村电商云平台、A计划物流平台、智慧旅游云平台等众多大中型信息平台项目，积累了丰富的项目实践经验。另外，项目团队带领学生通过产教、科教、跨界三方面教学融合，近年来为豫南企业开发了胶类智能制造系统、智慧旅游云平台等70多个软件项目，并参与多项省市级科研项目，获得发明专利10项，软件著作权20多项。团队教师指导学生积极参加各种创新创业和软件开发比赛，获得各种奖项100多项，如省机器人大赛一等奖，多次获得省"大学生创新创业大赛"一、二、三等奖等；孵化14家科技企业，培养23位创业典型，产出13项已商品化的创客产品。其中佳士乐已经获得B轮融资，易创网络在中原证券四板挂牌，并获得国家级高新技术企业认证。由于创新创业成绩突出，本专业被中央电视台、中国青年报等多家媒体报道，2014年获得河南省"五四青年奖章集体"荣誉称号。

第五章 "科教+产教"双融合——地方应用型本科高校建设的可行选择

地方普通高校向应用型转变，在高等教育中全面落实产教融合，是国家的战略布局，是当前推进人力资源供给侧结构性改革的迫切要求，对新形势下全面提高教育质量、扩大就业创业、推进经济转型升级、培育经济发展新动能具有重要意义。地方普通高校如何向应用型转变？需要进行系统的先行研究提供指导，以克服在理论上的盲区和实践中的误区是十分有必要的。

第一节 "科教+产教"双融合的内涵

科教融合连接教学理论与实践，是在科研与教学的过程中进行知识的创新、传授、传播和传承，使师生在学术共同体中进行互动式学术探究，取长补短、开拓进取。科教融合培养人才的过程中，教学与科研始终是相互促进、相辅相成的。产教融合以校企合作为主线，是产业与教育的深度合作，是高校提高人才培养质量的必然选择，学生通过在校的学习和在企业生产中的锻炼，掌握与岗位需要相匹配的科学文化知识和专业的操作技能。我们要想了解"科教+产教"双融合的内涵，首先要了解"科教融合"和"产教融合"的内涵。

一、"科教融合"的内涵

科教融合起源于教学与科研相结合的理念。在国外，教学科研相结合的理念可以追溯到柏拉图的"雅典学派"，德国现代大学之父威廉·冯·洪堡是真正将教学科研相结合的第一人。1981年，洪堡以教育司司长的身份创立柏林大学，提出"教研合一"的主张，实施教学改革。该理念开创近代大学理论之先河，促成教学——科研实验室、研讨班的产生，选课制度的形成，以及对近代研究生制度的产生起推动作用。下面通过回答大学理念的几个核心问题来分析洪堡的"教学科研相结合"的理念。

（一）什么是大学——大学的本质和定位

洪堡的"教学科研相结合"的理念强调，大学应"唯科学是重"，教师和学生为科学而处，他们都是研究者，教学和学习通过"科学"相链接，教师的主要任务不是单纯地"教"，而是引导、帮助学生进行科学研究，学生的主要任务也不是纯粹地"学"，而是在教师的帮助下，参与科学研究，在活动中相互学习与交流，教师将其经验与方法传授给学生，学生通过学习来帮助教师共同完成科研任务。因此，大学的本质是学者的团体，是进行科学研究的场所。

（二）大学是做什么的——大学的任务

在洪堡看来，大学兼有双重任务：一是对科学的探究，这里的科学指纯科学，即哲学，纯科学只进行纯知识、纯学理的探究。另一个是个性与道德的修养，修养是个性全面发展的结果，它是人应有的素质，与技艺和专业能力等无关。洪堡认为，这两个任务不是独立的个体，两者具有内在联系——"由科学而达至修养"。

（三）为什么办大学——大学的培养目标

洪堡大学理念的最终目标是培养"完人"。在他看来，专业教育培养出的学生只具备相关专业的知识和能力，若将其安排在其他的专业或领域，则无法完成任务。因此，专业教育培养出来的是专门人才，而大学不同，它所培养的人才必须具备哲学的思考力，及分析和解决问题的能力。这样的人才，不管在任何工作岗位，都能够很快适应环境，并且很好地完成任务，这就是洪堡所要培养的"完人"应具有的素质和能力。

（四）怎么样办大学——大学的组织原则

如上所述，洪堡"教学科研相结合"理念突出强调科学的重要性和核心地位。

洪堡提出的"教学科研相结合"理念，从外部表现看，教学和科研相结合是实现大学任务的手段；但从内在实质看，它本身包含对科学研究的目标追求，"科研"是确定的，是目的，而"教学"是手段，但其概念被扩展，即研究过程就是教学过程。洪堡提出的"教学科研相结合"理念开近代大学理论之先河，促成教学——科研实验室、研讨班的产生，选课制度的形成，以及对近代研究生制度的产生起推动作用。但是由于时代的限制，洪堡"教学科研相结合"的原则只适合"小规模、高度自治以及自给自足的大学"，随着高校进入大众化教育阶段、学科专业的分化以及社会对于科研成果的需求，其思想就面临挑战，因此，若要坚守"教学科研相结合"这一理念，就必须对其进行调整，与时俱进，使其适应并继续推动高教事业的发展。

在我国,科教融合的理论起步较晚,发展相对缓慢。主要可以分为初创期、博弈期和发展期。

科教融合理念的初创期。新中国成立后,坚持"全面学苏"政策,高等教育沿用苏联科教分离的体制,科研只由研究院承担,而大学的唯一任务是教学。这种高等教育体制从建立起就充满了争议,由于部分综合性大学提出教学科研相结合的想法,从而引发了高校科研地位问题的大讨论。1957年,中国代表团访问苏联科学院及其附属大学,深受其科研机构和教育机构联合体的启发,提出创建新型大学的想法。1958年建立的中国科技大学坚持科教融合理念,使教学和科研在我国大学同时出现。该模式只承认高校是一支科研力量,但是并没有将科教相结合共同服务于人才培养工作,科研仅局限在少数大学的优势学科范围,因此,高校教学和科研相分离的体质并没有改变。

科教融合理念的博弈期。"1985年的《中共中央关于教育体制改革的决定》提出,'高等学校肩负着培养高级专门人才和发展科学技术文化的双重任务',大学科研地位得到了确立。"但在传统教育、科研理念下,大学教学和科研仍分得很细,科学研究的教育内涵和大学教育的学术内涵没有改变,最终导致了"教学"与"科研"之间的矛盾。基于此,1987年原国家教委发布了《关于改革高等学校科学技术工作的意见》,明确提出,"高校开展科研既是人才培养的需要,又是促进科研技术发展的需要,必须置于重要地位并积极开展,两项基本任务必须紧密结合进行,相辅相成,相互促进,既出人才,又出成果"。之后,高校的科研工作进入新的发展阶段。

科教融合理念的发展期。随着"科教兴国"战略的提出,高等学校进一步提升为"科教兴国"发展战略的强大生力军,国家先启动了"211工程"支持一百二十二所高校的科研,随即又启动了"985工程",因此,许多大学在国家的支持下建立起庞大而完备的科研体系。从此,高校的科研不仅要解决国计民生的重大科学和技术问题,还要以高水平的科研支撑高质量的高等教育,发挥科研育人的作用。《国家中长期教育改革和发展规划纲要(2010—2020年)》在提高人才培养质量中强调学生参与科学研究,强化实践教学环节。胡锦涛在清华大学百年校庆中指出,全面提高高等教育质量必须大力增强科学研究能力,推动学科融合,大力发展新型学科,以高水平的科研支撑高质量的高等教育。随着高校科研能力的不断增强,人才培养模式的不断改革,要求高校必须革新教学,高校教学科研的问题更加明朗化。随后教育部相继启动"2011计划",要求构建协调创新模式及建立相关的机制体制,要健全寓教于研的拔尖创新人才培养模式,其核心理念就是建立科教融合的人才培养机制体制。接着,国家提出《全面提高高等教育质量的若干意见》，三十条中有七条提到要着力解决高校教学科研问题，通过创新人才培养模式、巩固本科生教学基础地位，强化实践育人环节，推进协调创新，改善科研管理体制等多方面、多角度来贯彻实施科教融合的人才培养理念。2012年辽宁教育厅和《中国高校科技》在东北联合举办"'科教融合与人才培养模式改革'研究会热议高教质量"的研讨会，将科教融合理念又一次推向了高潮。因此，各高校都在思考和讨论如何将科教融合理念更好地实施。

近几年才有不同学者从不同角度阐释了"科教融合"的内涵。孙菁（2012年）认为所谓科教融合，是指以创新人才培养为前提，使科研与教学在形式和内容上相互渗透而形成的人才培养的新路径，它是对我们普遍倡导的"科研与教学相结合"的更深层含义的表达。武宇华（2014年）认为，"科教融合"即教学和科研相融合，指发挥教学的学术性和科研的育人作用，促进教学与科研的协同创新，共同服务于我国大学本科人才的培养。吴德星（2014年）认为，大学范围内的"科教融合"实际上就是明确科研在大学发展中的支撑和引领地位与作用，在科研过程中实现教育的目的，即寓教于研。邹晓东等（2016年）提出"科教融合"系统观，认为"科教融合"即围绕"创新驱动"的总体目标，开展高等院校科学研究和人才培养职能的转型和深层次系统整合。在"科教融合"的系统观下，"科"的内涵应理解为高校科技创新，"教"则为创新型人才培养，二者不可分离。邹晓东等认为现今部分高校对"科教融合"的理解是狭隘的，仅将其简单地理解为具体科研工作与教学工作的融合互补，这固然是"科教融合"的重要组成部分，但并未触及其核心本质。科教融合本质上是应该围绕学生培养的全方位全过程的融合，具体来讲，我国各高校已开展的科教融合的主要方式包括以下五个方面："办学理念上凸显教学的重要性""培养体系中不断加强科研训练的比重""教学方法上逐步推广研究性教学""在教学队伍上推动科研高水平教师承担本科教学工作""职称晋升及奖励体系中突出教学指标的比重"。这些举措是具体的、有效的、值得肯定的，但其根本问题在于未能脱离"科""教"二元观的窠臼，未能从学校整体工作的高度思考"科教融合"的实现路径，未能有效调动学校办学过程中存在的多元化要素，未能充分整合协调学校各组织部门。

本文认为邹晓东等对"科教融合"内涵的阐释较为全面、科学。既突出了科学研究的育人功能，汇聚多元化的科研资源为人才培养提供支撑；又促进了优质科研资源转化为教学资源，推进学生培养与科技活动的互融发展；还完善了创新与育人相结合的绩效评价机制和支撑体系。

二、"产教融合"的内涵

国外产教融合的研究起步较早，美国、德国、澳大利亚等发达国家均形成了成熟的产教融合制度，形成了政府、行业工会、学校、企业合作办学的办学机制、校企合作的资金分配机制、资源共享机制。瑞士形成了联邦政府、州政府、各行业机构的三方合作机制，职业教育是三方共同的责任；职业教育委员会由职业学校、企业和行业协会分别承担。美国产教融合的研究以社区学院的合作教育和五年一贯制科技高中为主，德国以"双元制"研究为主，澳大利亚的产教融合主要集中于TAFE学院的研究。国外产教融合的研究主要集中于人才培养模式和产教融合和动力机制的研究。

在国内，产教融合的研究以人才培养模式、产教融合模式和产教融合制度保障居多，研究方向由教育链、人才链持续向产业链深入，形成四链融合的趋势。

（一）关于产教融合人才培养模式的研究

吴海东（2019）认为高职院校的专业教学在产教融合视域下面临着诸多问题，例如：专业教学标准与职业技能标准的匹配度低、专业课程体系与职业岗位（群）的契合度弱、专业教学模式无法适应产教融合的人才培养模式要求，等等。他从专业目标、教学内容和教学模式上提出相应对策化解专业教学无法适应产教融合要求的尴尬。常晓宇（2019）从课程设置、支持保障、师资力量等方面论述了高职院校创新创业教学改革面临的困境，基于产教融合的视角提出相应对策，应构建多层次的教学模式、创建多元化的课程体系、打造完善的教育实践平台、完善"双师型"教师数量。周波（2019）等认为高等职业教育实践教学管理存在以下问题：目标定位模糊、软硬件保障不足、教材内容单一、校企协同不畅、考核评估不尽合理，他们提出在产教融合视野下，应该建立清晰的目标体系、完善的保障体系、合理的考核体系等。张艳（2019）等通过对北京联合大学与苏宁集团尝试"1+X"证书的教学模式的梳理，验证了"1+X"证书模式对产教融合的意义。程静（2019）等通过对重庆支柱产业的发展现状进行调研，发现重庆市目前的专业建设与支柱产业的人才需求出现工序不均衡的现象，从而提出产教融合视域下优化全市高职教育专业设置的建议。杨品红（2019）等通过人才培养方案制定、教师队伍建设、课程体系设置、实习实训平台建设等方面来加强应用型本科水产专业转型的人才培养体系建设。郑雪飞（2019）等认为地方应用型高校的音乐专业要从产教融合的视角提升教学认识、改善实习环境、建设有效的评价体系。

（二）关于产教融合模式的研究。

产教融合模式有多种类型，其中以产业集群为主。产业集群可以有效地降低校企双方的沟通成本、加强校企双方信任、深化企业之间的深度分工、促进区域品牌的建立等。霍丽娟（2019）认为，建立一个多维协同产教融合生态系统需要遵循知识生产新模式特征，聚焦产教融合命运共同体建设，着力构建对接产业发展的专业集群，突出产教融合网络集群优势。郑彬（2019）总结了广东产业集群的5种产教模式，分别为：直接与知名企业开展校企合作的深圳模式、突出校协合作的广州模式、重视产学研协同创新的顺德模式、强调校镇对接的珠三角模式，以及以产业园作为产教融合载体的园区模式。郑彬（2017）从产业集群视域下分析产教融合的优势与障碍，并提出地方政府运用经济手段和市场机制配置教育资源、激励集群企业参与职业教育，以推动集群区域产教融合的深入发展。戴素江（2015）等提出以专业为纽带的需求对接机制、以网络为通道的平台共建机制等路径来尝试建立高职院校与产业集群之间的流动机制。

（三）关于产教融合制度保障的研究

近年来，国家出台了多项文件来加强产教融合的实施，各省相关部门也相应出台促进产教融合的相关文件。然而，如何打通政策的"最后一公里"，制度实施是关键，制度保障对于深化产教融合有着至关重要的作用。目前关于产教融合制度保障的研究相对前沿，在知网和万方数据库中以"制度"和"产教融合"为关键词搜索出来的文献皆为最近两年的成果。李晓（2019）通过创设校企双方的劳动制度环境、构建产教融合分类指导制度等破解企业主体发挥不全、职业院校无法适应企业需求等问题。曹晔（2019）梳理了新中国成立以来计划经济和市场经济制度的背景下产教融合的发展，为产教融合动力机制的研究提供了市场方面的制度参考。

关于产教融合的定义，国内尚无统一定论，学界持两种态度。第一种将产教融合与校企合作视为等同概念，代表学者为刘春生、孔保根等人，相关研究主要集中于2010年以前。另一种认为产教融合并非产业界和教育界的简单合作，而是强调产和学之间的彼此联系、互动和合作。

杨善江（2014年）认为，产教融合是教育组织和产业组织相互融合形成的有机整体，它是一种经济教育活动方式。具体而言，是指产业组织和教育组织在社会系统内充分发挥自身优势、建立互信和契约制度，目的是促进经济转型和服务社会。产教融合通过协同育人达到合作共赢的目的，通过技术转移、项目合作和共同开发打造校企合作的主线，达到产教文化融合、产教内部要素优化且相互配合和深度融合的状态。罗汝珍（2016年）认为，产教融合是指职业教育协同产业部门诸如生产和社会服务等部门开展教育、生产和服务工作，最终形成与产业或教育不完全相同的新的组织形式，与校企合作形式有本质区别。该组织最主要的任务是将教育、生产和服务相结合，并以教育为核心，为产业界输送成熟的技能型人才。该组织需将学生培养成才且使其适应岗位工作，其包含的功能既非单纯的产业功能，也非单纯的教育功能，而是两者之间互相衔接的桥梁。张伟肖

（2019年）认为，产教融合是以校、企双方为办学主体，以社会多方力量为依托，以课程内涵建设为载体，以健全的校企合作法律法规和运行机制为标准，以高水平"双师型"教学队伍为力量，以校企共赢、回报社会为目标的实践模式。

本书认为张伟肖对产教融合的定义较为科学。一方面体现了政府、行业、企业、应用型本科高校、高校（含科研机构）等多个主体相互博弈产生帕累托优势的动态博弈过程，另一方面强调了构建产教融合命运共同体营造良好的产教融合生态系统。

三、"科教+产教"双融合的内涵

随着国家科教兴国战略、创新驱动发展战略和人才强国战略的深入推进，应用型本科高校以人才培养服务和成果转化服务为宗旨推进科教融合和产教融合也进入深化阶段。深化以科教融合、产教融合、校企合作、产学研合作、工学结合为核心的办学理念、人才培养模式与教学模式改革已成为高等教育界的共识。然而，当前我国应用型本科高校的科教融合与产教融合还存在政策支持不足、观念转变不足、合作动力不足、企业参与度不高与合作水平不高等问题，需要建构应用型本科高校"科教+产教"双融合新机制，以促进国家科教融合与产教融合的政策落地并转化为应用型本科高校的具体行动。

在国内，至今少见学者对"科教+产教"双融合的内涵进行阐释，只有只言片语涉及"科教+产教"双融合的相关研究。如苏志刚等（2018年）指出科教融合、产教融合是大学发展必须面对和迫切需要解决的根本问题，从它们之间的关系来看，"科教融合"主要体现的是学校内部科研与教学的关系，以高水平的科学研究支撑高质量的高等教育，"科教+产教"双融合从内部和外部解决了大学发展的动力源，最终的落脚点始终放在了"教"上。"教"的对象是学生主体和教师主体，学生通过科教、产教融合培养创新创业能力，教师主体通过"科""产"与"教"协同提升自身的能力；学生主体与教师主体通过"科教+产教"双融合衔接面向社会与产业。赵朝辉（2019年）针对高职院校软件技术专业人才培养模式与企业人才需求之间存在的差异和矛盾，提出采用"科—产—教"融合校企协同育人导师制，即从现实情况出发，整合高校与企业的优势资源，以校企合作为平台，缩短产业科技与教学实践之间的差距，促进学生供给侧、企业需求侧的平衡发展。刘周等（2019年）认为，科教产教双融合意指科学研究、产业企业与人才培养的相互结合、相互融合和螺旋式互促共进。科教融合侧重培养师生开展应用研究的能力，产教融合侧重培养师生开展应用实践的能力。通过科教产教双融合的人才培养方式，培养学以致知、学以致用、学用统一、学用融合、学用相长的高素质应用型创新创业人才。从高校的角度来讲，科教产教双融合从高校内部和高校外部两个维度解决了高校发展的动力源问题。科教产教双融合的落脚点和切入点在"教"上。"教"的主体包含学生主体和教师主体，学生主体与教师主体通过科教产教双融合对接社会需要和产业需求。张大良（2020年）认为，科教融合、产教融合、理实融合培养人才是三个有机联系、不可或缺的着力点。科教融合是世界一流大学办学的核心理念；产教融合是产业与教育的深度合作，是高校提高人才培养质量的必然选择；理实融合是教育教学的基本规律。

科教融合是世界一流大学办学的核心理念。高水平科技创新与高层次人才培养的密切结合，已经成为大学教育教学规律；由师生组成的探究式学习共同体，已经成为知识创新和传承的交汇点。科教融合的本质就是在"科研—教学—学习"的过程中进行知识的创新、传授、传播和传承，使师生在学术共同体进行互动式学术探究，取长补短、开拓进取。科教融合培养人才的过程中，教学与科研始终是相互促进、相辅相成的。推进科教融合培养人才，就要以学生发展为中心，加强科研同教学的结合，推动高校与科研院所深度合作培养人才，推动高校内部的科研与教学紧密结合培养人才，把优质科研资源转化为育人资源和优势，把科研设施转化为教学创新平台，把科研成果转化为教学内容，把"科学研究的密度"转化为"教学创新的浓度"，把学生参与科研作为一种有效的教学形式，通过制度安排使学生成为教师科研的伙伴，共同开展科研活动，进行有效的自主性、创新性学习，师生在共同探索、整合、应用、传播知识的过程中相互学习、共同提高，真正实现研究性教学、探索式学习。要营造鼓励探索、自主创新的学习氛围，为学生开展科学研究搭建平台，支持学生早进课题、早进实验室、早进科研团队参与各种科研活动，支持校内教师和科研机构研究人员将最新科研成果引入人才培养，开设更多研究性课程，提供研究性学习条件，着力培养学生的创新思维和创新能力，以高水平的科学研究支撑高质量的人才培养。

产教融合是产业与教育的深度合作，是高校提高人才培养质量的必然选择。推进产教融合培养人才，就要坚持产业需求导向与教育目标导向相统一，推动高校与行业企业深度合作培养人才，着力提高学生的综合素质和适应能力。要创新办学模式，把产教融合、协同育人理念贯穿人才培养全过程，在校内打通融合渠道，实现资源共享、平台共建，促进跨学院、跨学科的交叉融合、互动发展；在校外汇聚各类社会资源、拓展育人空间，与政府、行业产业和用户实现多元主体的跨界整合、协同创新，面向产业需求深化教学内容与课程体系改革，以学科前沿、产业和技术最新发展成果更新教学内容。要对接需求，加强产学研协同育人，扩大校企合作科研的溢出效应，从理论、实践、应用三个维度，打造校企联合培养人才的平台，联合开发课程、编写教材，共建专业、实习实训基地和产业学院，把企业员工培训内容和技术咨询成果有机嵌入专业教学计划，通过制度安排使学生成为企业工程技术人员开展技术革新的伙伴，建立紧密对接产业链、创新链的专业体系，提高特色专业、优势专业的集中度，打造一批行业产业急需、优势突出、特色鲜明的应用型专业。要构建校内实践教学基地与校外实习实训基地相联动的实践教学平台，建成一批共享型、区域化的产学研合作、协同育人实践平台，促进校企间合作育人、合作发展。要深化产教深度融合，推动专业学位研究生培养改革，完善与经济社会发展相适应、具有中国特色的专业学位研究生培养新模式，将一流大学和一流学科建设与推动经济社会发展密切结合，着力提高高校对产业转型升级的贡献率。要加强"双师型"教师队伍建设，聘请行业企业的技术与管理专家到高校兼职任教，并作为青年教师的实践实习导师，促进企业主动为青年教师提供挂职实习锻炼岗位，增强教师实施产教融合培养人才的实践能力。

本研究认为"科教＋产教"双融合是指在学生培养过程中育人方法的融合和两个行业的融合，是办学的一种可能性，一种选择，旨在培养学生的应用研究能力和应用实践能力。具体而言，科教融合是科研与教学相融合的方法，鼓励引导学生参与教师科研，教师指导学生学科竞赛和创业活动，以研促学、以赛促学、以创促学，实现科教融合；产教融合是产业与教育两个行业相融合，鼓励引导学院与企业深度合作，企业参与学校培养标准确定、人才培养方案制定、教学过程、教学评价等各教学环节，推进产教融合。

第二节 "科教＋产教"双融合模式的可行性分析

一、"科教＋产教"双融合模式实施的依据

应用型本科教育的基本特征是"科教＋产教"双融合模式实施的依据。厦门大学史秋衡教授等深入剖析了应用型本科教育的基本特征，本节加以引述，并根据该基本特征，后续分析"科教＋产教"双融合模式实施的可行性。

应用型本科教育是随科技发展和高等教育由精英教育向大众化教育转变过程中形成的一种新的教育类型，是以培养知识、能力和素质全面而协调发展，面向生产、建设、管理、服务一线的高级应用型人才为目标定位的高等教育。

目前，高等教育院校分类已成为国际难题。按照美国学者伯顿·R.克拉克的国家权力、市场和学术权威的三角协调理论，高校既需要一定的自治权，又倚赖于所在国政府的支持和市场的介入。相对于院校分类的国别特殊性，专业分类具有普适性。根据联合国教科文组织《国际教育标准分类法（1997年）》，结合我国的现状，5A1类院校所对应的就是综合性研究型大学，5A2类院校所对应的是多科性或单科性专业型大学或学院，5B相当于我国的高职高专教育，介于研究型大学

（5A1）和职业型院校（5B）之间的5A2类院校就是应用型本科院校。

该分类法认为，5A2按行业分设专业，是培养各行各业的高级专门人才，对应着应用型本科教育。无疑，对专业特征的清晰认识和准确定位，将有助于应用型本科教育高效、有序地进行专业建设，有助于制订一系列合理的培养方案。一个专业的设置就是组织相关学业培养一种专门人才，使学生毕业后能够胜任相关的职业技术工作。从事专业工作，必须掌握和应用专业知识，接受专门的教育和训练，并具备自我更新和提升的能力，这是专业的立足之本。人才培养模式主要由价值取向、培养目标、课程、教学及评价五大基本要素组成，其中以价值取向为基点、以目标为导向、以课程为载体、以教学为途径、以评价为保障。这五大基本要素相互依存，彼此制约。依据应用型本科教育的科学内涵及专业人才培养模式的要素分析，应用型本科教育的基本特征主要体现为：定"性"在行业，定"向"在应用，定"格"在复合，定"点"在实践。

（一）价值取向体现行业性

高等教育进入大众化阶段后，世界各国都大力发展应用型本科教育。应用型本科院校的共同特点是专业建设定位于注重为区域基础上的行业发展服务，其质量价值取向充分体现为行业性。如前所述，早在20世纪60年代德国就创建了应用科技大学，这类大学定位于满足行业需求以及理论和实践相结合，并立足于应用研究和开发，以服务区域经济为宗旨。与此类似，我国应用型本科院校是为了满足地方社会经济发展需要而产生的，并受到地方政府的大力支持，其地方特色鲜明，服务角色清晰，地方产业发展导向明确。应用型本科院校根据地方经济结构及其发展趋势、当地市场的人才需求，结合本校的教学、科研实际有针对性地设置专业，主要为地方或行业培养急需的应用型人才，主动为地方社会经济发展、区域经济和行业发展服务，并在地方化发展战略中彰显自己的特色，从而实现高等教育与区域经济发展的良性互动和双赢共生。联合国教科文组织的《国际教育标准分类》中也明确指出此类院校是按行业分设专业来培养各行各业的高级专门人才。可见，应用型本科教育主要是以外适质量为其教育价值观。

应用型本科教育与区域社会经济发展的关系日趋密切，其中与行业的结合正在向深度和广度发展。应用型本科教育的生命力一定程度上取决于学校专业设置面向地方和行业需求，以及积极主动为区域社会经济发展和行业发展服务的能力。因此，应用型本科教育的专业价值取向应是区域基础上的行业性，其专业设置应加强社会相关行业企业的合作，充分考虑毕业生的社会适应性。在专业设置时，既要准确把握地方经济发展的现状和发展趋势，了解行业中的职业岗位及其就业前景等，又要主动适应行业企业的用人需求，在教学过程中注重产学研结合，在产学研结合的实践中体现行业性，并依据行业发展进行动态调整。在现代社会的竞争环境中，行业市场需求对应用型本科院校起着导向作用，对其专业的选择更具目标性和针对性。应用型本科教育主要面向区域、为行业培养人才，只有紧密结合区域经济发展和行业企业的需要来设置专业和确定专业方向，才能使其培养的人才与区域社会经济发展相适应。当前专业资格证书认证是以行业为基础的，这也是应用型本科教育培养的人才就业所需的通行证。此外，鉴于行业的通用性，应用型本科教育应在区域的基础上以国际行业标准为主导，培养高标准应用型人才，推动区域社会经济发展的国际化水平。

由此可见，应用型本科教育既要立足区域，又要着眼行业，在专业设置时要自觉把培养一线应用型人才作为发展应用型本科教育的目标理念和价值取向，整合学校教育资源与区域资源，实现高等教育与区域社会经济的协调发展。

（二）培养目标体现应用性

应用性是应用型本科院校的特色和优势。"应用"是应用型本科院校专业设置的核心思想，这决定了应用型本科教育必须根据地方社会经济发展的实际需要，优化学科专业结构和人才培养模式，以面向"应用"作为专业建设的指导思想。应用型本科教育的培养目标是培养面向生产、建设、管理、服务一线的行业高级专门人才，其人才培养规格既不完全是研发人才，也不完全是熟练操作工与技师，而主要是以技术吸收及应用人才为基准，其理论依据是高等教育的分类定位。根据潘懋元先生对应用型本科院校5A2的定位，使学校能够合理地选择自己的发展空间，确定自己的发展目标。明白应用型本科院校专业培养的高级应用型人才既不同于综合性研究型大学所培养的理论性人才，也不同于职业性技能型院校所培养的实用性技能人才，其不仅能掌握现代社会生产、建设与服务一线从事管理和直接操作的各种高级技能，还具有将高新科技转化为生产力的能力，即具有设计与开发能力。随着科技的蓬勃发展，产业结构调整加速，社会对人才的需求日益多样化，尤其对既有扎实理论基础又有较强实践能力的高级应用型人才的需求更为迫切。如前所述，市场对中、高级技能人员及高级专业人员的需求缺口较大，各技术等级和职称的岗位空缺与求职人数的比率均大于1。可见，人才结构性失衡的现状要求高校改变人才培养类型，加大高级应用型人才培养力度。从人才市场和行业需求出发（加强专业设置的应用性，不断开辟出新的专业），建构适销对路的专业或专业群，是应用型本科院校课程与课程体系建设的关键。英国的多科性技术学院、美国的高级专业学院、日本的技术科学大学、德国的应用科技大学、澳大利亚的理工大学以及我国的应用型本科院校的专业设置都体现了这一特征。

（三）课程设置体现复合性

应用型本科教育所培养的应用型人才的规格是复合型人才，其主要体现在以下几个方面：①学生具有以通识为基础的深厚专业理论和可供广泛迁移的知识平台，具备较强的终身学习能力和职业转换的适应能力，有进一步发展的后劲；②学生具备用知识和技术解决生产、服务、管理等方面的实际应用能力和创新能力及社会适应能力；③学生具备必要的人文素养、科学精神、道德素质和心理素质等较高综合素质，具有创新精神、团队精神和敬业精神。课程设置要服务于专业所要培养人才的规格。[①]应用型本科教育的专业课程设置必须体现高级应用型人才的培养规格，其课程结构既不能完全以学科知识为体系，也不能完全以岗位标准为体系，而是以行业科技为主要体系标准。行业科技体系分化与整合的复杂性，反映了课程设置的复合性。例如德国为适应经济和技术对复合型人才的需求，其应用科技大学的课程体系结构分为基础教育体系、专业课程体系和论文完成三个阶段，而且强调只有通过基础课程阶段后的中间考试，学生才能进入专业课程教学阶段，以保证学生具备较宽厚的基础理论知识。同时，在课程设置上非常重视实践教学，实验室练习课和专业实习环节的比重较大，要求毕业设计及毕业论文必须能够解决某一生产实际问题。法国的"大学校"尤为注重基础性教育，第一年是基础理论教育；第二年课程是专业课、实验课和实习课；第三年是毕业设计和生产实习。"大学校"以其独特的专业理论课和实践课把培养学生的理论修养、专业能力和实践才能较好地结合起来。我国应用型本科教育的课程设置应依托学科，面向应用，课程体系包括基础理论课程、专业理论课程、实践课程和素质课程。这一课程体系建设的基本原则是：通过科学设计和优化基础课程，注重专业基本理论知识的系统性、基础性，注重夯实学生的理论基础，以此保证学生具备较宽厚的基础理论知识；加强专业课程，主要进行专业深化和拓宽专业面的教学，提升学生的专业素质，将基础理论与专业理论有机结合，使学生"精专"与"博通"并举；突出实践课程，强调培养学生知识和技术的应用能力，强调培养学生解决实际问题的专业能力；注重以通识课程为主的综合素质拓展课程，注重学生综合素质的培养。此外，应用型本科教育在课程设置体系中要链接与融合行业标准所需的专业或高级职业证课程内容，使大学生在校期间考取与本专业相关的资格证书，即在取得学历证书的同时也取得相应的资格证书，为求职就业奠定基础。

[①] 刘海蓝.地方本科院校人才培养模式的变革与转型［M］.北京：中国经济出版社，2020：90—91.

（四）培养过程体现实践性

实践在培养应用型人才的过程中起着重要的作用，这就内在决定了应用型本科专业教育的教学过程不完全是理论性的，而要充分凸显实践性。

应用型本科教育的实践性教学环节主要是课内外结合，校内外结合，实验、实训、实习相结合。一方面，专业课的教学内容针对性和实用性不断加强，在进行理论教学的同时注重实际技能的培养，课程还设置了实践教学课程，以巩固课堂所学理论知识，提高实践应用能力。另一方面，实践性突出体现为产学研结合，即学校与企业结合，共同培养各行各业的一线高级应用型人才。

产学研结合要充分发挥实践的主导性，以"研"为突破口，倡导应用型本科院校师生积极开展科研活动及高校主动与科研院合作培养人才。一方面，应用型本科院校应积极主动地参与到行业的技术研发中，帮助行业解决生产过程中的具体技术问题，既培养学生的实践能力和创新能力，又凸显和增强学校教师的科研实力。另一方面，应用型本科院校还应主动加强与科研机构的联系，及时了解最前沿的科技信息、研究成果，提高师生科研素养。

在教学过程中坚持产学研结合，实行高校与行业企业互动，促使高校不断增强自身优势，提高教育教学质量。例如德国"双元制"充分体现了校企紧密结合培养人才的特色，其应用科技大学不仅注重培养过程的实践性，而且十分注重与行业企业的合作，由行业主导整个实践教学过程，行业始终参与整个人才培养过程。美国、加拿大的"合作教育"，日本的"官产学合作教育"，英国的"三明治式"合作教育以及我国应用型本科院校在专业的人才培养过程中也逐步加强实践环节，注重与企业的结合。一方面，在学习和实践过程中掌握理论，强调将实践教学和理论教学紧密结合，使学生尽早地将理论学习有效地应用于工作实践，以便将来能够顺利地适应工作。另一方面，与行业企业合作，这种合作是全方位的，学校的专业设置、课程建设、教学改革等教学过程都实施"工作中的学习"和"学习中的工作"产学研合作教育。

产学研结合内在要求将应用型人才培养计划与企业的用人机制实现融通，使应用型人才培养模式和方案与企业的大学计划实现对接，在培养过程中注重理论联系实际。只有如此才能使学生在具备一定的学术能力后，有机会在企业工作，并体验和熟悉工作环境，接受针对职业生涯的实践培训。这体现了学校更加主动地与企业相结合，更加关注社会和学生的实际需求，以就业为导向，将学校的教学与社会实践工作相结合，提高人才培养的社会契合度。可见，应用型本科院校要紧密依托当地政府与企业，积极寻求校企合作，坚持学校教育与企业、社会实践相结合，建立产学研密切结合的运行机制。

（五）人才评价体现多元化

应用型本科教育的培养目标与规格、课程与教学等不同于学术性的普通高等教育，因而评价其人才质量，不能以学术水平的高低为标准，而应以知识、能力和技能是否与社会对应用型人才的要求相适应为标准。也就是说，应用型专业教育的评价体系不完全是以学位证书体系为标准，也不完全是以岗位资格证书体系为标准，而要充分体现专业资格证书体系为主要标准的多元化评价特点。既然应用型本科教育培养的是复合性应用人才，那么，其人才评价应体现多元化。例如德国有严格的考试制度，理论课考试要求严格，保证了学生的质量；实践中与企业紧密结合，学生在企业实习，最后由所在实习企业给予严格的考核评定。学校还聘请企业的技术人员进行课堂教学并参与对学生的考核。我国对应用型人才已开始改变过去以精英教育评价为唯一标准，也逐步关注市场需求，依据市场所需人才的规格来衡量教育的质量。可见，应用型本科教育为了更好地培养应用型人才，其人才评价的标准和方式也要与时俱进地改变。应用型本科教育应采用多元化评价。首先，评价主体的多元化。应用型本科教育的人才评价应立足高校，引入社会评价机制，建立由实习单位、用人单位、行业团体、技能鉴定机构共同参与的人才质量社会监控体系，形成一种全方位的质量考核与评价方式。其次，评价内容的多样化。要彻底改变传统的过于注重知识评价学生质量的做法，实行知识、能力、素养的综合考核，建立以应用能力为主的质量评价体系。不仅重视培养与学习的结果，而且重视思维与进步的过程。最后，评价方法的多样化。采取定性评价与定量评价相结合的方法。总之，人才评价的多元化，既有利于应用型本科院校人才质量的提高，也能更好地满足社会经济发展的需求。只有在高校与社会的共同努力下，才能培养出高质量的应用型本科人才。

二、地方应用型本科高校建设"科教+产教"双融合模式的可行性分析

应用型本科人才培养是我国经济发展和社会进步的需要，近年备受重视，教育部推出"卓越工程师教育培养计划""产教融合"发展工程等重大举措，旨在培养创新能力强、社会需求契合度高的应用型人才，为国家走新型工业化发展道路、建设创新型国家和人才强国战略服务。基于史秋衡教授等提出的应用型本科教育的基本特征，结合黄淮学院对"科教+产教"双融合模式的体系构建与实践情况，本节分析应用型本科教育实施"科教+产教"双融合的可行性。

地方应用型本科高校建设"科教+产教"双融合模式的研究与实践课题组结合宁工工程学院实际情况和课题研究的需要，从应用型本科高校建设的顶层设计出发，以人才培养定位、实施路径、应用型本科建设内容的人才培养、实施路径、

建设内容和范式的、人才培养质量的评价体系等为切入点，设计地方应用型本科高校建设"科教+产教"双融合模式的整体理论框架。

"科教+产教"双融合模式体现的是科教引领、产教支撑的人才培养理念，也是传统的"产学研"人才培养思想的具体化和实践方式。"科教+产教"双融合模式的构建，以黄淮学院应用型示范高校作为载体，以科教融合引领和产教融合支撑的转型路径为主线，贯穿应用型人才培养全过程。结合一体化人才培养方案制定、课程与课堂教学改革、应用型师资队伍建设、教学保障条件建设和教学管理与监控制度建设等建设举措，实践地方应用型本科高校建设"科教+产教"双融合模式。实现一体化人才培养方案与校内专业认证评估评价相互作用的中观闭环培养路径，通过科教融合引领、产教融合支撑与顶层设计与人才培养定位的相互作用实现"科教产教"双融合模式运行的宏观闭合培养路径。其可行性体现在以下几个方面：

（一）培养定位可行，解决同质化问题

培养定位体现"科教+产教"双融合，体现价值取向的行业性，解决人才培养同质化问题。应用型本科教育异于学科型或职业型教育的"本质"在于其结合学科和行业分设专业，培养面向社会一线的专业应用型高级人才。黄淮学院在2005年《五年发展计划及中长期规划》明确了"学术性+技能性"的应用型本科人才定位，各专业则结合学科和行业发展，确定具体培养规格。经过17年的探索和实践，黄淮学院确定了"具备应用研究能力和应用实践能力"的应用型高级技术与管理人才，该定位从根本上解决了人才培养同质化问题，提出了"科教"提高学术素养、"产教"提升技能水平的人才培养要求。

（二）培养途径可行，适应培养定位

培养途径贯穿"科教+产教"双融合，体现培养目标的应用性，解决培养路径与定位适应性问题。为适应人才培养定位，黄淮学院在2007年明确"知行合一、双核协同"人才培养模式，其内涵确立了"产学研"结合的培养途径；2008年提出"双合作"战略，加强与地方政府和企业合作（产教融合），与国内外名校和科研院所合作（科教融合），"科教+产教"双融合的培养途径基本确立；2009年，在黄淮学院土木和交通运输等多专业中进行产教和科教融合应用型人才培养试点；出台《外聘工程师管理办法》《"双百工程"实施办法》等制度，成立学校产教融合项目建设工作领导小组，依托"科教+产教"双融合，引进企业工程师、鼓励教师挂职锻炼、推动校企协同中心、工业中心和校地研究院建设，完成应用型师资培养，创建产教融合和科教融合教学平台，为应用型本科人才培养提供保障。实践证明该途径与"学术性+技能性"定位的有效适应性。

（三）培养方案可行，提高社会契合度

培养方案紧扣"科教+产教"双融合，体现课程设置的复合性，解决人才培养的社会契合度问题。为解决人才培养的社会需求契合度问题，黄淮学院在化工、土木等5个卓越计划试点专业，率先实施一体化人才培养方案，并在试点基础上发布《一体化人才培养方案实施意见》和《专业认证管理办法》等文件在全校推行。借助"科教+产教"双融合，培养方案紧扣行业发展和生产需求确定毕业要求，并结合专业认证和第三方评价制度，形成人才培养过程的闭环管理，实践证明从需求到评价的一体化有效保障了人才培养的社会契合度，具体做法见第六章实施案例的第一节。

（四）培养过程可行，提升人才培养质量

培养过程落实"科教+产教"双融合，体现培养过程的实践性，提高解决复杂实际问题的能力。黄淮学院通过将项目化教学课程建设纳入《基层教学组织工作规范》考核内容，推行"科研任务和生产任务"进课堂的系统化项目化教学改革，将"科教十产教"双融合落实到教学过程，提高学生解决实际问题的能力。

（五）教学评价可行，强化质量保障

教学评价突出"科教+产教"双融合，体现教学评价的多元性，解决应用型教学质量保障问题。黄淮学院的应用型人才评价，采用专业认证评价制度。首先，人才评价立足本校，引入社会评价机制，建立由实习单位、用人单位、行业团体、技能鉴定机构共同参与的人才质量社会监控体系，形成一种全方位的质量考核与评价方式。其次，评价内容的多样化。改变传统的过于注重知识评价学生质量的做法，实行知识、能力、技能的综合考核，实施项目化教学，建立以应用能力为主的质量评价体系。最后，实施过程化考核，不仅重视培养与学习的结果，而且重视思维与进步的过程。

第三节 人才培养方案的"科教+产教"双融合

人才培养方案的"科教+产教"双融合需要推进OBE育人理念、坚持产业需求导向和动态调整修订培养方案。培养方案紧扣"科教+产教"双融合，体现课程设置的复合性，解决人才培养的社会契合度问题。

借助"科教+产教"双融合，培养方案紧扣行业发展和生产需求确定毕业要求，并结合专业认证和第三方评价制度，形成人才培养过程的闭环管理，从需求到评价的一体化有效保障了人才培养的社会契合度。培养定位体现"科教+产教"双融合，体现价值取向的行业性，解决人才培养同质化问题。应用型本科教育异

于学科型或职业型教育的"本质"在于其结合学科和行业分设专业，培养面向社会一线的专业应用型高级人才。明确"学术性+技能性"的应用型本科人才定位，各专业则结合学科和行业发展，确定具体培养规格。该定位从根本上解决了人才培养同质化问题，提出了"科教"提高学术素养、"产教"提升技能水平的人才培养要求。

一、推进 OBE 育人理念

OBE（Outcomes-Based Education）即成果导向教育，出现于20世纪80、90年代美国和澳大利亚的基础教育课程改革，最早在1981年由美国学者斯派蒂（Spady W.D.）率先提出。我国王显清认为，OBE要求学校和教师要结合现实需求明确学生预期学习结果，以最终学习成果为起点反向设计课程体系、开展教学活动，结合个性化培养方案，给予每一位学生平等成功的机会，让每一位学生都能在学习过程中自我实现，最终通过与预期结果的评价反馈不断改进原有课程体系与教学活动。

OBE教育理念的实施特点主要体现为强调培养目标与人才需求的一致性；重视课程体系构建的综合性；突出教学过程的实践性；聚焦学习成果，注重评价的发展性。国外OBE工程人才培养模式主要有"欧林三角"模式和"通专结合"模式，国内OBE工程人才培养模式主要有"卓越计划"—OBE模式、CDIO—OBE模式和工程认证—OBE模式，这与"科教+产教"双融合培养学生的应用研究能力和应用实践能力一脉相通。

（一）"卓越计划"———OBE 模式

天津大学近年来积极探索新时代一流工程教育及实施路径，并根据OBE教育理念主动布局、深化工程教育改革。

一是追求卓越的人才培养目标。天津大学按照"形上形下、达才成德"的教育理念，要求培养的卓越工程人才除了具有良好的创新精神和实践能力外还必须具备一定的家国情怀和全球视野。工程师打造现有世界、科学家创造未来世界，天津大学强调培养的学生不仅要有打造现有世界的本领、探究未来世界的精神，更需要具有保护人类生存发展的崇高理想和高尚情操。在确定具体培养目标和毕业要求时关注"学生学习成果"（student learning outcomes），对标世界和国内一流大学人才培养水平，调研企业和其他利益相关者（行业协会、教师、校友等）确定天津大学的人才培养特色，最终形成了由身心素质、品德素质、能力、知识构成的四维度24要素的卓越工程创新人才培养标准，具体如表4-1所示。

表4-1 天津大学卓越工程人才培养标准

维度	要素
身心素质	积极乐观的人生态度；自信心；自制力；包容心与团队精神；探究真理精神与百折不挠的毅力；优良的身体素质
品德素质	诚实守信、务实重做的职业道德；远大理想与战略思维；社会责任感；敬业精神和为国奉献的志向；敢于质疑、勇于探索的精神；同理心与感恩心
能力方面	善于学习与解决实际工程问题的能力；创新能力；领导能力；中外语言交流能力；运用现代信息技术的能力；专业前沿理解力与洞察力
知识方面	坚实的工程基础知识；系统前沿的专业知识；广博的自然科学和人文知识；政治和哲学知识；法律和知识产权知识；经济与组织管理知识

二是一体化的人才培养体系。天津大学创新目标导向的一体化培养体系，根据细化到知识点、能力元、具体技能的专业目标和毕业要求反向制定全面详细的培养计划、课程大纲、教学方法、评估方法等，通过师资队伍建设、产学研合作、实践教学条件建设等方面的加强使培养结果传递到每一个培养环节中，促进工程人才培养质量的提高。在实施过程中形成了完整的OBE工程教育系统。

课程设置充分利用MIT-Harvard EDX和CN-MOOC精品课等课程资源以保证课程内容的先进性，注重coherent课程组建设以保证课程的关联性和整体性。建立了由辅导员、班主任、专业教师、指导教师组成的"四位一体"的师资队伍，强调教师的职责不仅是传授专业知识、指导科学研究，更重要的是要培养学生的创造性思维和批判性思维，形成全员、全方位、全过程育人。教学运用翻转课堂、项目群学习、产学研合作、国际化战略等方法手段，推进学生自主探究学习、跨学科合作学习、实践创新学习，培养学生设计与建造、科学与研究、创造与创新、团队与管理等方面的能力，使学生在认知学习、实践能力、情感道德等方面全面认识自我、挑战自我、超越自我。考核评价以我国工程教育专业认证标准为基础，借鉴ABET、EUR-ACE、Canadian Engineering Accreditation Board（CEAB）等国际工程认证标准将最终学习结果进行分解，设置合理的考核点不断评价改进学习效果。

（二）CDIO——OBE模式

汕头大学率先引进国际CDIO（构思—设计—实施—运行）工程教育模式，开始CDIO—OBE工程教育改革。

一是细化学校OBE人才培养目标。汕头大学在深入国内外高校教师、学生、校友、用人单位等调研分析的基础上，结合办学理念及定位确定了学校培养目标和毕业要求，明确学生毕业时应达到的预期学习结果，同时，针对国内工科高校培养标准不细致的问题，汕头大学根据布鲁姆教育目标分类法定义学习结果的熟练程度，制定详细的、可检测的专业培养标准，对知识、能力和素质等预期学习结果的掌握程度提出了具体要求，以达到细化工程人才培养目标的目的。如将一级能力目标中的二级工程解决复杂工程问题能力细分为发现和表述问题、建模、估计与定性分析等不同程度要求的三级能力，并通过更细致的四级能力对教学环节、教学策略提出具体的意见建议。

二是教学活动模拟真实工作情境（CDIO课程建设）。汕头大学以学生为中心、结果为导向，人才培养遵循可适应原则，开放主辅修、跨学科、双学位免费修读，本科教学坚持四有"有志、有恒、有为、有品"培养，以国际化的办学标准和精细化的培养环境进行全人教育，推行小班授课将生师比严格控制在12∶1，确保生均资源占有量。在具体教学活动中，组织学生在虚拟环境下进行团队项目开发，支持真实工程项目建设。将项目分为不同的设计层级逐级深入：在一级项目中模拟企业产品研发的全过程（C），使学生有机会把知识联系起来，应用知识并主动探取知识；二级项目中模拟产品的构思与设计过程（D），把关联的课程知识有机结合，使学生认识相关知识群而不是单一知识点；三级项目中模拟企业产品的制造过程（I），加强课程知识的理解，增加核心课程促进能力的培养；最后与企业建立联系，实施企业实践环节，完善CDIO教学过程，将项目成果运用到真实工程项目中（O），实现学校、学生、企业共赢。汕头大学致力于通过CDIO课程建设推进有弹性、高水平、可持续的OBE工程教育模式改革，并于2016年成立CDIO工程教育联盟吸引国内100余所各类高校加入，促使CDIO-OBE中国化进入新的发展阶段。

（三）工程认证——OBE模式

哈尔滨理工大学近年来全面启动工程教育专业认证工作，在这一过程中不断深化OBE人才培养模式改革，逐步强化工程特色专业建设，促使工程人才培养的质量和水平不断提高。

一是人才培养目标注重特色发展。哈尔滨理工大学坚持工程教育面向区域经济发展，突出为现代装备制造业服务的特色。在人才培养中遵循"崇尚实践、亦德亦能"的教育理念，致力于培养品德优良、人格健全、工程基础扎实、知识结构完整，具有较强实干精神、实践能力、创新意识和国际视野的应用复合型高级工程人才。人才培养目标立足学校多年来服务国家和地方经济发展、面向机电行业和装备制造业的特色积淀，而不是盲目地求高骛远。同时结合新的社会需求，对传统工科专业进行改造升级，不断调整各专业培养目标，进而实现学校人才培养总目标。如电气工程及其自动化专业为满足国家及地方经济建设和电气装备制造与运行或工业自动化等领域的发展需求，将人文素养、职业道德、创新精神、团队意识和可持续发展作为工程人才培养的关键要素，要求学生具有扎实的自然科学知识、系统的专业理论基础、良好的专业技术和工程实践能力，并具备工程设计、技术开发及综合运用所学知识与现代信息技术解决复杂工程问题的能力，培养从事技术开发、工程/产品设计、系统运行、技术管理等工作的应用工程人才，并对本专业的特点及培养要求进行了详细的分析。

以工程专业认证促进 OBE 工程教育改革。2016年我国成为《华盛顿协议》正式成员国，国内工程教育专业认证也日益受到重视。《华盛顿协议》中各成员国大多采用学习成果（Learning Outcomes）导向的认证标准，中国工程教育专业认证协会（CEEAA）也提出了对毕业生学习结果的10点要求。作为地方工科院校，哈尔滨理工大学敏锐认识到工程认证对于提高地方工程教育质量的重要性，于2014年启动工程教育认证工作，历时一年半完成校内自评工作，并组织专家深入学院现场考察，定期公开学校教育质量信息接受社会各界监督，以培养厚基础、强实践、有责任、勇创新的各类专门人才。在近年来的工程认证发展过程中，学校坚持将专业作为人才培养的基本单元，通过建设一流专业助推"双一流"建设，以专业认证工作为抓手，形成了建设一流本科的思想自信和行动自觉，积极推动学校工程教育内涵式发展，使"学生中心、成果导向、持续改进"理念深入师生群体。同时不断通过达成度评价破解本科教学深层次问题，倒逼 OBE 工程人才培养模式改革，形成了"反向设计、正向实施"的 OBE 闭环持续改进系统。

哈尔滨理工大学面向国家及区域经济发展的新需求，结合理工类办学的优势经验，确定了为现代装备制造业服务的办学特色、应用型工程人才的培养定位；坚持立德树人的宗旨和校企协同育人的原则，依据产业行业标准、工程专业认证标准制定学校人才培养目标和专业培养标准；建设由（人文、社科、经管类）通识课程、（核心、必修、选修）专业课程组成的课程体系，部分课程利用实验室、实践实训中心进行现场授课，逐步推行小班授课制；探索推行基于问题的探究式教学、基于案例的讨论式教学、基于项目的参与式教学和"做中学"等多种旨在提高教学有效性的方法；改革学业考核方式，不断实践课业的形成性考核，学业考核由注重知识向注重能力及综合素养转变。

基于国内外 OBE 工程人才培养模式，本文认为，推进 OBE 育人理念，深化产教融合，构建合理的人才培养方案，加强创新创业教育，激发学生的创新思维，培养学生的工程应用开发和管理能力，在方案制订过程中积极推进 OBE 教育理念，深化专业教学内涵建设，人才培养标准充分吸纳行业企业的需求，适应应用型人才培养需求，按一体化人才培养思路制定应用型人才培养方案。OBE 要求学校和教师要结合现实需求明确学生预期学习结果，以最终学习成果为起点反向设计课程体系、开展教学活动，结合个性化培养方案，给予每一位学生平等成功的机会，让每一位学生都能在学习过程中自我实现，最终通过与预期结果的评价反馈不断改进原有课程体系与教学活动。同时要求在制定人才培养方案时与企业共同商定培养目标、共同制定培养方案。规定专业指导委员会有一定比例为校外专家或用人单位高管；要求专业指导委员会参与制订专业培养目标、职业及岗位目标定位、专业能力矩阵等人才培养标准和课程体系、教学大纲等实施方案。

二、坚持产业需求导向

在互联网信息高速发展的时代，战略性新兴产业已成为引领未来经济出现新一轮增长的关键驱动力，战略性新兴产业需要不断深入与发展已成为各发达国家振兴国家经济达成的共识。经济学家为定量分析需求对产业的影响程度提出了需求弹性理论。提出需求收入弹性较小的产业主要是满足人类最基本需求的生存必需品类产业，如食品业和纺织业；需求收入弹性较大的产业主要是满足人类高层次需求的高技术类和创意类产业，如航空业和高端电子产品类行业；需求收入弹性处于中间的产业主要是满足人类的安全需求、社会交往需求的耐用品类产业和品牌产品类产业，如汽车产业和电气设备产业等。霍国庆等认为按照满足需求层次进行分类后的产业的生命周期主要有五种表现。

第一种类型是满足人类生理、安全等基本生存需求的产业，该类产业需求弹性较小、需求较为稳定，产业规模不易受宏观经济环境、收入、价格等因素影响，同时，该类产业一般不容易出现颠覆性的创新。因此，产业供给和产业需求达到平衡后，该类产业的产业规模在相对较长的一段时期内一般不会发生大的波动，基本呈现长期稳定的发展趋势，该产业可称之为长期稳定型产业。

第二种类型是满足社交、尊重需求等较高层次需求的产业，其成本较高、需求弹性较大，因此该类产业的产业需求和产业规模容易受到产业外部宏观经济周期的影响，并在不同程度的产业创新推动下表现出周期波动，该类产业可称之为周期波动型产业。

第三种类型是满足人类自我实现等更高层次的产业，具有相对更大的需求弹性，较易受外部宏观环境的影响。该类产业大多属于高技术产业或创意产业，由于该产业能够融入人类智慧，因而具有更强的持续发展潜力。所以该类产业在受到宏观环境的影响时短期内增长放缓或小幅下滑后会在随后的产业创新推动下再次进入持续快速增长通道，呈现螺旋上升的态势，该类产业可称之为螺旋上升型产业。

第四种类型也是满足人类自我实现等更高层次需求的产业，当面临延续性创新时会在多种影响因素下表现出螺旋上升型的产业生命周期，然而当出现颠覆性创新时，原有产业会被满足同样需求的新兴产业迅速替代并遭到淘汰。因此，满足自我实现等更高层次需求的产业如果遇到颠覆性创新，而表现出迅速淘汰，该类产业可称之为迅速淘汰型产业。

第五种类型是与人们多个需求层次相关的产业，该类产业可满足不同层次的需求，产业关联度较强，产业生命周期经历萌芽期、成长期、成熟期、衰退期、淘汰期而呈现倒U型，该类产业可称之为倒U型产业。

在国家经济、产业转型的大背景下，应用型高校人才的培养更注重产业的需求导向。了解满足需求层次进行分类后的产业的生命周期表现，更有利于根据产业发展需求，以提高综合素养和能力为目标，构建"科教+产教"双融合模式，继续加强实验、实习、社会实践、毕业设计（论文）等实践教学环节，逐步推进人才培养方案，优化提高实践课时占专业教学总课时的比例，人才培养方案积极融入以企业为主体的区域、行业技术创新体系。把企业技术革新项目作为人才培养的重要载体，把行业企业的一线需要作为毕业设计选题来源。将现代信息技术全面融入实践教学改革，推动信息化教学、虚拟现实技术、数字仿真实验。引进行业企业用人单位高水平专家人才和一线技术人员、管理人员作为专业建设带头人或兼职教师，并有计划选送教师到行业企业用人单位接受培训、挂职和锻炼。鼓励与行业企业用人单位互聘专家师资，合作建设实训基地、实习基地、创业基地，共同制定培养方案。[①]根据毕业生的职业岗位定位，确定其知识、能力和素质要求，制定毕业要求并细化成多个能力指标点，根据毕业要求设计课程体系，分解课程支撑权重，形成多个课程支撑指标点；根据能力指标点重新制定课程大纲，确定教学内容、教学方式、考核标准及方式，形成围绕教学目标和毕业要求，设计教学方案，开展毕业要求达成度评价的人才培养方案。

三、动态调整修订培养方案

人才培养方案是关于人才培养目标、人才培养过程、人才培养方法等方面的重要文件，是保证教学质量和人才培养规格，组织教学过程、安排教学任务、确定教学编制的基本依据。人才培养方案关乎专业设置、人才培养以及教学互动、教学管理以及培养质量等方方面面。人才培养方案是高校专业建设的核心内容，它不仅是专业开办和教学运行的重要文件依据，也是人才培养和质量提升的根本保证举措。

---

① 周燕.信息化背景下高校本科教学改革研究［M］.北京：北京工业大学出版社，2021：41—42.

人才培养方案具有一定的稳定性。一般来说，应用型本科高校人才培养方案经过规定程序批准执行后，就应保持一定的稳定性，各专业必须严格遵照执行。在人才培养的一个培养周期内，即一届学生从入学到毕业，原则上不得变更人才培养方案。

同时，人才培养需要来自政府、市场、学生主体提供的财政性办学经费、学费以及毕业生的就业需求资源。随着科技的进步和生产力水平的提高，知识经济时代的到来，人力资源特别是各类专业人才已经成为推动国家政治、经济社会发展最重要的资源。新时代中国特色社会主义建设对于各类高水平应用型专业人才的需求越来越迫切。可见，高校办学主体及其所处的政府、市场、学生等内外部需求主体，资源的有限性和资源分布的不均衡性，以及高校与政府、市场、学生之间需求资源的匹配性，使得高校及政府、市场的生存与发展需要通过资源交换来获取自己所需求的。政府、市场、学生需求等又处于不断发展变化之中，高校为了持续有效地获得内外部需求主体的办学资源，就会自主地、持续地、有方向地调整专业，人才培养方案的动态更新以及教学过程的动态改进，满足不断变化的环境需求。因此，人才培养方案调整的根本动力产生于高校主体与政府、市场、学生等之间的资源交换关系中。政府、市场、学生等分别通过财政性经费的动态配置，就业需求的动态调配，学生对专业的动态选择，知识内容、知识结构以及知识传播转化方式动态更新和调整，间接或直接地推动高校专业以及人才培养方案的动态调整。因此，知识生产创新和知识生产模式变革、动态配置学生生源、就业需求资源和办学经费资源是推进人才培养方案动态调整的根本动力。

人才培养方案应建立动态调整机制。人才培养方案在经过一个培养周期后，原则上应根据培养目标的实现、区域产业发展等情况，对人才培养的指导思想、培养目标与培养规格、课程体系基本架构等进行一次全面修订。学校要根据国家和区域经济社会发展的需要，及学校自身发展的需要，适时提出全面修订人才培养方案的意见。学校层面制定关于教学计划的修订意见，每届学生的培养计划都根据修订意见进行相应调整，修订后必须严格执行，不能随意变动。人才培养方案的修订都与教学改革和人才培养模式创新紧密结合。

在"科教+产教"双融合模式下，应用型本科高校要改变过去单纯由学校单方面孤立地制定人才培养方案的局面，邀请企业和社区人士共同参与，由此形成开放式的教学设计和人才培养方式，配合培养方案、课程设置体系，课程内容的改革，推进大学生教学方式方法的改革。通过修订人才培养方案，扩大学生学习选择权。增加专业选修课、专业方向课、分层分类课、通识选修课等课程的选修比例，进一步提升学生创新创业水平，进一步增大创新创业的选修课程。

第四节 教学过程的"科教+产教"双融合

教学过程贯穿"科教+产教"双融合，一方面体现培养目标的应用性，解决培养路径与定位适应性问题，另一方面体现培养过程的实践性，提高解决复杂实际问题的能力。教学过程的"科教+产教"双融合可以通过校企双导师制、学生科研小助手、"小班+项目"化教学等措施来实现。

一、校企双导师制

校企双导师制指学生由校企两位导师进行指导，校内导师是学校的专职教师，是学校遴选出来分配给不同学生的；企业导师是来自合作的企业工程师，由学校或者企业遴选出来指导学生在企业学习实践技术的。校内导师负责学生在校期间的专业学习、生活、心理等问题，企业导师主要负责学生的实习课程。学生在校内导师和企业导师的共同指导下不断提高自身的理论水平和实践应用能力，将理论和实践结合，成为真正意义上的应用型人才。

"科教+产教"双融合要强化学生"双导师"的选拔与培养，建立稳定的"双导师"队伍；明晰校内导师与企业导师的职责，建立与完善校内导师与企业导师的沟通制度与沟通平台；通过开展教学理论及专业技术能力培训和教研活动、实行校企双向"互聘共用"等措施对"双导师"进行培养；完善双导师的考核机制与激励机制。

首先，各专业成立专业指导建设委员会，推进行业企业专家进课堂，采用双导师制指导毕业设计（论文），深化校企合作机制，推进行业、企业参与专业建设和人才培养的全过程倡导校企双导师制。

其次，要求对毕业设计（论文）题目尽可能"真题真做"，提高工程设计课题比例，对来自企业的课题采用学校老师、企业专家双导师指导，以利于理论与实际工程的结合。

最后，通过双导师制等师生结对方式，定期听取学生意见，指导学生做好选课工作，并结合专业、课程做好学生学科竞赛、创新创业、考研和社会实践等的指导工作，为学生合理规划完成学业保驾护航。在本科生中建立"导师制"，选拔和吸收优秀本科生参与教师科研活动。

二、学生科研小助手

学生科研小助手就是通过组建学生科研团队，作为教师科研助手，参加教师科研项目及其他创新创业项目，使学生的专业创新能力得到不断提升。"科教+产教"双融合模式下，实施学生科研小助手一般通过三个步骤。

首先，涉及科研小助手的选拔及导师分配。选拔是为了筛选真正有参与科研意愿与具备扎实的实验能力的学生，可以通过笔试、面试、实验室安全培训等3方面考查，最终从二级学院不同专业、不同年级中选拔出学有余力且有强烈参加科研项目与科技竞赛意愿的学生。导师的筛选则主要考虑科研项目数、教学课程门数、指导学生毕业论文质量等方面。每位指导教师提供1或2个科研课题供学生选择，学生自发提出的感兴趣课题在考查可行后也列为研究课题，最终确定若干课题。学生根据感兴趣的课题进行选择并以此为依据进行分组，每组3-5人，鼓励跨专业跨年级组队。

其次，加强对学生文献阅读能力的培养。文献检索与阅读方法是首先要学习的，对新课题的了解需要通过查找相关网页、论文、专利和书籍资料等进行，这一阶段培养可以持续2-3个月。首先让学生学会如何查找与其研究相关的论文，然后学会批判性地分析它们，并获取一些启发。同时对于团队而言，定期进行进展报告与文献汇报等有助于加快学生文献阅读能力的提升速度，鼓舞学生的学习热情。

最后，强化学生科研报告撰写能力的培养。科研成果一般通过科研报告等形式呈现，良好的书写与表达能力也是科研小助手培养中的重要部分。在文献阅读阶段，导师可以要求学生定期以WORD或者PPT的形式进行总结与汇报，锻炼学生总结归纳能力和对问题的清晰表述能力；在实验操作阶段，可以要求学生每次汇报将操作步骤与现象进行讲述，并对分析结果给出解释，这类似于撰写科技论文与做科技报告，这一过程和研究生培养已经很相近了；接下来可以让小组同学合作撰写论文或者递交大学生创新训练项目申请书，让小助手们将科研报告撰写内化为一种基本素养。

三、"小班化+项目化"教学

在高等学校的专业课教学中，小组项目式作业教学法在教学设计、组织课堂教学和教学实践环节中，能够增强教学的互动性，带动学生进行研究型的实践，同时也能培养学生的逻辑思维、批判思维和创新意识。这是新型的、高效益的教学方法。当然小组项目式作业教学法在专业课教学中的实施并达到效果最佳，需要一些相关的条件，小班化教学因为学生人数较少，既有利于项目式作业的设置、实施、验收，又能便于课堂上项目课题的深入探讨和研究，所以更适合小组项目式作业教学法的应用探索。"科教+产教"双融合模式下，其实施可以分为以下几个步骤：

第一步，分组。分出的小组大小要根据班级的具体情况。小组成员和小组的数量过多或过少都对可能取得的教学效果不利。如果是大班或合班上的专业课，小组成员数量和小组数量就很难平衡。组员太少，学生承担的项目作业工作量比较大就负担过重；若组员太多，有可能让学生得不到足够的练习，小组里学生间的合作协调也就容易有问题。小组的数目太多，那么作业的展示和评比就难以操作，如果小组太少，小组间就会缺少对比，使学生的创新思维受到局限。在小班专业课教学中，分组的操作就相对容易些。在具体的分组方法上，可以采用自由组合和条件组合。自由组合是让学生按照自己的意愿自由成组，这种分组的方法可以让有亲密日常关系、共同兴趣爱好的同学组合在一起，但是同质化也会带来优劣两极集中的不良效果。条件组合是按照某个标准来分组，如按照学号、宿舍、性别、成绩等，这是一种更为随机分组的方法，它简单迅捷而又公平合理，但是可能忽略了的学生的爱好和兴趣。小班化教学中，教师很容易就迅速地了解班级中每个学生的概况，就可以根据具体项目作业和学生的特点进行灵活快速的分组。

第二步，布置项目式作业。给小组布置作业的前提条件，是任务式作业要体现课程的阶段性要求，达到课程教学的目的，并训练和提高学生的专业性技能。给小组布置的作业从数量上说可以是单个作业或多个作业，从内容上讲可以是固定命题作业或自由命题作业。单个作业是要求每个小组做同样的作业，这样有利于在作业评改中进行对比。多个作业是布置多个不同的课题作业分配给各个小组，这种方法减轻了学生的作业量，有利于在课堂评比中丰富学生的视野。自由命题是相对教师给出的固定命题而言，所谓的自由是指教师给出一定的作业范围，比如做一本书的选题策划，结果呈现是选题策划报告书，至于什么类型的、什么样的图书的选题，给学生自由发挥的充分空间。布置作业并不就是简单地给学生一个作业题目，而是真正体现教师教学质量、引导并提高学生研究能力的周密计划，考察了教师所给的参考资料、课题涉及的问题、课题本身的研究逻辑，等等。一般地，在布置作业之前，能把质量好的作业成果预先展示示范，包括往届学生的作业成果，是非常有对比效果的。

第三步，课堂上作业展示和评析。给学生几天的时间去完成作业，有时候大型作业需要几个星期甚至几个月。期间教师可以针对具体情况而做相应的辅导工作。一般地，教师要在课堂上的作业展示前，先对学生的作业成果进行检查，对其是否适合展示做出基本判断，如果发现作业存在着原则性错误或作业明显潦草需要改进则可以返回作业要求学生修改。学生在课堂上对其作业做自行展示，可采用演讲、PPT展示、汇报、陈述、辩论、作品评比等形式。在这个过程中，教师的组织和协调非常重要。一方面让做展示的同学有足够的发挥自由，并调动其他同学的参评、鉴赏的积极性，另一方面引导学生就作业展示和评析中对研究的课题做逐层深入，发现并提出新的问题，对学生所展示的作业和学生对彼此作业的评析给予相应的肯定和修改意见。同时，作业展示和评析中，最能发挥小班化教学的优势，即给予每个学生更多主动展示自我的机会，以头脑风暴的形式，启发学生深入探究所研究课题更深层的问题。

第四步，作业完善和发布。小组的作业必然存在某些方面的不足，所以作品的展示和评比并不是最后的步骤，针对教师和学生提出的作品修改意见，小组同学必须在课后要进行相应的修改和完善。然后，组织学生将作业产品发布在一定的平台上：网站、相关论坛、班级博客、班级QQ群、微信群等。一般地，经过一次课堂的项目式作业的展示和评析，在小班化教学中，足够让教师对全班20人左右的学生有一个全面而具体的了解，教师需要再评析学生发布在平台上的修改后的作业，并尽量对每一个学生做评析，以鼓励学生，激发学生进一步学习的热情。而教师除了总结这次课堂教学的经验和问题，也应当在自己的教案中相应增加新的资料、研究成果，为下一轮同一课题的教学做储备。

第五节　师资和教学条件的"科教+产教"双融合

"科教+产教"双融合模式下，对教师队伍提出了更高的要求，与"双师双能型"教师建设遥相呼应，不仅需要教师具备扎实的理论功底，还需要丰富的实践经验以及很强的应用能力。同时"科教+产教"双融合模式下侧重应用型教学条件建设，需要深刻理解产教融合的发展要求，遵循"统筹协调、共同推进，服务需求、优化结构，校企协同、合作育人"等深化产教融合的重要原则和目标。

一、"双师双能型"师资队伍建设

2015年，教育部、国家发展改革委、财政部联合发布《关于引导部分地方普通本科高校向应用型转变的指导意见》，明确提出应用型本科高等学校要加强"双师双能型"教师队伍建设，通过学校规划、职务评聘、绩效考核、教师培训、校企合作等手段，提升"双师双能型"教师比例，为应用型本科高校的教师队伍建设指明了方向。

国家高度重视教师队伍建设。2012年，国务院发布《关于加强教师队伍建设的意见》提出，高等学校教师队伍建设要以中青年教师和创新团队为重点，培育跨学科、跨领域的科研与教学相结合的创新团队；2017年6月，教育部办公厅发布《关于商请推荐全国教师企业实践基地的函》，着手建设教师企业实践基地，要求有关行业主管部门、行业组织，遴选、推荐一批大型企事业单位，建立全国教师企业实践基地，基地主要承担应用型本科高校、应用型本科高等学校教师国家级培训任务，接纳教师定期到企业进行工程技术实践、专业技能实训，与合作院校互派人员交流兼职、开展产教研发合作等，2018年，中共中央国务院《关于全面深化新时代教师队伍建设改革的意见》中提出，要建设一支高素质创新型的教师队伍，着力提高教师专业能力。

从建设途径来看，各省应用型本科高校普遍通过三种途径来推动"双师双能型"教师队伍建设：一是扩大实施博士进企业计划，定期选派青年教师到企业生产第一线带头实训锻炼，与企业共同培养"双师双能型"教师；二是要加大力度引进企业和行业中基础理论扎实、实践操作经验丰富、懂得教育理论的专业技术人员或管理人员；三是要出台"双师双能型"教师激励政策，保障"双师双能型"教师稳定增长。"双师双能型"教师队伍建设，需要国家、省市教育管理部门以及学校同时发力。

国家层面：一是出台相关应用型本科高校教师行业、企业实践办法，出台企业参与教师企业实践的支持政策，推动应用型本科高校教师队伍建设；二是界定制定应用型本科高校"双师双能型"教师内涵，制定认定标准，与高职院校标准相比，更重视应用型科研成果及转化；三是研制应用型本科高校评估办法，增加"双师双能型"教师评估指标权重，指导高校教师队伍建设方向；四是国家设立教师培训专项经费，支持企业教师培训基地建设，采用购买服务的形式支持教师实践锻炼。

省市层面：一是继续下放职务评审权，加大高校办学自主性；二是进行"双师双能型"教师认证，提高"双师双能型"教师的含金量，对"双师双能型"教师进行奖补。

学校层面：一是对教师进行分类，运用高校职务评聘自主权，对教师进行分类评价，在学术委员会、绩效评价小组中增加拥有丰富行业、企业工作经验的评委，改革教师的职称评审考核制度，由传统高校的重论文、重科研转向重实践，重应用成果的转化，综合考虑教师的学术性和实践性，把是否拥有学历和职业资质证书，参与企业轮训的情况、提供技术服务的质量等实践经历纳入教师职称评审的条件，提高实践能力在应用型教师职称评审中的权重；二是加大教师实践能力提升时间和经费支持、绩效激励措施。教师自身需要提高思想认识，明确自身培养应用型人才的使命，克服进入行业、企业实践锻炼的畏难情绪，提升自身的理论素养、实践能力和教学水平；三是继续引进行业、企业高层次兼职教师。增加一部分专项经费，供学校聘请行业、企业兼职教师；同时要对专项经费聘请的行业、企业兼职教师质量进行把关，设立兼职教师准入制度，提高兼职教师质量。

二、实践实训基地建设

实践实训基地建设是应用型本科高校进行教学、实践等人才培养活动的条件保障。随着近年来高等教育结构调整的不断推进，应用型本科院校对实践实训基地的认识和定位逐渐清晰，实践基地的数量不断增长，发展势头良好。但大多数应用型本科高校采用自筹资金、自主建设、自行管理的方式，在最短的时间内建立起实践实训基地。在某种程度上，这种方法有效缓解了实践教学的迫切需要，为学生应用型技术的训练提供了便利。地方财政投放到应用型高校实践实训基地的资金都有定额，能够支持的实践实训基地装备水平、所能承受的运作消耗也是有限的。基于此，陈秋媚提出统筹兼顾，用科学的方法组织要素，从建设区域共享型实训基地入手。

一是政府牵头，依托院校，整合企业资源，合力建设共享型实训基地。共享型实训基地的建设是在充分考虑区域经济产业以及各院校的专业实际的基础上，抓住特色，突出重点，面向职业教育、劳动力培训、企业技术改造和技术创新，通过最大限度的资源共享而形成的技能型紧缺人才的培养培训基地、社区教育和服务的窗口、校企合作的载体、产学结合的平台。中央、地方政府在设立专项资金的同时，可以对不同性质、不同用途的实训基地进行定位，明确主次，统筹安排。其宏观指引和资金支持，有利于各应用型本科高校找准着力点，根据实际情况提出合理的建设思路。

二是全面建设、重点发展，针对专业大类，政校企共同确立建设方案建设共享型实训基地。首先必须满足在专业内资源的整合利用，打破各专业教研室自建实训室的陈规，避免相近专业重复购置实训设备。针对专业大类建设实训基地，使学生在实训场所进行的技能模块训练，能够为适应专业岗位群的要求做好准备。应用型本科高校要从长远的办学和人才培养目标出发，在满足各专业实训需要的基础上，对市场竞争力大、发展潜力明显的专业进行重点建设，以高水平的实训环境保证教学质量提高，推动特色专业的建设与发展。

三是强化内涵，拓展外延，实行"对内企业化管理，对外准市场化运作"的共享型机制。实训基地内涵建设包括实训师资队伍建设和教材建设。必须充分认识职业教育的类型特点，扭转专任（理论课）教师和实训教师分流、后者地位低于前者的观念，建立实训教师聘用分配、职称评定、绩效考核等制度，有效保护教师工作的积极性和创新意识；注重引培结合，大胆吸收企业技能专家、能工巧匠进入实训教师队伍，鼓励专任教师承担实训教学任务，提高实训教师学历层次，使实训教师职称结构、知识结构科学化和合理化。[①]实训教材建设方面，应以校企

---

①邝邦洪.应用型民办高校内涵发展研究与实践［M］.北京：北京理工大学出版社，2020：65—66.

共建为依托，以工作过程为导向，开发"工学结合""教学做一体化"的特色实训教材和特色实训资源库。将学习要求与相关技能考核鉴定结合起来，对所学技能实施模块分解，通过任务驱动、项目导向等方法活化理论知识，锻炼职业技能，促使学生素质与职业岗位"零距离"对接。另外，实训教材建设还应兼顾职业素养、职业道德的潜移默化，配合实训基地职场氛围建设，全方位培养学生的职业情操和职业意识。

三、产学研合作平台建设

产学研合作是国家科技创新体系的重要组成部分，推动产学研合作有利于集成企业、大学、科研院所的所有优势，有效聚集区域资源，提高创新要素的效率。产学研合作平台是在共同利益的基础上，在资源共享、优势互补的前提下，将合作技术开发、共担课题作为主要合作模式，经各主体之间及其外部环境间的互动，实现人力、知识、技术、基础设施、资本信息、政策的整合，从而取得一定经济效益和社会效益的一中组织。产学研合作平台的构建应遵循四大原则：

一是目标一致、平等互利。达成产学研各方互补互利，总体上对全社会全人类有利，并确保各方做好自己的工作，实现共同的合作目标。如果没有形成良好的互利共赢共发展的局面，产学研合作关系往往不能稳定长久，互利是要获得最大的利益，而不是放弃利益。然而，互利还必须建立在产学研合作各方合作平等的基础上。

二是相互协作、利于技术创新。产学研合作中双方除了履行自己的职责外，还有些工作要通过随时随地的协作才能完成。只有依靠协作，依靠双方主动投入人力、物力、财力，才能最终完成科技创新。实现平台的技术创新的最终目标。在平台运行过程中，就要适时关注平台的规模，充分考虑是否利于形成良好的可促进技术创新的体系。

三是优势互补原则（也称耦合原则）。产学研合作各方具有各自的优势和不足，只有通过利用彼此的优势，弥补彼此的不足，才能产生单个主体无法达到的效果，进而产生整体效益。这样，要坚决抵制各自为政的现象。通过各自的优势互补，加之市场需求的引导，各方根据实际需求，取得更快更好的共同发展。

四是动态性。明确平台的运行是动态调整的过程，而不是一成不变的。平台中的核心组织在适应外部变化及平台运行中可能存在问题，及时调整平台的成员构成，以适应不断变化的外部环境条件，从而提高平台运行的效率。实际上，在条件允许的情况下，根据产学研合作各方相互亲和的趋势，可将其结合为更高一级的结构功能体，从而在平台主体之间、主体与外部环境之间不断进行物质和能量的交换，加强平台主体之间的互动，使其具有亲和力，最终实现平台主体的协调可持续发展。

应用型本科高校的产学研合作平台呈现出多样化的发展特征，既有高新技术研究院，也有文化创意基地，更有协同创新中心、大师工作室以及专利申报和培育平台，这些全方位、立体式的产学重要组成部分，潜藏着巨大的育人资源。学校积极挖掘中医药文化的教育价值和传承意义，组织有相同志趣的教师，开发了六类子课程：中医与八段锦课程、中药与美术作品课程、汉代中医药名家课程、中药名中的诗情画意课程、中华中草药系列儿歌课程、中医"食补"文化课程。

实施过程中，班主任以"中医药文化"主题班队会引导学生认识华佗、张仲景等中医名家及有趣的中医故事，感受中医药传统文化的独特魅力；体育教师教学八段锦，引导学生体验内实精神、外示安逸、内外合一、形神共养的传统养生思想；美术教师组织学生绘制以"中医药文化"为主题的手抄报、绘画作品，用艺术的形式肩负起弘扬中医药文化的历史责任；书法教师指导学生写中医药书法作品，增进学生对中医药优秀传统文化的了解和认同，提升文化自觉和自信；音乐教师教唱中草药系列儿歌，用音乐的方式解读中医药文化；语文教师引导学生寻找唐诗宋词中的中医药文化；综合实践活动课程教师带领学生制作美味与健康兼得的养生餐，把中医药文化的"食补"文化传入千家万户。

汉代碑刻与书法课程由书法教师具体实施。东汉晚期，汉隶趋于全面成熟。汉碑的书体特征和风格：或方拙朴茂，峻抒凌厉；或典雅凝整，法度森严；或奇古浑朴，诡谲多变。《曹全碑》《史晨碑》《乙瑛碑》《礼器碑》等著名碑刻也因此成为学生研习隶书的主要内容。课程开发团队依托汉碑多样性的表现，研发了六类子课程，引领学生走近汉碑：汉字发展启蒙课、汉碑文化认知课（解汉碑）、汉碑隶书赏析课（赏汉碑）、汉隶书写技能课（写汉碑）、汉碑拓片体验课（拓汉碑）、汉碑基地研学课（汉碑行）。

其中，汉碑拓片体验课成为创设传统文化体验情境、打造中华优秀传统文化传承示范校园的典型案例。碑帖拓片技艺是用纸、墨及拓制工具把石刻和古器物上的文字及花纹拓在纸上的技术。课程团队将拓片这种古老的技艺搬进校园，让学生通过拓制及临摹中国古人的刻画与书法，亲近沉淀着乡土特色的汉碑，让传承中华优秀传统文化遗产的技艺在校园中"复活"。

汉代碑刻与儒家文化课程由书法教师和传统文化教师实施。汉代尊孔崇儒之风浓郁，这在济宁出土的许多汉碑中体现突出。如曲阜汉魏石刻馆藏《史晨碑》赞孔子"魏魏荡荡，与乾比崇"，《乙瑛碑》中赞扬孔子"巍巍大圣，赫赫弥章"，《礼器碑》赞孔子"孔子近圣，为汉定道"等。汉碑与儒家文化联结紧密。课程教师研发了三类子课程：碑文解读课程、碑文赏析课程、汉碑基地研学课程。

通过特色学院建设，应用型本科学校引进产业和技术的最新发展、行业对人才培养的最新要求，引入并改造传统优势学科专业，将专业的人才标准、课程标准对接企业的岗位标准、职业标准，形成有特色、利益共享的新型校企、校政合作共同体。同时，通过订单制培养、专业群建设等措施，提高了人才培养的质量，有力地促进了产学研合作。

三是文化创意工作室。在产学研合作平台的多元发展模式中，文化创意工作室的特色突出，是进行产学研合作的有益探索与创新尝试。其典型案例是浙江师范大学，它将文化创意专业群的戏剧影视文学、数字媒体艺术、广告学、文化产业管理等专业，围绕文化创意产业和现代传播新领域，以协同化促进专业群整体发展，以技能化提高核心竞争力，以社会化推进办学实效，以国际化改善办学生态，在协同办学特别是教学相长、知行合一的文化创意工作室实践方面取得了良好的成效。通过工作室建设，贯通了文化创意产业链、专业、学科间的协同，构建了师生共同成长、学生社会实践和参与学科竞赛的良好平台。文化创意工作室实践成为培养文化创意上下游产业链人才需求的全流程、综合性、应用型人才的重要抓手。

文化创意工作室根据"跨专业、跨学科建设，提供师生共同成长空间，教学相长、知行合一"的建设思路，采取"教师团队自愿组合、提供优良的工作室环境、面向有意愿参与的学生、进行工作室项目扶植培育推介、形成工作室特色发展氛围"等措施，通过建设文化创意工作室，既有社会效益，也产生经济效益，成为教师由校内走向校外的桥梁，有力地推进了学校产学研合作和融合。

四是创新创业平台。"大众创业、万众创新"是2015年政府工作报告的高频词，并成为政府推进的重点工作之一，自此掀起了双创的新热潮，高校更是其中不可或缺的重要力量。为了响应创新创业的号召，各个高校纷纷积极建设创新创业平台，使其成为产学研合作平台的又一重要形式，应用型本科高校根据生产、服务的真实技术和流程创建创新创业平台、创业示范基地、科技创业实习基地和实训基地，为教学改革提供实践和创业平台，为学生实践能力和创新创业能力的培养提供有力的支撑。

第六节　产教融合视域下"四平台五协同"新能源类专业人才培养模式的探索与实践

主动对接区域新能源上、中、下游产业链，整合资源搭建新能源产业产教融合"科技创新平台、战略联盟、协同育人基地、现代产业学院"等四大平台，推动产教深度融合，实现教育链、人才链与产业链、创新链有效衔接，校企协同创新人才培养模式、提高学科专业质量、培养应用型师资队伍、开展应用型科技研发、改善实践教学平台与环境等五协同促进"3543"应用型人才培养，充分发挥示范引领作用。校企联合获批省级工程研究中心2个、省级示范校重点建设产业学院1个、省级新工科大学生校外实践教育基地1个、省级科技进步三等奖2项、厅级科技成果一等奖2项。新能源科学与工程专业入选国家级一流本科专业建设点（全国共17个，河南唯一）。

一、案例背景与意义

根据国务院办公厅《关于深化产教融合的若干意见》（国办发〔2017〕95号）、教育部、工业和信息化部《现代产业学院建设指南（试行）》（教高厅函〔2020〕16号）、《河南省教育厅等部门关于推进高等学校产业学院建设的指导意见》（豫教发规〔2021〕44号）等相关文件精神（图3-1、图3-2），为推动我校建设特色鲜明的高水平应用型大学，主动对接新能源及网联汽车产业优势，学校印发《关于同意组建新能源与网联汽车产业学院的通知》（院文〔2021〕265号），决定组建新能源与网联汽车产业学院，探索产业链、创新链、教育链有效衔接机制，把现代产业学院建设成为人才培养、技术创新、科技服务、成果转化、产业引领、学生创业等功能深度融合的发展综合体，集"产、学、研、转、创"多功能、多主体深度融合的新型办学实体，在构建产教融合支撑机制、资源共建共享机制、协同育人互动机制、教育与产业集群联动发展机制等方面实现更大突破。2021年先后获批河南省示范校重点建设产业学院，河南省新工科大学生校外实践教育基地，本案例旨在通过整合资源，构建产教融合平台体系，推进产教深度融合、校企协同创新产教融合人才培养体系，为应用型本科高校建设提供可复制、可推广的人才培养新模式。

图 5-1　产教融合政策脉络

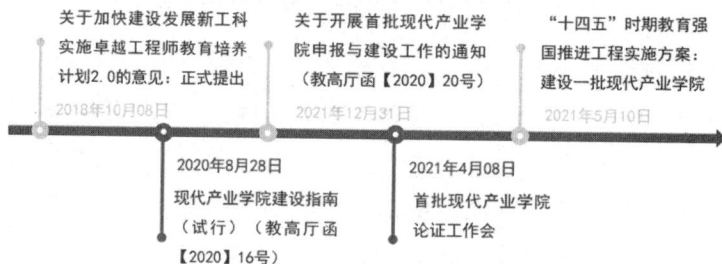

图 5-2　现代产业学院政策脉络

郑荣奕等人研究了现代产业学院建设的发展历程、组织特征与改革路径（图

5-3），认为产业学院位于产业链、教育链与创新链三链的融合处和边界重叠区，是推动教育链、人才链与产业链、创新链有效衔接的重要方式，是促进产教融合的有效平台（郑荣奕等，2021）。雷明镜等人以上海理工大学制冷空调产业学院（含山）为例对"政产学研用"协同育人机制进行了深入且全面的探索与实践（雷明镜，2020）。成宝芝等人以大庆师范学院中兴通讯信息学院为例，依托产业学院这一新的应用型人才培养形式，在如何做好顶层设计与理念更新，探索和研究培养满足社会需要的技术技能型应用人才的路径、策略、实践和成效，以期为转型发展下的地方本科院校产业学院建设与人才培养机制创新提供参考（成宝芝等，2021）。综上，目前学术界就通过现代产业学院推进产教融合应用型人才培养已达成共识，但主要集中在概念、特征、理论框架等方面，对其实践方法以及存在问题的对策也有一定的应然研究，但缺少行动研究、经验研究和实然分析。本项目拟将现代产业学院与产教融合创新平台、战略联盟和协同育人基地联合构建新型产教融合平台体系，深化产教融合，对校企协同推进应用型人才培养进行探索和实践（图5-4）。

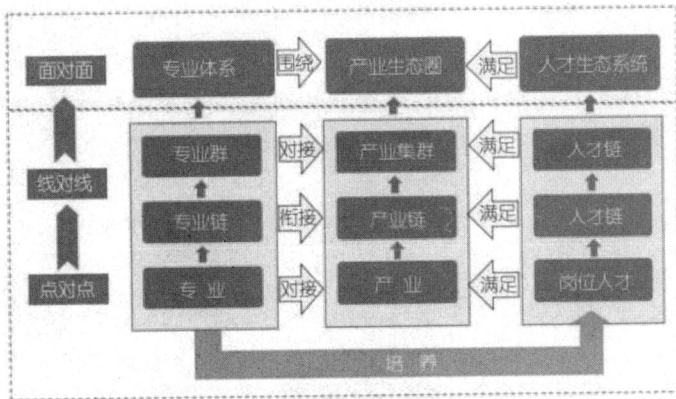

图5-3　产业学院的发展历程

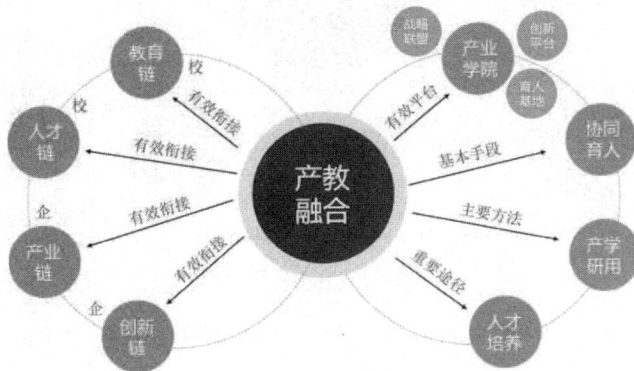

图5-4　深化产教融合的框架图

二、案例改革思路

主动对接区域新能源上、中、下游产业链，整合资源搭建新能源产业产教融合"科技创新平台、战略联盟、协同育人基地、现代产业学院"等"四平台"，推动产教深度融合，实现教育链、人才链与产业链、创新链有效衔接，校企协同创新人才培养模式、提高学科专业质量、培养应用型师资队伍、开展应用型科技研发、改善实践教学平台与环境等"五协同"促进产教融合应用型人才培养，充分发挥示范引领作用。

（一）"四平台"深化产教融合

以产教融合创新平台为技术创新平台，以产教融合战略联盟为校企互动平台，以产教融合协同育人基地为实践教育平台，以现代产业学院为办学实体平台，通过"四平台"建设深化产教融合，实现教育链、人才链与产业链、创新链有效衔接。

（二）"五协同"促进产教融合应用型人才培养

一是聚焦企业人才需求，协同创新人才培养模式；二是聚焦企业产业发展，协同提高学科专业质量；三是聚焦企业骨干培养，协同培养应用型师资队伍；四是聚焦企业技术研发，协同开展应用型科技研发；五是聚焦企业设备利用，协同改善实践教学平台与环境，为应用型本科高校建设提供可复制、可推广的人才培养新模式（图5-5）。

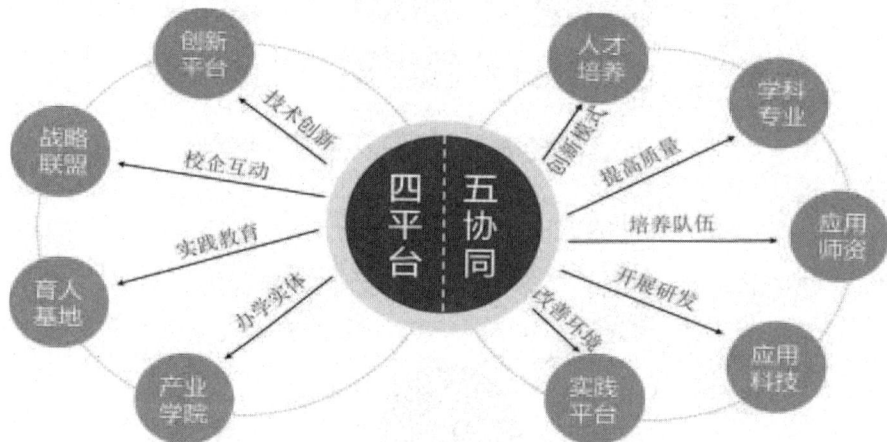

图5-5　"四平台五协同"产教融合应用型人才培养示意图

三、案例实施方案

(一)"四平台"深化产教融合实施路径

一是依托河南省工程研究中心、工程实验室等省市级平台建设新能源产业产教融合创新平台；二是在驻马店市工信局牵头，黄淮学院负责联合惠强新材、鹏辉电源等企业联合建设新能源产业产教融合战略联盟；三是与联盟企业深度融合，建设新能源产业产教融合协调育人基地；四是"校—政—企"联动，融合发展，协同攻坚，建设新能源与网联汽车产业学院，"四平台"推进产教深度融合，充分发挥示范引领作用（图5-6）。

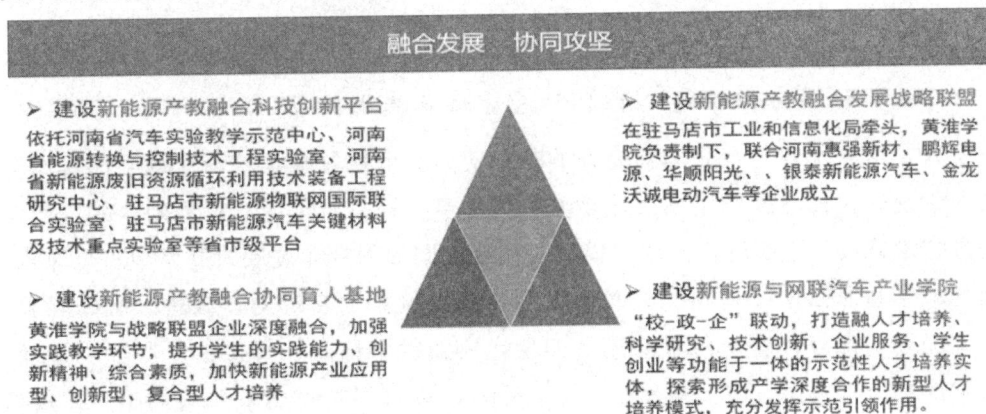

图5-6　"四平台"深化产教融合实施方案

(二)"五协同"促进应用型人才培养实施方案

一是聚焦企业人才需求，协同创新人才培养模式。通过行业调研及企业的实质性参与，形成更满足行业企业需求的人才培养目标，更符合职业人才能力标准、突出能力培养的课程体系，构建适合应用型人才培养目标的管理保障体系。二是聚焦企业产业发展，协同提高学科专业质量。通过建立理事会和专业建设委员会，紧密结合行业企业发展需求，科学选定学科专业发展方向；通过整合资源，建设实践育人平台，开展教学研究与改革，打造专业人才培养特色。三是聚焦企业骨干培养，协同培养应用型师资队伍。建立更加灵活的人才引进、任职和培育机制，通过项目开发、实践研修、岗位互换、顶岗实践等路径，分层次、分批次构建稳定的应用型师资团队。四是聚焦企业技术研发，协同开展应用型科技研发。针对行业关键、核心技术，与企业共同组建科技团队，依托协同创新平台，在检测认证、委托和联合研发、技术成果转化方面，实现多形式合作，提升社会服务能力。五是聚焦企业设备利用，协同改善实践教学平台与环境。结合专业培养标准和实践教学特点，校企共建系统化的实践教育资源环境，助推实践教学课程体系的完善与实施，共建仿真实验实训场所和一体化的实践教学基地（图5-7）。

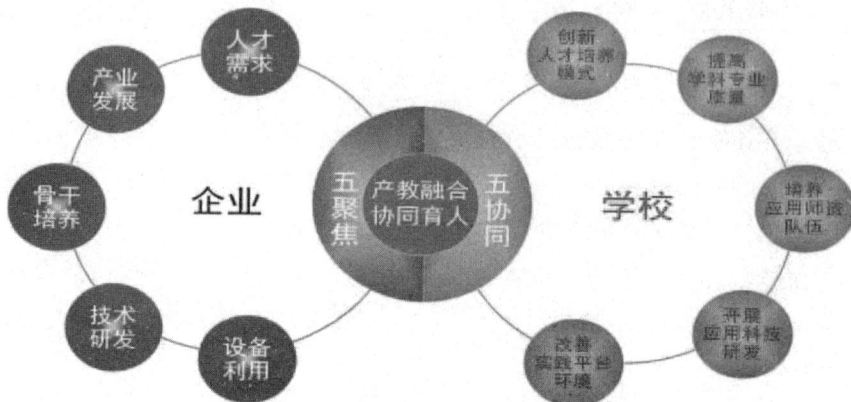

图5-7 "五协同"促进产教融合应用型人才培养实施方案

（三）校企协同推进"3543"人才培养模式改革

人才培养是现代产业学院建设的基本使命。依托黄淮学院新能源与网联汽车产业学院，积极推进应用型人才培养模式改革。即打破传统学科界限，导入产业先进技术体系、生产设备、培训模式，校企共同规划专业发展、开发项目化课程、组建教学科研团队、搭建实践教学平台、创办技术创新机构，构建"基础实验、实训提高、课外创新、工程应用"四层次实践教学体系，打造技术服务、管理、研发三个学生发展方向，构建了"3导入+5共同+4层次+3方向"应用型人才培养模式（见图5-8所示）。

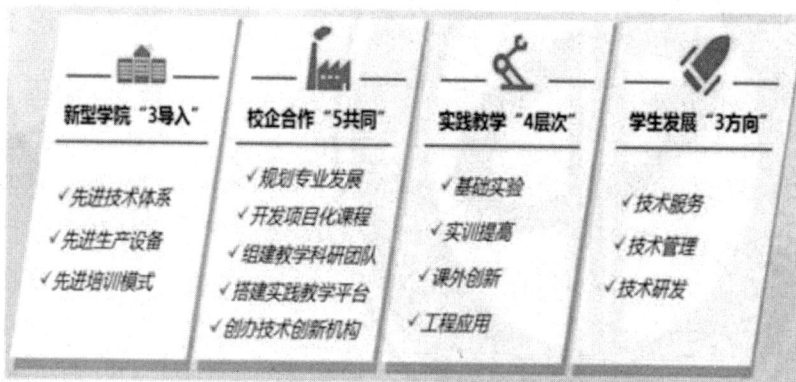

图5-8 校企协同推进应用型人才培养模式改革方案

四、案例实现路径

面向国家能源革命和新兴产业发展的重大战略需求，黄淮学院能源工程学院主动对接区域新能源上、中、下游产业链，先后开设新能源科学与工程、新能源汽车工程、储能科学与工程、智慧能源工程四个本科专业，构建"源—网—荷—

储"一体化的智慧能源专业体系,致力打造成为国内一流、特色鲜明的新能源领域人才培养高地。

(一)校企协同,让平台火起来

黄淮学院成功承办的八届"产教融合发展战略国际论坛"已经打响了黄淮品牌,能源工程学院立足论坛形成的"驻马店共识",吸引新能源行业企业参与办学、引企入校,构筑多层次校企协同育人平台,建立既能服务企业,又能体现应用型本科教育特色的校企合作模式。学院以新能源现代产业学院建设为牵引,持续推进国家级一流本科专业建设,引领国内新能源科学与工程专业应用型人才培养(见图5-9)。2019年,新能源科学与工程专业入选河南省一流本科专业建设点;2020年,获批新能源产业创新型应用人才培养国际合作项目;2021年,新能源与网联汽车产业学院入选河南省示范校重点建设产业学院;2022年,获批法国施耐德电气绿色低碳产教融合项目。新能源科学与工程和新能源汽车工程在2021年度河南省普通高校本科专业建设阶段性评价中均排名第一。在校友会2023中国大学新能源科学与工程专业排名(应用型)中,黄淮学院新能源科学与工程专业位列并列第1名,入选2023中国六星级应用型专业,跻身中国顶尖应用型专业行列。2022年,新能源科学与工程专业入选国家级一流本科专业建设点。

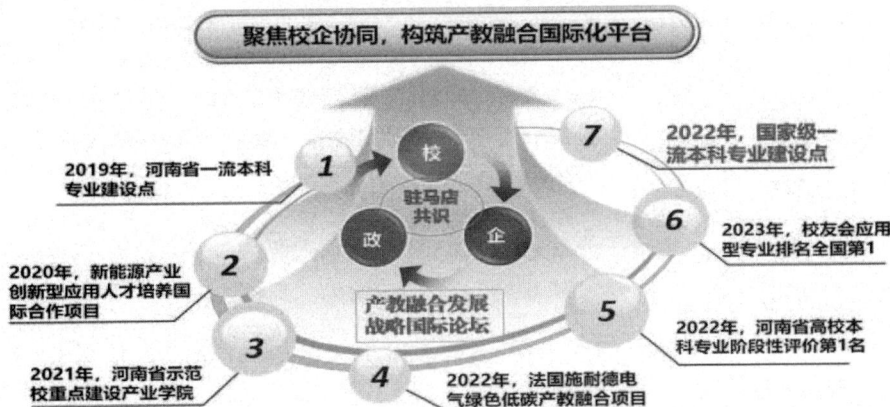

图5-9 校企协同,让平台火起来

(二)双师教学,让学生动起来

高校之间的竞争,归根到底是人才,特别是高素质创新型人才的竞争。能源工程学院坚持"立足行业、加强实践、注重实效"的建设理念,通过分阶段、分层次、全方位实施师德建设、内培外引、专兼结合、岗前培训、导师跟岗、网络研修、企业实践、校际交流、团队培育、骨干进修师资队伍建设"十大计划",以良好的师德师风感染学生、温暖学生、教育学生。同时,秉持"技术+管理"工程人才培养理念,实施团队建设与教师成长规划,强化专业带头人、骨干教师引领作用，搭建校企合作、课程建设、课堂教学、教研活动平台，形成了"1个教研室+3个课程组+1个实践中心"的基层教学组织。

学院现有专任教师60人，博士37人，"双师型"教师占60.6%。国际清洁能源拔尖人才1人，全国能源名词审定委员会委员2人，留学归国人员5人，河南省教学名师1人、优秀教师2人、教学标兵4人、学术技术带头人5人、高校科技创新人才2人、高校青年骨干教师2人，企业兼职教师10人。团队先后获批河南省高校黄大年式教师团队、河南省创新型科技创新团队、省级示范性劳模创新工作室、河南省优秀基层教学组织、省先进党组织、省五四红旗团委等荣誉，如下图5-10所示。

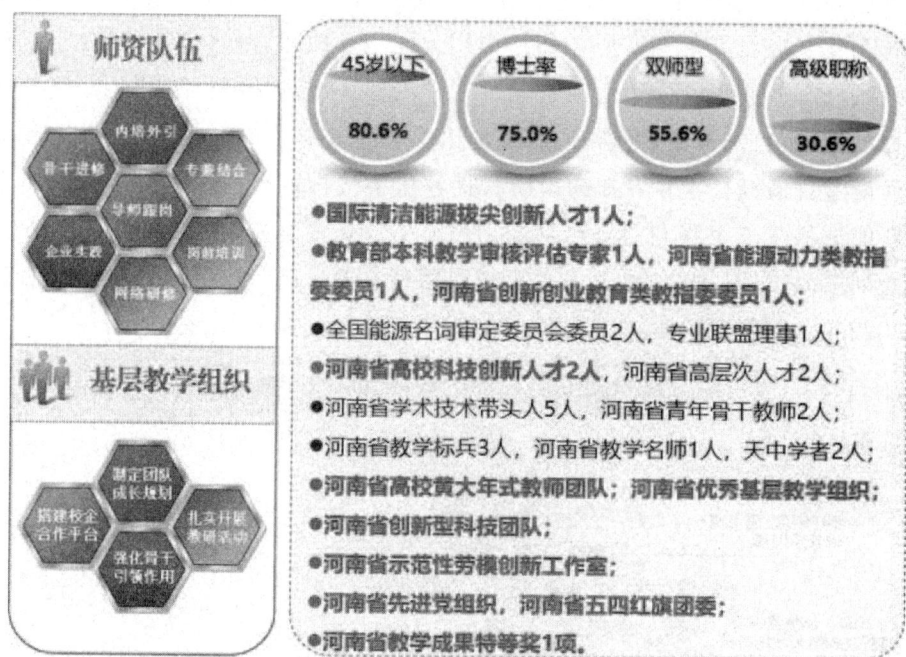

图5-10 双师教学，让学生动起来

（三）课程思政，让课程优起来

立德树人成效是检验学校工作的根本标准。能源工程学院挖掘能源企业中的思政元素，举办课程思政企业案例、教学设计比赛，激励教师创建课程思政示范课堂，把企业思政课打造成听起来能"解渴"、学起来引"共鸣"、品起来增"回味"的精品课（如图5-11所示）。

《光伏发电系统设计》获国家级一流本科课程，《能源工程与管理》获河南省一流课程，《工程合同管理》和《大学物理》获省课程思政样板课程，"大学生学习力提升训练营""礼塑人生大学生立德育人工程"分获省高校2020年优秀成果二、三等奖；教师罗鑫、闫守成获学校"课程思政"教学比赛特等奖、高海宁获一等奖，5名学生入伍后获"四有"好士兵，付鸿凯获中国大学生自强之星、"出彩河南人"最美大学生宣传推介优秀奖。"能动天下，源启未来"国情观察团入选国家级暑期社会实践活动优秀团队。

图5-11 课程思政，让课程优起来

（四）创新创业，让课堂活起来

基于OBE理念，依托国家太阳能光电建筑应用示范项目、国家级黄淮众创空间、河南省重点实验室、河南省工程研究中心等校内外平台，将企业工程项目、教师科研项目、学生创新项目引入实践教学，构建"理论教学—实验教学—工程训练—科研创新—企业实训"的跨域融合工程实践体系，培养学生解决复杂工程问题的能力。集聚创新创业教育要素与资源，在专业课程中融入创新创业项目和方法，将竞赛获奖、职业证书、论文专利、创业孵化等折算为学分，构建依次递进、有机衔接的应用型课程体系，具体见下图5-12。

近年来学生在省级以上专业竞赛获奖100余项，获奖数量和等级逐年上升；连续2年获得省级优秀本科毕业论文；学生获批大学生创新创业训练计划项目14项，授权专利73项，其中发明专利11项，实用新型专利62项；2名学生入选全国大学生创业英雄100强；《产教融合视域下"四平台五协同"新能源类专业人才培养模式的探索与实践》获全国"校企合作 双百计划"典型案例。

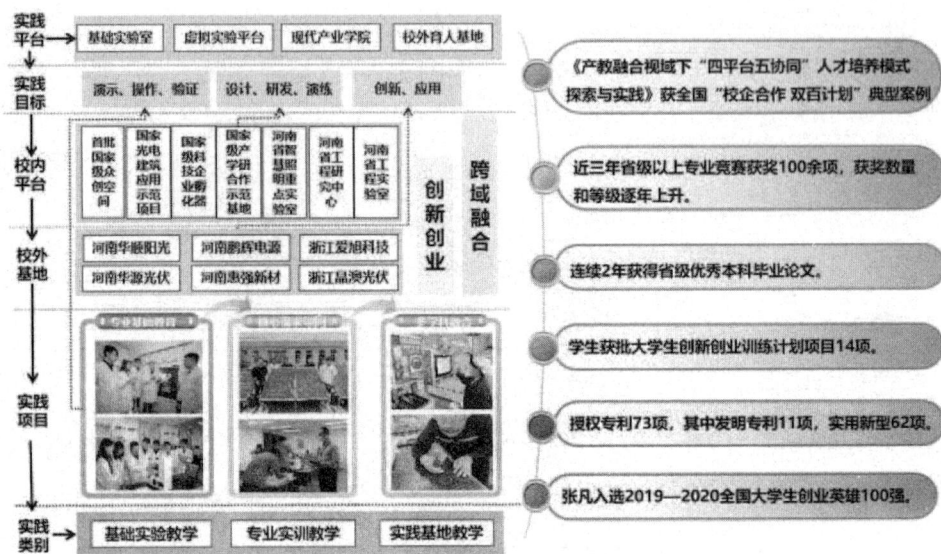

图5-12 创新创业，让课堂活起来

（五）学研结合，让特色亮起来

科学研究是大学的重要职能，也是人才培养的重要载体，更是评价大学教师学术水平的重要指标。能源工程学院以服务区域发展为主线，围绕产业办专业，办好专业促产业，坚持以研促教、学研结合的育人理念。与一流高校组建联合攻关小组，与地方企业成立驻马店市产教融合战略联盟和河南省新工科大学生校外实践基地，优势互补、承上启下，提高协同创新育人和服务经济社会发展的能力。

科研育人目标的实现离不开良好的制度设计，能源工程学院围绕师生科研项目申报、科研成果奖励、学科竞赛管理等制定一系列制度，用制度设计鼓励教师指导学生参与科研项目，提升学生的科研积极性和参与度，培养学生敢于创新、开拓进取、严谨扎实的科研作风。同时，以博士工作室建设提升科研育人质量，让学生在博士工作室课题组中培养集体攻关、联合攻坚的团队精神和协作意识。白柳杨博士指导的学生团队在第十七届"挑战杯"全国大学生课外学术科技作品竞赛"揭榜挂帅"专项赛中荣获三等奖，实现学校在此赛事上的突破；王银玲团队与鹏辉能源历时8年联合攻关，研发的光储一体化系统通过产学研优势互补和技术对接，实现了在太阳能转换和安全存储领域的贯通式研发和推广应用，获2021年河南省科技进步三等奖；刘文富团队与华源光伏历时9年联合攻关，获2022年河南省科技进步三等奖、河南省教育厅科技成果一等奖，为新型高效太阳电池设计提供了有力的技术支撑。学生考研录取率30%以上。就业单位中超过80%为中国能源集团、中国电建、国电投、中航锂电、比亚迪、吉利汽车、德国博世等央企、国企和行业龙头企业。

五、案例建设成效

（一）学科专业建设取得大发展

产业学院制定了目标明确、切实可行的学科专业建设发展规划，形成以新能源科学与工程专业为重点，以新能源汽车工程专业为新增长点，培育储能科学与技术、智慧能源工程等新专业，依托能源和汽车优势提升能源动力类专业人才培养能力。

2018年光学工程入选河南省重点学科，2022年能源动力入选黄淮学院特色重点学科；2017年新能源科学与工程专业教研室被确立为河南省优秀基层教学组织建设点，2019年新能源科学与工程专业入选河南省一流本科专业建设点；2020年获批新能源产业创新型应用人才培养国际合作项目，2021年新能源与网联汽车产业学院入选河南省示范校重点建设产业学院，2022年获批法国施耐德电气绿色低碳产教融合项目，2022年新能源科学与工程专业入选国家级一流本科专业建设点，《能源工程与管理》获河南省一流课程，《大学物理》获河南省课程思政样板课程；2023年《光伏发电系统设计》获国家级一流本科课程，《材料科学基础》获河南省研究性教学示范课程。

新能源科学与工程和新能源汽车工程在2021年度河南省普通高校本科专业建设阶段性评价中均排名第一；新能源汽车工程专业位列软科排名第12位，为B+专业；在最新校友会2023中国大学新能源科学与工程专业排名（应用型）中，黄淮学院新能源科学与工程专业位列第1名，荣得2023中国6★级、A++应用型专业，跻身中国顶尖应用型专业行列。

（二）师资队伍建设取得新突破

黄淮学院新能源与网联汽车产业学院实施"博士化、工程化、国际化"的"三化"工程。在博士化方面，目前学院博士40人，专业教师博士化率62.5%。在工程化方面，先后有18位教师取得了车联网、二手车评估、光伏、储能等工程师证书。在国际化方面，先后8名教师获国家留学基金委公派访学资助，分别赴美国、加拿大、瑞典和德国等国家访学。

学院先后获批河南省高校黄大年式教师团队、河南省创新型科技团队、河南省示范性劳模创新工作室、河南省优秀基层教学组织、河南省先进党组织等荣誉称号。其中，刘文富博士入选2018年国际清洁能源拔尖创新人才培养项目，全国共有50人入选该项目。在高层次人才方面，获批国际清洁能源拔尖人才1人，全国能源名词审定委员会委员2人，全国新能源专业联盟理事1人，河南省高等学校机械类、能源动力类、物理类专业教学指导委员会委员各1人，文明教师1人，河南省教育厅学术技术带头人3人，河南省高校青年骨干教师3人，河南省科技创新人才1人，驻马店市拔尖人才5人，驻马店市科技创新人才1人，驻马店市学术技术带头人1人。

（三）产教融合步伐明显加快

作为教育部应用技术大学改革战略研究试点院校、应用技术大学（学院）联盟副理事长单位、河南省首批示范性应用技术类型本科院校，黄淮学院高度重视新能源与网联汽车产业学院建设，支持其全面深化"产教融合、校企合作"，构建产业链、创新链、教育链有效衔接机制，促进产教科、校地企深度融合。

依托产业学院，黄淮学院已与河南惠强新能源材料科技股份有限公司、河南鹏辉电源有限公司、河南华顺阳光新能源有限公司、河南银泰新能源汽车有限公司等新能源产业链上、中、下游企业签署了战略合作协议，形成了教育和产业同频共振、融合互动的发展格局。

2021年11月12日，黄淮学院作为理事长单位成立驻马店市新能源产业产教融合战略联盟，共同探索产教融合、校企合作、工学结合、知行合一的共同育人机制。2021年12月能源动力类专业入选河南省新工科大学生校外实践教育基地。《产教融合视域下"四平台五协同"新能源类专业人才培养模式的探索与实践》获全国"校企合作 双百计划"典型案例。刘文富被驻马店市委、市政府评为优化营商环境先进工作者。

（四）科技创新能力显著增强

在平台建设方面，2017年获批河南省光电转换与控制技术创新型科技团队，2019年获批河南省新能源废旧资源循环利用技术装备工程研究中心、驻马店市应用等离子体物理重点实验室，2020获批驻马店市新能源物联网国际联合实验室、驻马店市新能源汽车关键材料及技术重点实验室、驻马店市多尺度结构力学重点实验室，2022年获批驻马店铁电新能源材料构效关系重点实验室，2023年获批驻马店市高效电机及先进驱动重点实验室，驻马店市新能源碳中和工程技术研究中心。

此外，新能源材料测试分析中心正式投入使用。依托重点产业学院，先后投入资金456万元，建设了新能源汽车实验室、智能网联汽车实验分析平台、动力电池研发与测试平台，新增科技创新实验室面积1215平方米，新增高端实验设备151台/套，科技创新条件得到极大改善。

同时，与河南鹏辉电源有限公司围绕锂离子电池的安全性和稳定性等关键技术，联合研发了高性能安全型功能电解液，该技术已应用于圆柱、方形锂离子电池电芯，荣获2021年河南省科技进步三等奖。与河南华源光伏科技有限公司围绕硅基高效纳米结构太阳电池及光伏组件应用技术联合攻关，荣获2022年河南省科技进步三等奖、河南省教育厅科技进步一等奖。

（五）人才培养质量显著提升

依托产业学院，设立了"新能源与网联汽车"微专业，2022年3月微专业开始招生，并纳入高水平应用型人才培养工程。"能动天下，源启未来"国情观察团获国家级社会实践活动优秀团队，"大学生学习力提升训练营"获省高校2020年优秀成果二等奖，多名学生入选中国大学生自强之星、全国大学生创业英雄100强、出彩河南人20强；在全国学科竞赛获国奖106项、获"挑战杯 揭榜挂帅"专项赛全国三等奖；教师指导学生获授权国家专利86项，其中发明专利18项，实用新型专利68项；考研录取率30%以上，就业单位中超过80%为中国能源集团、中国电建、国电投、中航锂电、比亚迪、吉利汽车、德国博世等央企、国企和行业龙头企业。

春风化雨，其乐未央；菁菁校园，生机勃勃。如今的能源工程学院正聚焦国家"双碳"战略，对接产业需求，强化专业特色、提升育人效果，顺势而为、主动作为，在星辰大海的科技征途上勇做探路者、实践者和引领者，用科技创新之举助力实现"双碳"宏大目标。

第六章　应用型本科院校的教师发展模式

高校教师发展是高等教育改革与发展过程当中的关键问题，它关系到改革与发展的具体执行力。随着改革与发展的不断深入，高校教师发展被视为回应来自社会各方问责的核心要素。高校教师的质量在很大程度上决定了高等教育质量，有效的教师发展是确保高校教育教学质量的重要途径，它对于高校发展的重要意义显然毋庸置疑。教师发展可以说既是一个需要在理论上阐明的问题，又是一个实践性很强的课题。

高等教育规模扩张让中国以最快的速度进入了高等教育大众化阶段，对"大众化"理论进行目标式的解读和实施使得我们在面对本国的实际情况时缺乏有效的应对策略。经过连续多年的扩招，高校在发展过程中逐渐开始分类分层发展，应用型本科便是在此过程当中不断明晰的高校定位类型。目前，虽然对于应用型本科所包含的高校有不同的看法，但对于地方本科院校尤其是大多数新建本科院校当属此类，人们已基本形成共识。新建本科院校在承担大量扩招任务的同时，各种矛盾和问题开始凸显，涉及方方面面，这些问题当中的任何一个似乎都不比教师发展问题更简单，但从关联性角度来看，教师发展从一个侧面反映与揭示了应用型本科院校发展所面临的现实困境，并试图为其找到一个关键点，因为"学校获得成功的内在机制在于教师"。现在越来越多的地方本科院校开始走上应用型本科的发展道路，这是基于现实考虑自身发展的选择，然而应用型本科教师及其发展中的一些隐性问题也开始逐渐暴露，应用型本科面临一系列严峻挑战。

第一节 应用型本科教师发展现状

一、应用型本科教师发展政策的缺失

政策之于教育改革与发展的意义非比寻常，然而，现行的高等教育政策和舆论导向一定程度上对学术型人才培养起了推波助澜的作用，与应用型本科教育相关的政策滞后于高等教育发展现状。政策作为外部制度环境对教师发展的影响深远，教师内在动力机制的发挥需要完善的外部环境作为支持，而"政府颁布的各种教育改革政策对教师工作的影响越来越频繁、直接"。作为教育政策核心构成的教师政策，其执行效力直接关乎整个"教育政策效能"的实现，教师政策是教育政策和人力资源政策的一部分，是政党、政府等政治实体在一定历史时期，为了实现一定的教育和人力资源目标任务而协调教师内外关系所规定的行动依据和准则。教师政策对于教师而言具有深层次的意义，科学合理的教师政策对于加强教师队伍建设具有重要的意义。教师政策的价值追求体现在不仅要促进经济社会的发展、促进教育的发展，更为本真的理念应该是促进教师的发展。20世纪80年代以来，我国大学教师政策的发展经历了逐步完善与日渐合理的过程，但出现了有关教师发展政策存在的突出问题："第一，大学教师政策中的政治论（工具论）主导现象；第二，大学教师政策呈现出"高端化，的特征。"我们试图对大学教师发展政策进行反思，并由此认为目前在我国大学教师发展政策繁荣的背景之下，在实践层面上应用型本科教师发展政策出现了"真空"现象，原因在于[①]：

（一）大学教师发展政策的一统性

政策从来都是国家意志的体现。虽然教师政策的价值取向在改革开放以来经历了巨大的转变，也日渐趋向合理，但体现以服从国家发展为要始终是主导思想。以国家发展为基本思想的教师政策的出发点更多是基于管理的角度进行设计的，以此为基点导致了政策的一统性，将整个国家的大学教师视为统一的政策实施对象。[②]事实上由于不同类型高校的办学理念与发展目标不同，其大学教师的发展也应具有各自的特点并采取相应的发展政策与制度。在宏观上，我们应该研究在制

①董晓红等.地方应用型本科高校实践教学体系研究［M］.北京：经济科学出版社，2020：99—100.

②吴建铭.新时代地方本科高校应用型发展研究［M］.北京：中国广播影视出版社，2023：167—168.

度和政策层面如何为大学教师发展提供有利的外部环境。从古代西方知识分子的诞生，到德国洪堡创建现代大学制度，大学教师这个职业历久弥新，属性日益复杂，职能日益丰富。大学教师发展具有自身内在的逻辑与规律，各种类型高校的不同教师个体发展需求各异。从国家发展需要出发的整体教师发展观及其价值追求存在"脱域"现象，即将教师从他们所处的特定情境中抽取出来，脱离了教师发展的具体环境。整体和统一的政策指导思想满足了国家对大学教师整体发展的需求，而大学教师发展的根本逻辑在于满足教师个体发展中的"人本性"和"学术性"。外部制度环境的一统性缺乏对教师发展个体需求的关照，使得不同教师个体的发展无法得到相应的保障。

（二）大学教师发展政策的"高端化"和"优异化"倾向

目前在我国的大学教师发展政策中，呈现出"高端化"和"优异化"倾向。

大学教师发展政策似乎更青睐于"211"或"985"等重点大学，这些高校的教师得到更多的重视。高水平大学的高水平教师无论是在评聘、晋升还是奖励方面都得到更多更全面的支持，相对来说，普通高校的普通教师则被忽略。有学者对我国五届国家级教学成果奖的评审进行了分析，指出"高等教育国家级教学成果奖励政策有利于研究型大学，而不利于非研究型大学；对普通教师关注不够"。诸如此类的政策体现在很多方面，出现了崇尚"高端"和奖励"优异"的倾向，仿佛普通高校教师的发展不值得一提。在学术系统最顶部凤毛麟角的高素质学术人员和处于系统底部的大批普通教师之间存在一条显著的鸿沟。高校教师发展是一个综合性、实践性很强的概念，不同层次、水平的教师需要得到不同的发展机会，如此才能整体提高教师的质量与水平。

应用型本科是我国高校发展的主体部分，承担了培养数以千万计专门人才的任务。高等教育大众化，带来高校普通教师的数量激增，他们的素质与水平亟待提高。应用型本科教师发展是高校教师发展的重要部分，它理应成为我国高校教师发展政策施行的主要对象，缺乏对这部分教师群体的关照反映了政策设计的缺憾。

（三）教师政策职能机构及人员的专业化程度欠缺

在我国，长期以来教师政策政出多门，教师编制政策出自政府编制部门，教师工资、教师职务、教师表彰等政策出自政府人事部门，教师教育培训政策出自教育部门。甚至在政府教育部门内部，也存在教师政策职能交叉。这种状况不利于教师政策体现一致的价值取向。教师政策制定的职能机构专门化程度不高、人员专业化程度欠缺，导致教师政策的制定在组织和人员上缺乏保证。建设高质量的教师队伍是我国当前教育政策的重点，然而缺乏专业化的政策制定人员则使政策的科学性、合理性难以得到保证。即便有很好的政策制定系统，但如果缺乏专业人员的操作，也很难将各级各类的价值诉求反映到具体的政策当中。高校教师政策在内容、程序上的一致与创新有赖于教师政策职能机构及人员专业化水平的提高，使他们更好地服务于相关政策的制定与实施。

（四）大学教师发展政策缺乏与院校的沟通

高校应该在大学教师发展政策的制定与执行中发挥重要的作用。高校与国家宏观教师政策制定部门之间的中间变量比较多，高校难以直接与政府政策制定部门发生相互作用，也不足以影响教师政策的制定，尤其是应用型本科高校。①国家教师政策的"高端化"与"优异化"取向让普通高校缺乏相应的渠道实现与政府政策制定部门的沟通，所带来的直接后果是政策无法反映普通高校、普通教师的价值诉求，导致政策的"精英化"（政策实施对象的精英化）。普通高校应不仅仅是大学教师发展政策的执行者，而且要主动反映各自内部教师的各种发展需求，及时沟通、影响政策的制定与实施，争取自身的话语权，改变政策实施过程的"精英化"。

应用型本科高校要主动寻求机会与政策制定部门建立沟通机制，多渠道影响教师政策的制定，及时反映自身发展需求，使政策更加和谐。

（五）应用型本科教师发展理论研究的不足（表层化）

应用型本科教师发展理论研究的不足体现在两方面：一方面，从客观上来说，应用型本科教育提出的时间不长，对它的研究更多是从经验层面来进行的，显得过于表面化，难以产生深入的影响和效果；另一方面，从主观上来说，研究者对教师发展的理论研究大多集中于研究型大学。正如斯蒂芬·鲍尔所言，"政策价值观不是游离于社会背景之外的"，因而基于我国大学教师发展现状的理论研究可为政策制定提供理论依据。目前，对应用型本科院校教师的关注不足，这本身造成了政策缺乏相应的理论观照，缺乏合理的制定依据。应用型本科教师研究是组成我国高校教师发展理论与实践研究的重要一环，它也是特定社会背景的真实写照，是教师发展政策制定的依托。

二、教师来源相对单一

《教师法》明确规定：取得高等学校教师资格，应当具备研究生或者大学本科毕业学历。《普通本科学校设置暂行规定》指出，普通本科学校的专任教师中具有

---

① 赵冰华.应用型本科院校优秀教学团队建设与管理［M］.南京：东南大学出版社，2019：101—102.

研究生学历的教师数占专任教师总数的比例应不低于30%，随着对本科高校设置的相关规定的出台，以及近年研究生招生规模的不断扩大，高校教师的学历层次提升迅速，应用型本科高校教师中具有研究生学历的比例逐年攀升。应用型本科高校在引进新教师时的基本学历要求都在具有硕士学位之上，大量高层次人才被充实到应用型本科高校，对学校师资队伍的合理化构建以及学校未来的发展无疑都起到了保障作用。但从应用型本科高校人才培养的视角来考察，应用型本科教师专业素质的独特性在单一化的教师来源取向下无法得到体现。因为，教师学历层次的提升，并非简单地昭示着应用型本科教师专业素质的提高。应用型本科教师专业素质的要求强调"具有丰富的行业企业专业实践经历""强调教师的应用能力"等等，但与此相适切的教师在直接进入高校的毕业研究生中很难找到。

当前，应用型本科院校教师以刚毕业的研究生为主的现状体现了在教师来源取向上的单一化。

（一）专业学位研究生培养制度不完善、不成熟

应用型本科院校当中，尤其是大量新建本科院校中的直接毕业于高校的具有研究生学历的青年教师比例非常高。从"校门到校门"的青年教师学历层次较高，但应用型教学经验匮乏，实践经验严重缺失。在当前我国的学制中，培养专业学位研究生的制度尚不健全。研究生学历从层次上来看，主要分为两个层次：硕士学位研究生与博士学位研究生；从类型上来看，分为专业型和学术型，专业型通常比较注重应用能力的培养，学术型则是以学术研究能力的培养为主。从现实情况来看，目前所培养的研究生大量是以学术型为主的，专业硕士和专业博士在量上非常少。这主要是因为，研究生（硕士和博士）的培养单位以研究型高校为主（具有研究生培养资格的高校）；此外，专业硕士和专业博士学位的学科设置非常少，只有少量学科存在专业学位研究生的培养。即便是专业学位研究生的培养也存在诸多问题，因为实践者对它的重要性和基本特征的理解远远没有到位，存在着严重的认识和实践偏差，导致了专业学位研究生教育发展的定位模糊、特色不彰。很多专业学位研究生的培养实践性与职业性不强，只是对学术性学位研究生教育的简单模仿。从学历和应用能力两方面来考量的应用型本科高校教师的素质要求，则需大量来自专业学位的研究生，如此便出现了应然与实然的相悖之处。目前，应用型本科高校中具有研究生学历的大多数教师都是学术型硕士和博士，从案例院校的抽样调查来看，随机抽取的150份问卷中，有60%来自研究型大学。专业学位研究生培养制度不健全意味着应用型本科教师的职前培养与现实要求缺乏适切性，这种"先天不足"造成应用型本科教师发展的一体化无法得到保证，只能更多地依靠后天（职后）的培养，无形中增加了在职培养的难度。

（二）业界人才难以在高校任职

高校在与企业界进行沟通、合作的时候，除了希望教师能够得到实践锻炼的机会，还期待能够将业界的精英引进高校，将更多实践领域的知识与感悟传授给学生，使得高校与企业界真正地"相互发生作用"。然而，政府并没有从制度层面给以支持，比如在职称评审、身份转换等方面还都无法实现两方面的自由转制，至少在目前的体制下还无法实现。高校与业界存在的大多数流动是单向的，反之则很难实现，即业界人才很难到高校任职，因为缺乏相关制度的保障，阻滞了业界精英的流向，大多数业界人士只能以兼职的身份甚至是尴尬的身份出现在高校。这对高校发展某些应用型极强的专业非常不利，缺少了实践领域专业人才的教学牵引作用。这也是客观上造成教师来源单一的重要原因。

（三）教师转型存在难度

教师是大学的基础和核心，大学组织的转型应以教师发展转型为基础。应用型本科高校的定位与发展，首先需要教师的转型与发展。应用型本科教师当以应用型教学与科研能力为核心，然而在现实层面，不论是新进教师还是原有教师在实现这一能力要求转型时都显得困难重重。

1.观念意识

观念是行动的先导，它引导人们前进的方向。应用型本科的发展理念不只是高校写进文本的口号，它更是一种实实在在的战略及理念，需要全体成员尤其是教师去努力践行。然而这种观念的转换并非一蹴而就，对于新进教师和老教师同样存在转变的难度。大多数来自研究型大学的硕士和博士带着研究型思维惯性进入应用型本科院校（以新建本科院校为主），面对提高应用能力的教师素质要求，一时很难主动接受"应用型"观念的转型，对所在学校的认可度不高；而老教师所面临的则是需要在旧式的框架中实现新型模式的使命，承担用新型的教育模式培养高质量的应用型人才的重任。由于应用型本科人才培养在各高校仍然处于探索和研究阶段，对于什么是应用型本科人才，应用型本科人才如何培养等问题还没有定论，这就进一步增加了教师对这一特殊类型人才培养的质疑与抵制。教师首先需要实现观念意识上的变革，并逐步内化，在实践中实现转型的第一步。

2.缺乏转型发展的氛围

应用型本科的提出时间并不长，这其中有高校基于自身发展的历史溯源和办学基础的定位，但也不乏跟风者，即仅从宣传和文本上进行"定位"，而缺乏真正的转型，因而可以说转型的氛围尚未形成。所有人才都需要有一个适应应用型本科教育科学定位的办学理念转变与素质能力提高的培养过程。对于教师来说，学校在相关制度层面上的措施是应用型理念落实的表征，它有助于构建教师转型的制度氛围。

3.新兴专业的教师培养存在问题

应用型本科院校紧密结合地方区域经济社会发展的需要设置或及时调整应用型新兴专业，这有利于高校自身的发展并促进当地经济的发展。但在新专业建设过程中，师资队伍的建设常常脱离实际，无法满足快速变化的市场对专业提出的要求，也即是新兴专业的教师培养存在大量问题。学校往往会片面迎合市场短时需求，缺乏长远规划，造成教师培养的难题，不论是新进教师还是老教师在实现转型时都难以应对需求。

德国应用科技大学对教师的要求是在职前资格不仅必须具有博士学位，而且必须具有相关领域5年的实践工作经历，在高校之外至少有3年的工作经验。目前，我国应用型本科高校在教师的准入资格方面更多的是强调学历层次，虽已开始对教师职前工作经历提出要求，但并不严格。因此，导致教师培养与发展的难度加大并位移至职后。

三、院校层面支持力度不足

有研究者指出，就世界范围来看，高校教师发展有五种基本模式：个人主导型、政府主导型、学会主导型、大学主导型和院系主导型，但无论是美国还是日本的FD（高校教师发展）都在加强以校为本和以院系为本的促进教师专业发展模式建设，充分发挥院系在此方面的领导能力。从现实层面来看，充分发挥大学本身所具有的资源的作用，促进教师的全面发展，应成为大学组织的重要职责，并且能够取得与大学组织目标有机结合得更好的效果。院校的支持程度将充分决定教师发展效果的优劣，而目前我国应用型本科高校在院系层面上对促进教师发展普遍支持力度不足，从以下几方面可以窥见：

（一）对政策形成依赖

政策对应用型本科教师发展所产生的作用毋庸置疑，教师发展需要政策的支持形成外部动力，但实践中如果过度依赖于政策，则会形成依附发展的状况。应用型本科是在经济社会发展到一定程度下出现的高校类型，在很多方面，政策目前还无法关照到具体的操作层面，但实践中院校又必须切实面对这些发展过程中所出现的问题。因此，高校不能只以等待的姿态期待政策的出台方才行动，而必须用动态变革的思维指导实践，实践的逻辑应是面向市场的现实需要。现实中，有相当多的高校在谈到自身师资队伍建设（教师发展）问题时都指出，国家并没有出台相关的专门针对应用型本科院校类型的教师政策，导致学校在教师发展问题上态度暧昧，过分强调客观原因。院校在这样的思维定式下产生了惰性观念，

"认为问题太难解决，没有足够的能力去驾驭，消退了解决问题的欲望"。在惰性观念指导下，院校产生了惰性行为，并不积极主动寻求有效促进教师发展的途径与方式，任由教师发展成为个体化行为，造成院校在教师发展当中的"不作为"现象，这自然也是院校在教师发展过程中的缺位，导致的结果是无法将学校发展目标与教师个体的发展需求统合起来。殊不知，宏观政策常常更多的是从管理与规范的角度来考虑的，它通过外在制度的规约确保管理的有效性和统一性，缺乏对具体院校实践的考察。

美国高校教师发展的经验告诉我们：美国没有全国性的高校教师发展法规制度，而是高校根据自身文化传统、学校使命、师生规模等条件，因地制宜地开展教师发展活动和项目。学校在实施项目时，力图将教师发展需要与院校工作重点相结合，实现组织发展与个人发展的有机结合。应用型本科院校在发展过程中往往以弱势的姿态出现，对国家政策"等、靠、要"的思想严重，对政策的依赖性过大，不利于主动性、积极性的发挥。院校从主观上没有承担起支持教师发展的职责，也不利于教师个体发展积极性与主动性的发挥。

（二）校长的教师理念尚未分化（与研究型大学校长的理念一致）

所谓大学校长的教师理念，即大学校长对教师的基本看法和认识。大学校长对教师所持有的理念影响具体的治校实践，影响大学教师的选聘、发展等，这是关系到大学教育质量和成败的关键因素。随着对高等教育质量的关注度日益提升，越来越多的应用型本科院校的校长认识到适切的教师对于学校发展的意义。基于对高等教育质量保障的要求，这些大学校长大都持有"灵魂论"的理念，即教师是学校发展的灵魂，教师质量与水平的高低影响到应用型本科教育质量的优劣。在"灵魂论"理念的指导下，大学校长理应在对教师素质的要求上更加强化独特性，并且重视教师发展方面的工作。但事实上，多数应用型本科院校的校长在选聘教师时盲目追随研究型大学，脱离实际，片面追求教师职前的高学历学位，忽视应用型本科院校发展的特点及对教师素质的特殊要求；在对待教师职后发展问题上，缺乏为教师创造适合发展的组织环境。教育组织行为学认为，一个学校发展驱动力的大小是由该学校的学术气氛、成就标准及个人尊重造成的。在大学教师个性一定的条件下，他们的行为及其效果取决于大学为他们创造的组织环境，而适合应用型本科教师发展的环境和氛围的形成则离不开校长教师理念的重要作用。

由此可见，当前应用型本科院校校长的教师理念尚未从传统的学术型大学校长的教师理念中分化出来，形成具有个性化的教师理念，这影响了应用型本科院校教师发展的诸多方面。同理，也影响了校长在治教方面所开展的行动。

（三）院校研究开展不足

院校研究是由专门的研究人员运用某些特定的方法对高等学校进行的科学化研究，是为学校的管理决策服务的一种专门的咨询研究。尽管国内外学者对院校研究的概念界定因角度不同而有所区别，但院校研究是一种基于本校的、以实践为导向的、直接为改进本校管理与决策服务的应用型研究，院校研究的具体问题当中一项重要的内容就是有关教师事务的研究，也即意味着，院校研究以其科学性和定量化的研究为教师发展提供支持和服务。在美国，院校研究已经在高等教育质量保证方面具有积极的促进作用。作为新生事物的应用型本科，其所具有的独特性要求院校要研究自己。教师发展作为应用型本科院校转型与发展的重要途径，以及应用型人才培养质量保证的重要因素，必须通过院校层面开展积极的研究，做出教师在质与量方面精确的分析，为科学、合理的决策服务。

目前，我国的院校研究现状是，两者的发展都不能令人满意。一方面是院校研究急需所在学校的大力支持，如研究经费、研究数据库的建立等；另一方面是大学的科学发展期待院校研究拿出有说服力的成果，即院校研究成果为决策提供坚实的理论支撑。同样，应用型本科在开展院校研究方面明显不足，表现在两方面：一是对院校研究的实践功能的关注与研究不够，院校忽视对自身实践问题的关注，而倾向于介绍国外院校研究的经验；二是所设院校研究机构的功能异化，并没有发挥为高校管理决策服务的功能。应用型本科院校研究开展的不足造成对本校教师关注度不够，无法对促进学校目标实现的教师发展献计献策。

（四）可获得的资源因素不足（主要是投入不足）

院系是教师发展的主要支持力量，它可以为教师发展提供大量的资源。教师发展活动开展所需要的资源因素包括资金投入、时间保证、服务支持等，这其中又以资金投入和时间保证最为重要。目前应用型本科院校在学校以及院系层面对于促进教师发展无论是从资金投入，还是从时间保障来看，都存在困难：首先，由于多数新建本科院校处在地级市，投资主体多为地级市政府，资金投入就取决于地方政府的财政状况。但"由于约一半以上的新建本科院校位于非中心城市或远离省会城市，经济发展相对落后，政府对学校投入往往不足"。学校自身发展资金的不足造成难以保证对教师发展的充分投入。此外，大量新建本科院校由于连续的扩招而忙于学校硬件的建设，无暇顾及软环境的投入，造成师资队伍建设的投入经费数量增长但比例减少的现状。根据一项调查显示，"关于教师培训经费，全国1088所样本高校，3年内（1999—2001）共投入经费53693.19万元，平均每所学校3年累计投入经费49.35万元。3年平均每所院校累计投入的教师培训经费，教育部属院校107.14万元，地方院校45.47万元"，地方院校在教师发展经费上的投入只有教育部所属院校的一半。其次，教师发展的时间难以得到保证。有研究者调查指出，"在三种层次的院校中（研究型、普通本科、高职高专），普通本科院校的教师对培训与进修制度的满意度最低。普通本科院校作为高等教育扩招的主要承担者，教师教学工作压力较大，从而挤占了教师专业发展的时间"。院系在教师承担教学科研任务与专业发展两者取向上明显倾向于前者，缺乏长远规划的意识，作为教师发展重要因素的时间无法获得保证，致使教师发展的后劲不足，影响深远。

（五）教学团队建设乏力

对应用型本科院校的发展来说，以教学为主体是其核心，因此，组建应用型教学团队非常重要。当前，很多应用型本科院校重点突出引进和培养学科带头人和学术带头人，将大量精力投入这方面并广为宣传，这无可厚非，但仅仅注重学科带头人和学术带头人的引进和培养是不够的，因为缺乏团队的带头人无法有效发挥自身具有的能量。院系在打造应用型特色的教学团队方面力度不够：首先，形成教学团队的意识不强；其次，缺乏对应用型本科教师教学发展重要性的认识。国家级教学团队是通过建立团队合作的机制，改革教学内容和方法，开发教学资源，促进教学研讨和教学经验交流，推进教学工作的传、帮、带和老中青相结合，提高教师的教学水平来建设的，这是目前层次最高的促进高校教师教学水平提高的途径，它以教师整体发展的方式促进高校教学水平的提升。国家级教学团队的创设和评审可以在促进高校重视教学以及高校教学队伍建设方面提供示范性经验，从评审的结果可以获知目前不同类型院校在高层次教学团队建设方面的努力与进展。

在2007—2009年国家级教学团队评审结果中，有关应用型本科（或地方本科院校）教学团队的情况如下：2007年103个国家级教学团队中有13个团队来自地方本科院校；2008年303个教学团队中有82个地方本科院校团队，2009年307个教学团队中有102个地方本科院校团队。研究结果显示，地方本科院校在国家级教学团队中的数量增长较快，但对以教学为主的地方院校总体来说比例不高，三年合计只约占教学团队总量的28%。有关国家级教学团队的评审虽关涉的其他因素众多，但从一个侧面可以窥探出地方院校（应用型本科院校）在高层次教学团队的建设上缺乏竞争力。

对应用型高校来说，必须倾力投入，注重教师人才梯队的建设，打造各层级包括国家级、省级和学校的特色型教学团队，充分形成教师重视教学、发展特色教学的氛围，不断促进教师以教学为主的发展，形成专业发展共同体。

（六）与地方合作的平台构建不到位

地区性院校与所在地区形成一种有意义的"相互作用关系"，高校的这种战略被称作为"相互作用战略"，这种战略主张是以社会一方为中心的"他方中心论"。应用型本科院校服务面向定位应为立足地方，服务地方经济社会的发展，解决当地面临的具体问题。因此，为促进教师应用教学与科研能力的提高，院校应该在构建与地方合作平台方面发挥重要的作用，将高校与地区紧密结合，发生相互作用，而且"以他方为中心"为教师搭建平台，创建实践锻炼的基地。目前，很多应用型本科院校已经意识到与地方合作平台构建的重要性，但由于在与企业合作的过程当中，企业的价值取向与高校有着本质的区别，因此，实践中有很大的难度。双方的沟通与交流很多时候流于形式化，并未产生实质性的效果。教师在企业进行的挂职锻炼常常由于时间较短、企业缺乏信任而导致教师实践应用能力的提高受阻，教师的实践教学能力也难以得到发展。在一所应用型本科院校，接受访谈的老师说："我去企业挂职锻炼的时间较短、只有半年，企业基本不安排实际事务。但挂职确实有助于教学，如果时间再长一些，可能效果更明显。"与地方合作平台构建不到位使应用型本科教育的重要途径——产学研合作受到影响。

四、教师专业发展组织缺失

教师的发展需要以一定的组织为依托，建立专门的高校教师发展中心，可以看作是高校对教育质量承诺的象征。国外高等教育发展的经验告诉我们，相应的高校教师发展组织如"教学卓越中心""教师发展中心"等机构的建立，可以有效促进教师的发展并提高人才培养的质量。我国当前的高校教师发展机构以面向全体的高校教师培训中心和师范与非师范高校为主，缺乏立足以校为本的教师发展组织的构建，这在很大程度上影响了教师对理论知识的实践深化和对实践知识的理论提升，教师的发展受到限制。应用型本科教师发展组织的缺失是基于三个层次来看的：其一，国家层面的教师培训体系需要转变理念；其二，基于不同类型层次高校的教师发展组织机构缺失；其三，高校的校本教师发展机构的设立普遍缺乏。对于应用型本科高校来说，当前最大的问题是校本教师发展机构的设立普遍缺乏。

20世纪70年代中后期，美国许多高等院校为了解决高等教育质量下降的问题，争相设立高校教师发展机构，通过提高教师在教学方面的水平以应对社会各方对高等教育质量下降的问责。而这些高校教师发展机构显然在美国高等教育发展过程中起到了重要的质量保障作用，如今在美国几乎每所高校都成立了适应本校发展需要的教师发展机构。高校教师发展组织所具有的功能是其他组织无法取代的，其作用为：第一，切实提升教师活力，促进教师的成长与发展；第二，适应本校实际需要开展大学教师发展活动；第三，为大学教师发展提供了组织保障；第四，促进了学校之间教师发展活动的交流与合作。

与美国相比，我国普遍缺乏以校为本的高校教师发展机构，高校有关教师发展的事务交由人事部门去处理，人事部门更多的是从管理的角度来进行。虽然可能突出了以组织需要为主的培训或发展理念，但忽视了教师自身成长和发展的需要，忽略了教师的成长是高校发展和高等教育质量保障的重要因素。行政管理的高效率要求与教师发展的长效性在现实中往往是相悖的，人事管理缺乏服务意识，不了解也不重视教师的需要，很多的培训活动达不到预期的效果，因此也无法实现经由教师发展所能达致的目标。

美国的很多教师发展机构隶属于学校行政管理职能部门，处于大学管理的中心位置，通常由教务长和分管学术事务的副校长直接领导，因此它们具有明显的优点：影响范围可以覆盖全校；直接服务于全校的需要；经费有充分的保障，也足以看出学校对教师发展的重视程度。我国高校教师发展活动常常是在行政管理部门的指令下开展的，以满足国家对高校教师的统一要求。缺乏专门的发展机构导致高校被动性大，教师发展缺乏对高校自身发展需要的思考。应用型本科高校作为新的高校类型，在其发展过程中并无成熟的理论与实践作为指导。彰显"应用型"的教学特色是教师教学发展的重要目标与内容，如何实现，不仅是教师而且是学校应该充分重视的核心问题，因此立足本校建立有效促进教师应用型教学与科研的教师发展机构有助于教师发展意愿的激发与转型，有助于高校凝聚力量将教学（人才培养）作为首务。

缺乏专门的高校教师发展机构导致教师之间沟通交流的平台难以建立，教师发展得不到组织的保障，使教师合作缺乏土壤。教师合作被作为连接教师发展与学校教育改善的桥梁而受到高度重视，教师合作对于教师发展具有重要的意义。应用型本科高校的发展首先需要教师的转型与发展，需要通过教师的合作来促进学校新型组织文化的形成、传授与变革。因此，需要通过构建平台一方面促进校内教师的合作与交流，另一方面使校际合作与交流成为可能。

五、教师评价体系导向错位

评价是对价值或意义的系统的调查研究。根据评价的目的一般可以将评价分为三大类：规划性评价、形成性评价和总结性评价。教师评价对于教师发展具有重要的导向作用，高校教师评价的本质功能旨在促进教师的发展，通过实施有效的评价活动达到教师在教学、专业发展等方面的改进与提升。然而，不同的评价所产生的结果及其派生的功能则迥然相异。有研究者指出，"目前我国大学教师评价的主要取向是'鉴定与分等'，彰显着教育行政部门、管理人员的意志，实现管理者对教师外在调控和经济制裁的目的"。无可否认，教师评价是高校实施的一种重要管理活动，但它并不简单等同于管理。仅仅基于管理的逻辑思考，将教师评价看作是一个价值判断的过程，则体现的是主客体的对应关系，并且是总结性的，而非评价者与被评价者共同建构的过程，难以达到教师评价的内在目的。"鉴定与分等"的评价取向使得教师被作为管理的客体与对象，遮蔽与消解了评价的最本质功能。应用型本科教师评价在实践过程中充斥着一些简单化思维及其带来的负效应。应用型本科院校在教师评价实践中普遍存在以下问题：考核定位不适应建设应用型本科院校的办学定位和管理目标，现行的教师考核定位模糊，未能与应用型本科院校的办学定位、发展战略、办学宗旨相结合；考核指标体系与应用型本科院校特征相适应的针对性，很大程度上仍然沿用研究型大学的指标体系，以教学、科研为主，缺乏针对应用型本科院校特征的生产实践、掌握新技术能力和社会服务等考核指标；考核方法技术停留在定性方面，未能采用统计分析和利用计算机技术，借助量化的手段提高考核的效率和效果；考核周期与应用型本科院校教师队伍培养特点不相匹配，目前的考核一般是一年一次，而应用型本科院校鼓励教师每隔一定年限到相关行业企业参加实践，鼓励教师与行业企业合作开展科技研究和工程项目，这些很难在年度考核中准确反映教师的实际业绩。应用型本科教师评价本身所具有的复杂性使得操作过程产生了很多缺陷，影响了教师发展目标的实现。

（一）应用型本科教师评价复杂性分析

教师评价作为高校人力资源开发与管理的关键和基础，可以较好地配置高校人力资源，促进师资水平和高等教育质量的提升。应用型本科教师评价自身所具有的复杂性在现实中影响着具体的操作，对它的研究必须基于其复杂性的特点来进行，有效的分析有助于评价的实践探索。

1.应用型本科教师评价环境的复杂性

开放的复杂巨系统理论将社会组织视为置身于"环境"这一更大系统内的一类系统。组织与环境是相互作用的关系，任何组织的活动都不能脱离环境的作用，组织的内外部环境对组织内部的活动产生重要的影响。高校作为特殊的社会组织，从外部环境到内部环境都对其发展产生重要的影响，它们相互联系、相互作用。教师作为组织内部的成员，其发展必然受到组织环境的影响。

外部环境的影响。高校组织的发展脱离不了特定的历史发展阶段，外部社会的政治经济发展对高校组织内部的成员同样产生作用。外部社会的变革对应用型本科高校的发展目标不断地产生影响，应用型本科必须主动适应经济社会的发展目标，及时调整自身发展目标，尤其是对地方经济的发展要有敏锐的、前瞻性的观察力。大学的发展目标定位是决定高校教师考核的重要因素，因为高校的战略发展目标是通过层层分解最终由教师来完成的。此外，高等教育改革与发展的现实对应用型本科院校不断产生新的要求，这同样影响教师评价活动。

内部环境的影响。外部环境对教师评价产生间接的影响，应用型本科院校的内部环境则对教师评价产生直接的制约作用。高校组织的独特性决定了教师评价的特异性，应用型本科作为不同于以往学术型本科的院校类型，内在地决定了它具有特殊的文化氛围和更为复杂的制度环境。它对教师的价值取向、目标愿景、内在素质等都产生了不同的影响作用，有别于学术型本科和职业技术型院校，而这些对教师评价产生了深层次的意义。

2.应用型本科教师评价的复杂性

（1）评价对象具有复杂性。从应用型本科教育来看，其教师的内在素质要求区别于学术型本科院校的教师，评价对象要基于特殊的组织环境来考察。除了从整体来看的素质要求之外，高校教师个体也具有独特性，不同的需求形成了教师不同的个性，不同的学科专业也形成了巨大的差异性，因此，评价的对象具有复杂性的特点。

（2）评价目的具有多重性。高校教师的评价具有多重目的。首先，就评价的一般意义来说，它是一种管理手段，具有激励与引导教师行为的功能；其次，教师评价的结果是教师评聘的重要依据；再次，教师评价对于教师发展有重要意义，这也是评价最深层的目的所在。

（3）评价内容的特色性。从高校所承担的社会职能来看，高校教师评价理应包括教学、科研、为社会服务。应用型本科教师评价在内容上要突出其与地方经济社会的"相互作用"，因此，无论在教学、科研还是在为社会服务方面均需体现"应用"特色。评价教学要突出实践教学以培养学生的应用能力；科研评价要体现应用型研究的开展能力；为社会服务的评价则需彰显教师应用知识解决现实问题的能力。三方面的内容构成应用型本科教师评价的综合性框架。

（二）应用型本科教师评价的缺陷

由于评价内外部环境的影响，应用型本科教师评价在评价对象、评价目的和评价内容上具有自身的复杂性特征。当前应用型本科教师评价的状况存在着诸多缺陷。

1.评价目的的简单化

关于教师评价的目的，理论界盛行这样一种观点："奖惩性教师评价制度和发展性教师评价制度是两种目的截然不同的教师评价制度，两者不能合二为一地加以运用。"现实中，大多数高校在实施教师评价活动时持有这种观点，应用型本科院校也不例外。

奖惩性教师评价着眼于教师绩效责任的落实，它通过外在评价制度的设立与执行试图达到加强绩效管理、提高办学质量的目的。发展性教师评价是以通过评价活动的实施促进教师发展为目的，实现教师与学校、个人与组织的共同发展。将绩效责任与专业发展作为对立的评价目的进行设置，在现实中规制着评价的两极方向，这种非此即彼的定位最终将评价目的简单化。

现行的应用型本科院校教师评价很难与办学定位、发展目标相结合，片面追求通过教师评价达到加强绩效管理的目的，将通过评价促进教师发展的价值追求对立于绩效管理。很多应用型本科院校为了促进学校发展目标的实现，单纯将之作为追求有效管理的手段，忽视它在教师发展方面所具有的功能。奖惩与发展并非对峙而不可融合的，它是教师评价的两面，有效融合才能更好地实现评价目标。

2.评价主体多元化中的失调

随着高校教师评价的深入开展，评价主体的多元化趋势已经成为主流。

为了回应来自利益相关各方的问责，学生、同事、管理者、教师个体（评价对象自身）等方面综合形成评价主体，它克服了单元评价主体的局限。然而，要兼顾尊重教师的需要与选择，体现"以促进教师发展为本"的评价理念，在多元化评价主体参与的情境下，协调多元评价主体之间的关系显得困难重重。应用型本科院校为了使与社会的联系更加密切，尤为关注来自学生的评价，学生评教成为重要的一元。学生评价在现实操作中时常让教师难以适从；管理者评价的出发点渗透了工业主义的"质量"观，缺乏人文关怀，常常将量化标准的思想、理论付诸教师评价的实践。在这多元主体参与的评价过程中，应用型本科院校常常顾此失彼，难以调和各方来合理评价教师。

3.评价内容脱离应用型

应用型本科教师评价具有自身复杂性，体现在评价内容上就是如何在教学评价、科研评价和服务评价中彰显"应用型"。应用型本科教师评价的现状是：强调科研评价的导向遮蔽了"应用"特色，脱离应用型本科发展的现实目标，将教师发展引向研究型，包括评价定位模糊，甚至自相矛盾。很多地方本科院校的发展定位于应用型，但教师评价却依然侧重于基础研究能力的考核，与发展目标相悖；评价指标体系沿用研究型大学的，未显示出区分；教师参与实践挂职锻炼的经历难以与评价结合，未能较好地促进教师发展。比如说，在有的本科院校的教师评价中，为社会服务的评价被异化甚至缺失；科研评价只注重发表在核心期刊上的论文数量而缺少对其产生的社会效应的期待，等等。教师评价内容与其他类型高校没有实质上的区别，更无法谈及实现应用型本科教师发展的目标。

4.缺乏分类评价标准（多元化与统一化的矛盾）

教师评价标准是学校管理者对教师的期望，是教师工作的方向和准绳，也是教师争取达到的预期标准。应用型本科教师评价的复杂性要求评价标准的设立要基于复杂性的特点来考虑：首先要基于应用型本科院校的发展环境。其次由于高校是不同学科专业教师的集合组织，因此标准需多元化，即依据不同类型教师设定分类标准。再次，统一的评价标准设计的出发点是什么？是为了达标，还是为了更好地促进教师发展？科学的评价标准应该能够体现教师行为的区分度，促进教师在标准上引导自己主动反思，以取得更好的发展。当前，还没有建立一个适合应用型本科高校层次的评价指标体系，更无法实现对应用型本科教师多层次、多方位、多角度的合理评价。评价侧重关注的是两极教师，即优秀教师和不合格教师，这两者在数量上都是极少数的，而忽视了大多数教师的发展。教学、科研与为社会服务的评价标准大都采用"拿来主义"，没有体现应用型，分类的标准缺失。

5.评价结果的运用不当

不同评价结果用于不同的目的，管理者对评价结果的关注远胜于对教师个体的尊重。管理的思维是基于绩效考核，对多元评价的结果缺乏理性分析与思考，造成评价导向不明。评价结果应该是对评价目的的印证，然而，评价结果常常背离初衷，运用不当，无法实现最本质的目标。

第二节　应用型本科教师发展面临的挑战

社会的不断发展引起高等教育发生变革，不断变化的外部环境对应用型本科教师提出了诸多新的要求，对于他们来说，这些新的要求既是挑战也是资源和机遇。为了应对新的挑战，应用型本科教师必须主动面对，并且通过发展满足来自各方的要求。高校内外部的变化与影响因素直接关系到教师，应用型本科教师所面临的挑战是复杂且动态发展的。

一、多元的学生群体

高等教育规模扩张让来自不同社会背景的适龄青年有机会进入高校学习，接受高等教育。从整个接受高等教育的学生群体来分析，多元化可谓是重要的特征之一。多元化的高等教育对象，也使得高校面临更多实践中需要解决的问题，同样也让承担教学的教师面临更多现实的挑战。如今，多元化已不仅仅成为整个接受高等教育的对象所具有的特征，它俨然成为不同类型高校所共同面临的学生群体的重要特征。应用型本科作为拥有在校学生数量最多的一类高校，它面对的学生群体更加具有复杂性和多元化的特征。首先，高等教育对象选择的多元化。应用型本科既是高等教育自我发展需要的产物，也是社会发展需要直接刺激的结果，是高等教育自我选择和社会选择双向和双重作用的结晶。接受应用型本科教育的学生作为选择的主体既有主动选择的结果，也有被动选择的事实，因而造成学生群体在选择上的多元性与复杂化。应用型本科人才同样也是应用型本科院校与学生双向选择和双重作用的结果。

其次，学生群体教育需求的不同。现实的结果是选择了接受应用型本科教育的学生群体所具有的教育需求不同。这其中包括：由于对应用型本科教育不了解而盲目选择的学生群体，他们的教育需求具有不确定性；为了就业而进高校的学生；为了升学而选择暂进这类高校的学生，他们期待获得与传统学术性本科相似的教育；为了获得更多的应用型能力而主动选择应用型本科高校的学生，他们的教育期待是学会更多运用知识分析问题解决问题的实际应用能力，等等。持有不同教育需求的学生群体必然抱有不同的教育期待，形成不同的影响应用型本科教育实施过程的重要因素再次，学生心理特征的不同。基于选择的不同和教育需求的不同，应用型本科院校的学生心理特征具有多样化的特点。这些不同的心理特征表现在教育教学过程的各个方面，不仅影响学生获得教育结果，也影响教师的教育过程。基于多元化的学生群体所具有的特征，教师面对的是每一个现实的、需要发展应用型能力的个体。在应用型本科教育过程中，教师与学生之间需要良好的合作与沟通，便于更好地实施应用型教学，在实践中提高学生的应用型能力。应用型本科教师发展的实质目标是为了更好地促进学生学习，提高学生专业应用能力，因而教师发展要切实以多元化的学生群体作为考量对象，选择能够多方面促进不同学生学习的专业发展方式与途径。

二、应用型本科与区域社会的相互作用

从理论与实践上来说，高校与区域社会之间是密不可分的。教育机构的边界应该是柔性的，拓展边界的任务至关重要。学校并不是在真空中生存的，学校理应根植于社会脉络之中，而且这种社会情境对课堂的影响力不容低估。高校与区域社会的相互作用是指高校与地方政府、社会以及市场之间的关系，应用型本科院校与区域社会之间的互动与关联为应用型本科教师发展设置了重要的外部环境，为应用型本科教师架构了发展的现实基础。

（一）应用型（地方）本科院校与地方政府的合作与冲突

应用型本科院校大都立足于地方，地方政府在财力、人力和物力方面的支持是其赖以生存和发展的基础，两者的有效合作可以促进应用型本科院校的蓬勃发

展。但由于高校与政府倡导不同的理念与逻辑，地方本科院校的办学者与地方政府的管理者之间的冲突也是现实存在的。地方大学与地方政府的关系极大地影响着大学的发展。地方政府作为的程度，影响地方大学发展的速度和方向。

　　无疑，得到地方政府支持是应用型本科院校发展的必要条件，形成回应政府需求的机制是应用型本科院校赢得机会蓬勃发展的重要因素。地方政府与地方高校的合作体现为双方"相互作用"的发展模式，彼此通过沟通与合作从而达到共赢。地方政府在人、财、物方面的支持成为地方高校发展的重要基础，必要的时候还可以通过政策进行相应的扶持；地方高校在赢得发展的同时又为地方政府的"政绩"增加收益，地方政府的重要收益之一是当地高等教育毛入学率的提高；除此之外，高校还直接为地方政府提供智力支持。[①]接受笔者访谈的一位应用型本科院校的Y处长说："我们认为地方高校依托地方，要加强与政府的联系，通过各种社会资本为地方高校的发展创造环境。事实上，我们学校在发展的过程中一直受到了来自市政府的关注与支持，学校的蓬勃发展与当地政府是密不可分的。"诚然，两者之间的联系并非单向度的，而是发生相互作用。实践表明，应用型本科院校要形成"以他方为中心"的理念，摆脱"以自我为中心"的发展思路，构建回应"他方需求"的机制，为发展营造良性氛围。

　　在地方大学治理过程中，政府无疑是众多影响要素中最为重要的一极。政府的角色定位规制着高校的定位与发展方向。社会转型背景中教育管理滞后于教育发展，政府管理逻辑与大学发展逻辑的矛盾甚至冲突，也许是产生问题的原因。地方大学应用型的定位与发展是在多方需求作用之下选择的路径，它的发展与政府固有的管理本科院校的模式在实践中产生了某些矛盾甚至是冲突，即为教育管理明显滞后于教育的实践，政府以往的管理经验与新的高校类型产生了诸多不适。政府相应的改革与角色的转变为地方大学的发展以及实现两者的合作提供重要外部条件，即政府必须由原来的举办者、办学者、管理者向资助者、协调者与质量监控者转变，改变以往高校与政府之间的关系模式，重新厘定两者之间的合作框架。处于转型时期的地方大学与地方政府正在积极改变与构建新型的合作关系，并且初见成效。应用型本科院校与地方政府之间合作与冲突的现实存在是教师发展的实践基础，如何更好地实现有效合作，规避冲突成为未来两者之间关系发展的重要挑战，也是实现应用型本科教师发展所必须面临的客观形势。

---

　　① 王斌，丁煦生．"两化"教学模式在应用型大学人才培养中的探究和实践［M］．北京：北京理工大学出版社，2021：127—128.

（二）人才培养与市场供求关系

改革开放以来，我国高等教育发展的历程告诉我们，高校培养人才与劳动力市场之间的对接发生问题，尤其是扩招以来，两者的矛盾突出显示在人才供求结构与规格的错位上。有研究者经过分析认为，"20世纪90年代中期以后，理论型人才开始供过于求，而应用型人才仍然有很大的需求"。市场对应用型人才的需求与传统本科培养目标的理论化、学术化的单一发展形成失衡，而对地方社会（市场）需求做出合理判断和有效回应是应用型本科的主要特点之一。地方本科院校对人才培养与满足市场需求之间的错位应承担必要的责任：长期以来缺乏对市场的考察与调研，盲目形成自己封闭的发展思路，导致人才供求结构与规格发展错位。应用型本科的定位与发展是在传统本科教育模式不能满足地方经济社会发展的背景中生成的，因而政府和社会主要以大学对地方需求的满足程度来判断大学存在的价值，并决定支持大学的方式和程度。一直以来，在各种主客观条件作用下，中国地方本科高校人才培养并未能很好地与地方社会、市场紧密结合，使得错位问题逐渐凸显，这既违背了社会与市场的逻辑，同时也违背了教育自身发展的逻辑。积极形成对社会需求敏锐回应的机制，改变传统大学缺乏为地方经济社会发展服务的状况，这既是地方经济社会所急需的，也是应用型本科发展所需要解决的。

面对院校发展战略的改变和社会需求回应机制的建立，应用型本科教师同样要面对市场的变化与需求，主动适应人才培养目标的变革对教师发展的独特要求，调适自身发展目标与院校发展目标的契合度。

（三）应用型本科院校与社会的双向参与机制

正如有的学者指出："世界上没有哪一个国家像美国这样在学校与社会双向参与机制方面有如此悠久的历史和经久不衰的动力。"在学校为社会服务、与社会合作的同时，社会也积极活动，一方面向学校输入动力；另一方面影响、干预甚至左右学校的事务，从而在社会对学校的关系上建立起卓有成效的参与机制。[①]高校与社会之间的紧密联系是双方赢得共同发展的重要原因。高校在参与社会发展的同时日益成为社会的"轴心机构"，它是社会发展难以缺失的部分。直接为社会服务是高校的重要职能之一，高校通过为社会服务、与社会合作不断获得社会的尊重，同时接受社会对高校的影响。潘懋元教授曾指出："为了适应市场机制，高教管理似有必要向社会开放，吸收社会人士、企事业家参与高校以及地方教育的咨

---

①刘海蓝.地方本科院校人才培养模式的变革与转型［M］.北京：中国经济出版社，2020：115—116.

询与决策。"应用型本科立足地方，为区域社会的经济与文化发展提供更为直接的动力。社会的发展将以最直接的信号反映到高校的发展变化当中去，应用型本科基于"应用"的特殊性应更为积极地回应来自社会的各种挑战，包括对应用型人才培养的要求，加强与社会职业界的联系，提高社会各方尤其是企业家在应用型本科人才培养当中的作用。1998年联合国教科文组织发布的《21世纪的高等教育：展望和行动世界宣言》提出："高等教育应加强与职业界的联系，让职业界的代表参与高等院校的管理工作，不断为师生增加国内和国外当学徒和边工作边学习的机会。职业界和高等院校之间要进行人员交流，紧密结合生产实际，修改课程。"为满足工作需要，高等教育系统和职业界应当共同制定和评估学习过程、衔接性课程计划以及对以前学业进行评估和承认计划，使之融合于理论与培训之中。应用型本科与社会形成双向参与机制是构建"应用型教师发展"平台的重要氛围，教师发展"应用型"水平的提升是实现应用型人才培养目标的重要保障。

三、知识社会中的大学教学变革

随着时代的发展，知识社会的出现带来了经济增长模式的变化，"资本主义"渐渐被"知本主义"所代替，而知本主义更加强调变革和创新，给社会发展带来了无限生机。知识社会中，对知识的强调已经到了无以复加的地步，然而同时又重新引发了人们对"什么知识最有用"的现代思考。高等教育在承担知识传播、创造功能的同时，如何面对社会变革所带来的影响与作用？知识社会中的高校教师在教学过程不仅要促进和发展知识社会，还应超越知识社会，积极培养学生发展学习和应对变化的能力，使他们在未来面临新的经济发展机遇时能够做出快速灵活的反应，具有很强的适应能力和自我再培训能力。Homer Dison说，知识社会所需要的是独创性（ingenuity）。不同于以往的界定，他将独创性定义为："能够用于解决实际的、技术的和社会问题的理念。独创性不只包括真正新的理念——这种新理念通常称为'创新'——独创性还包括这种理念：虽然不是非常新奇但很有用。"这种"有用"的"独创性"理念为我们理解知识社会中的大学教学拓展了视界，提供了全新的、发展的教学意识。在社会对应用型人才广泛需求的今天，高校教学已经不再单纯是基于纯理论的学科知识的传播与创造，它日渐拓展为多层次、多样化的教学形式与内容，既有对创造与创新的需求，也对应用型提出了更多的要求。应用型本科教学目标是为了积极培养学生更具适切性的专业应用能力，教师发展则是为了促进这一目标的达成。这是对知识社会中多样化的大学教学变革最为直接的反映。同以往的教学相比今天的知识社会所进行的教学在技术上更加复杂，所包括的范围更加广泛，这种教学需要"以对于不断变化发展的有效教学的研究作为基础和经验"。

不仅在教学技术上，而且在更加广泛的领域，包括教学内容、方法和形式，也应进行适当有效的教学研究。虽然我们需要更大的社会独创性，尤其是在今天的复杂世界中，但我们所能创造的独创性却远远少于对独创性的大量需求。这被 Homer Dison 称为"独创性鸿沟"。社会对各种能够运用知识有效解决问题的应用型人才的需求与高校人才培养活动之间形成鸿沟，高校无法满足知识社会对人才的定位与需求。因此，知识社会中对各类型人才培养的教学需要促成教师教学发展的变化以及承担变革的责任。

知识社会中的教师被称为"催化剂"，大学教师必须重新建立自己的新的专业地位，使自己能够通过教学教会学生运用专业知识分析问题和解决问题，提高社会对应用型人才的认识。知识社会的复杂性与迅速变化使得教师无法通过自身独立的教学工作与学习实现发展的目标及其教学转化的目标，必须通过构建专业学习共同体实现教学与专业发展水平的提升。

知识社会中的大学教学变革对应用型本科教师来说挑战与机遇并存：一方面，知识社会对大学教学变革要求高校教师内在地适应这种变化，并积极地投身于学习与发展活动，提高自身的发展水平回应应用型人才对教师的素质要求；另一方面，知识社会的到来对"独创性"的重新审视与解读意味着对运用知识解决问题能力培养的重视，也就是说应用型人才培养的理念在转化为实践的过程中得到了时代的积极响应，对应用型本科教师发展来说机遇与挑战同在。应用型本科教师需通过积极的持续的专业学习、变革传统的教学方式、构建专业学习共同体的平台等途径实现教学水平的提高。

只有进行教学的转型，教师才能创造新式的课堂，教会学生适应这个新世界，学会获取和使用信息等资源。作为应用型本科人才培养的核心，应用型教学（尤其是实践教学）是培养人才解决问题能力（独创性）的重要途径，因此应用型本科教师发展的核心是教学发展，并围绕这一核心开展发展活动与项目。

四、高等教育质量提高的障碍

社会的发展对各类型、层次人才的需求不断引发人们对高等教育发展的思考，高等教育改革与发展的深入使得对提高人才培养质量的诉求凸显。

社会需要高质量的各层次与类型的人才，高校需要随着社会的根本变化发生相应的改变。然而，许多的高校却忽视变化，拒绝变革，依旧沿用传统的模式，维持着现状，这成为制约高等教育质量提高的因素。

随着对院校发展的重新思考，如今越来越多的地方本科院校提出"应用型"的办学理念。然而，很多的地方本科院校也仅将其作为口号提出，并未朝着"应用型"发生实质性的改变。应用型本科的培养目标是以强调应用为目的的应用型人才的培养，围绕培养目标所展开的是系统的变革。它不仅是课程方面的改革，还关涉教学内容、教学方式、教材和师资等方方面面，甚至是一种教育范式的转换。应用型本科教育的纵深发展使得大量问题不断出现，它影响着应用型人才培养质量的提高。有学者认为，"目前应用型本科教育的课程改革凸显了这样一些倾向：①基础主义：强调理论知识的厚实，主张理论知识不仅要有足够的深度，而且要有足够的宽度；②学科主义：强调课程内容选择的学科取向；③训练主义；④形式主义"。应用型本科在课程改革方面不合理的倾向阻碍了教师对应用型课程的实施，作为促进应用型教育课程实质性变革动力的教师受到了极大的影响，甚至教师自身也受到传统学术性本科教育模式惯性的影响，认为"本科教育应该如此"，这将妨碍教师对应用型本科教育的反思。教师所面对的挑战是需要在旧式的教育框架中实现新的使命，教师必须抗衡各种维持现状的力量。

目前，大量的应用型本科院校和传统本科学校一样，提倡"以学科建设为龙头""加大学科带头人的培养力度"等，摒弃应用型本科面向行业培养专业人才的目标，"学科建设第一，专业建设第二"，高校教师似乎也带有"一种学科情结而少有课程情感，学科意识浓厚而课程意识缺乏"。这与应用型本科的培养目标相悖，使得人才培养以学科知识为核心，忽视行业对专业的实际要求，脱离了社会与市场的需求，培养人才的最终结果与传统本科无法显示出区分度，难以适应应用型本科教育质量提高的目标。

应用型本科教师还受到传统专业发展模式的影响，忽略了基于应用型的发展内涵所具有的独特性。应用型本科教师发展应注意：应用型本科教师发展的核心是促进教学发展，尤其是体现应用型的实践教学水平的提高；科研发展的重要内容是重视应用型研究的开展，而不是纯理论的基础研究个人在合作、交往、沟通能力方面的提高也可以有效促进发展。

应用型本科教师发展面对来自各种维持惯性的强大势力的挑战，在促进应用型本科教育质量提高方面存在诸多的障碍。因此，教师必须超越学校的传统结构和功能，变革既有模式带来的负面影响，不断加强教师发展应用型的意识以及形成独特的应用型本科教师发展模式。

第三节　应用型本科教师发展的求解之道

在影响学生发展的诸多外在因素中，教师因素显然是第一位的。因此，无论是哪一层级的教育，也无论是哪一种类型的学校，都十分重视教师发展与教师队伍建设。近来，伴随着"建设人力资源强国"战略目标的提出，大力发展应用型本科，为社会各行业培养适用人才，日渐成为我国高教理论与实践的焦点。毋庸置疑，就理论层面观之，应用型人才的培养，同样必须把教师发展置于突出地位，通过加强应用型本科教师发展研究，为造就一支高素质的应用型本科教师队伍提供坚实的理论支撑。而从实践层面来看，一些本科院校业已开始探索创办应用型本科，然而在办学过程中，教师队伍问题却往往成为制约应用型人才培养质量的瓶颈因素。由此可见，开展应用型本科教师发展研究，既是深化应用型本科教育理论的应然需要，也是高等教育现实发展的必然诉求。

一、应用型本科教师专业素质的理论推导

从理论逻辑来看，探究应用型本科教师发展，首先需要回答的基本认识问题是，一位高校教师如何才能成为应用型本科教师？换言之，一位合格的应用型本科教师，应该具有哪些特殊的专业素质？对此问题，许多学者倾向于认为，在高等教育视野中，人才培养取向的特殊性决定了教师发展的特殊性，由应用型本科人才培养的规格要求，可以推导出应用型本科教师的素质特征。因此，探究应用型本科教师的素质特征，理应先深入分析了解应用型人才的培养规格。

综观现有的研究成果，有关应用型本科人才培养规格的理论基础，主要来自1997年联合国教科文组织修订的《国际教育标准分类法》。在《国际教育标准分类法》，其第5级教育相当于我国大学的专科、本科和硕士生教育。第5级教育有5A和5B两大类，5A是理论型的大学教育，相当于大学本科教育；5B是实用技术型教育，相当于我国的高职高专教育。而5A类又可以具体区分为5A1和5A2两种类型。其中，5A1按学科分设专业，通常是为研究做准备的，相当于我国研究型、学术型本科教育；5A2按行业分设专业，一般是指从事高科技要求的专业教育，培养各行各业的高级应用型人才。当前，我国高教界所探讨与实践的应用型本科，就相当于5A2类教育。这类型的特点是：按行业分类，培养的是民法律师、教师、工程师等等。具体说来，应用型本科教育所培养的应用型人才应该符合以下一些规格要求。

第一，宽广、先进的知识系统。应用型人才属于行业专门人才，而非岗位专门人才。所以，应用型本科的专业设置口径通常较大，在某一行业范围内，应用型人才往往可以胜任多个工作岗位。有鉴于此，应用型本科一方面注重通过系统扎实的基础理论知识学习，培养学生宽广的、跨学科的知识视野；另一方面，从学生今后实际工作需要出发，在教学中并不一定追求精深的理论知识，而更关注知识的有用性和新颖性，注重根据行业发展的最新要求来实施知识传递。

第二，综合性、实用化的能力系统。应用型人才是以能力为本的人才。20世纪中叶以来，科学发展呈现综合化趋势，知识更新的速度明显加快，这些时代特征深刻影响着个人的能力发展取向。在能力结构方面，首先，应用型人才应该具

备综合运用各种科学理论知识和方法来分析问题、解决问题以及将解决方案付诸实施的能力；其次，为防止自身知识系统的老化，应用型人才应该重视掌握学习方法，具有良好的自主学习与自学能力，能不断通过自我学习来获取新知；最后，对应用型人才而言，其实用化的培养性征意味着专业资格证书可能比学位证书更重要，所以，应用型本科应根据未来职业的技能要求，开展有针对性的技能训练，努力提高学生的职业实用技能。

第三，职业导向的非智力因素系统。现有研究表明，职业成功与否不仅依赖于个人智能发展程度的高低，同样也深受非智力因素的影响和制约。应用型本科教育的职业导向特征，意味着应用型人才应该更强调与未来职业密切相关的非智力因素的养成，这些非智力因素主要包括：对待未来特定职业的热情、承受困难与挫折的忍耐力、团队合作精神、考虑问题的周密性等等。

教师素质，即教师稳定的职业品质，是教师履行职责所必备的、在教育教学活动中表现出来并决定其教育教学效果，对学生全面发展有重要影响的身心特点的总和。一般说来，高校教师素质由知识系统、能力系统以及教师职业道德三部分构成。比照其他类型的高校教师，由应用型人才培养规格的特殊要求加以推导，应用型本科教师专业素质的特殊性主要体现在知识系统与能力系统两方面：其一，在知识系统方面，应用型人才宽广、先进的知识定位，决定了教师自身应具有扎实的理论功底，对所教授的专业有充分的了解和整体的把握；具有开放式的知识结构，可不断更新和深化自身的知识体系；能及时掌握本学科的学术前沿和发展动向；懂得企业行业的管理规律，了解特定行业部门对人才专业能力的特殊工艺要求。其二，在能力系统方面，应用型人才综合性、实用化的能力特征，决定了教师应有较丰富的实践经验，具备综合应用各种理论知识解决现实问题的能力，从而可能在教育教学过程中发挥给学生模拟和演示的作用；应具有较强的开展应用研究的科研能力，能不断通过科研来反哺教学；应具有较强的自我发展能力，善于接受新信息、新知识、新观念，能不断提高自己，主动适应变化的形势。

正是基于应用型本科人才培养规格对应用型本科教师知识与能力的双重要求，一些学者提出，应用型本科的教师发展应采取"双师型"取向，这也就是说，应用型本科教师的发展，必须贯彻知识与能力并重的原则，既重视基础知识、应用知识的学习和积累，同时也要重视综合解决问题能力、学习能力、实用技能的培养和提高。

二、应用型本科教师发展的现实审视

教师是学生发展的不竭源泉，以应用型人才的培养目标来确立应用型本科教师发展的"双师型"取向，是理论层面由师生授受关系而做出的逻辑推断。然而，应然与实然、理论图式与现实建构之间并非是一种简单的、线性式的转化关系。由于各种预期或非预期因素的制约，许多符合理论逻辑的教育图景在实践中常常陷入困顿和停滞。从现实情况看，以"双师型"发展理念来定位应用型本科教师发展，也存在着类似的问题。促使每一位应用型本科教师既成为理论的专家，又成为实践的能手，无疑是教师发展的最优化蓝图。然而，在当前，由于实然层面各种主、客观条件的影响和制约，全面采用"双师型"发展取向不仅难以落到实处，反而可能成为应用型本科教师队伍建设的羁绊。对此，我们可以从以下两方面做简要分析。

首先，从主观条件来看，"双师型"的发展取向致使应用型本科教师个体面临难以承受之重。众所周知，自20世纪末我国高等教育进入规模扩张阶段以来，本科院校的学生规模急剧膨胀，生师比呈现出上升的趋势。据有关资料统计，我国本科教育的生师比已从1998年的11.63：1上升到2005年的17.75：1。显然，生师比的提高，意味着应用型本科教师所承担的教育教学任务更为繁重。除此之外，现代大学作为科学技术的孵化器，开展科学研究自然是应用型本科教师责无旁贷的重要任务。在这种教学与科研的双重压力下，人们往往以"双师型"取向来规约每一位应用型本科教师的专业发展，既要求他们加强理论知识学习，不断获取新兴的实用性知识，又要求他们紧密结合实践，提高分析问题、解决问题的实践技能。对绝大多数应用型本科教师来说，鉴于个人时间、精力所限，这样做往往会顾此失彼，难以在知识的习得与技能的发展之间达成有效平衡，其最终将导致应用型本科教师各方面都有所闻，而各方面又无所立，不仅无法成长为"全能型"的名师，反而可能沦为"夹生饭式"的庸师。其次，从客观环境而言，以"双师型"取向来定位应用型本科教师发展的现实条件尚不具备。这种客观条件的制约，突出表现在以下两点：

其一，应用型本科教师发展的"先天"不足。以入职时间为界，教师发展有"先天"与"后天"之别，"先天"，是教师的职前培养，"后天"，即教师的在职培训。应用型本科教师发展的"先天"不足，意指政府没有从制度层面为应用型本科教师的培养提供充分保证。

从学历要求来看，我国《教师法》明确规定：取得高等学校教师资格，应当具备研究生或者大学本科毕业学历。近年来，伴随着研究生招生规模的扩大，高校教师的学历层次迅速提升，目前，拥有研究生学历的教师业已成为应用型本科教师的主体。但是，教师学历层次的提升，并非简单地昭示着应用型本科教师专业素质的提高。因为，教师专业素质的高低，还存在一个适切性的问题。正如一位合格的大学教授不一定能成为一位称职的小学教师，其根源就在于素质结构的适切性不同。

在现行学制中，我国的研究生教育有硕士研究生与博士研究生两个层次。其中，硕士研究生又区分为专业硕士和学科硕士。就人才培养取向而言，专业硕士重应用能力的培养，可以划归应用型人才范畴，学科硕士重研究能力的培养，大体属于学术型人才。而博士研究生，除工程类专业、医疗类专业等少数专业外，大多以学术研究人才定位。这种学术型人才的培养目标定位，是通过研究生学位课程的选择和组织来实现的。例如，当前的学科硕士研究生课程包含必修课和选修课两类。其中，硕士学位必修课程包括政治理论、外语、计算机及根据各专业培养目标确定的基础理论、专业知识和研究方法、基本技能等课程，硕士学位选修课程包括相关的专业课程以及最新研究成果、新兴学科和跨学科的课程。博士学位的专业课程包括两方面：即拓展专业基础所需要的课程；为进入本学科前沿，结合研究课题所需要的专著、文献等课程。总而言之，这些课程体系都清晰地反映出理论学习主导的倾向。

从现实情况来看，当前具有研究生背景的应用型本科教师，绝大多数是学科硕士或博士。这也就是说，应用型本科教师的职前教育大多采用科学教育的模式，所培养的均为高级学术型人才。因此，专业基础知识扎实，理论研究水平较高，而实践应用能力薄弱，应用与开发研究水平不高，就成为应用型本科教师的普遍表征。

其二，应用型本科教师发展的"后天"困难。教师发展，是集教师的职前教育、职教育和职后教育于一体的过程。我们认为，"双师型"发展取向之所以会在实践中面临困境，还与教师入职教育与职后教育中存在的诸多不利因素有关。第一，时间条件不足。显而易见，一位刚入门的新教师要成长为教育教学的能手，需要给予充足的时间保证，对此，西方教师教育发达国家通常会设置较长的入职教育期限，对教师进行较全面的职业技能培训。而在我国近年来，高校教师的规模急剧膨胀，有研究表明，从2002年到2005年，我国高校新增教师45.87万人，占教师总数的47.5%。由于教学任务急迫，新任应用型本科教师的入职教育和职后培训往往在时间上难以保证。

第二，空间条件缺乏。加强应用型本科与对口行业之间的双向交流，鼓励教师走进企业、走进实训基地，无疑是提高教师实践能力的有效途径。然而，从现实情况看，我国的高等教育市场机制至今仍未充分发挥其应有的作用，由于政府控制着高等教育资源的分配权和高等教育的质量标准，高等教育领域并没有形成真正的市场竞争，高等学校没有建立起自我发展的约束机制，也没有充分感受到市场竞争带来的压力、动力和活力。因此，不同大学之间的竞争，其实质仍是政府对大学满意度的竞争。每一所大学都期望通过赢得更高的满意度，以获取政府更多的高等教育资源投入。这也就是说，时至今日，高校与企业之间仍然缺乏建立生息与共关系的制度平台。而且，当前一些高校与企业之间的联系，甚至出现了逆向发展的趋势，许多高校迫不得已开始自己着手在校内建立实训基地，以解决学生的实习培训问题。由此，对应用型本科教师而言，高校与企业之间的这种松脱关系，使得他们难以获取发展应用能力的空间条件，不能真正深入到技术含量高的对口行业接受实践培训。

第三，方式方法失当。教师发展应重视方法、策略的选择，不恰当的方法和策略易导致事倍功半。当前，应用型本科教师的发展，就在一定程度上存在方式方法不当的问题。具体说来，在入职教育方面，我国现行的《教师法》和《教师资格条例》，对从事学校教育活动的教师有着明确的资格认证规定。在大学执教的所有教师，必须通过高校教师资格证书考试，才可能获得正式的高校教师身份。而高校教师资格证书考试的课程门类，通常为高等教育学、高等教育心理学、高校教师职业道德和高等教育法学，在此，并未对不同类型的高等教育教师加以区别。在职后培训方面，主要表现在多数应用型本科院校出台的教师培训制度，例如，教师访学制度、进修制度、青年教师培养制度等等，大多以理论知识提升为目的，而不是更倾向于提升教师的实用知识水平和应用能力。

三、应用型本科教师发展的路径选择

如前所述，由于各种主客观条件的制约，应用型本科教师的"双师型"定位，目前尚难以从应然的取向转化为实然的状态。但是，促进应用型本科教师发展，又是当前提高应用型人才培养质量所亟待解决的基石问题。为此，我们认为，转换思路，调整方向，应是破解应用型本科教师发展难题的关键所在。目前，推动应用型本科教师发展的当务之急是：一方面，以高校为主体，改革和调整应用型本科教师队伍建设的思路；另一方面，以政府为主体为应用型本科教师发展创设良好的制度环境。从学理上讲，以"双师型"取向来定位应用型本科教师发展的观点，在某种意义上，是借鉴了中小学教师的发展经验，带有明显的基础教育理论痕迹，强调要给予学生一滴水，教师必须拥有一桶水，教师应在知识、能力等各方面全面胜过学生。事实上，从作用方式来看，高校教师对学生成长的影响方式与中小学教师是有所区别的。这种区别主要表现在：中小学的课程大多属于基础性课程，每一门课程都直接指向学生素质结构的全面提升，而高校课程属于模块化课程，学生的发展是通过不同类型课程的组合来实现的。这也就是说，在高校，不同类型的课程在学生发展中承担的功能和作用是有所区别的。例如，专业基础课主要是培养学生的理论知识水平，选修课主要是扩展学生的知识广度，等等。因此，任何一名应用型本科教师而言都难以通晓某一学科和专业的所有课程内容，也难以做到既富有理论基础知识、教育学知识、心理学知识，又长于实践性知识，具有超强的实践能力。

简言之，高校改变对应用型本科教师面面俱到的发展要求，是破解目前应用型本科教师发展困境的必然举措。我们认为，从课程结构来看，应用型本科专业现有的课程体系大体可以分为两类：理论类课程与实践类课程。以此为思路，高校可以考虑把应用型本科教师划分为理论教育岗教师与实践教育岗教师。理论教育岗教师主要负责专业课、专业基础课程的教学工作，重在提高学生的理论知识水平；实践教育岗教师主要负责实践课程的教育教学工作，重在培养学生的实践应用能力，两类教师的比例应根据教学的实际需要进行合理划分。同时，为促进应用型本科教师的分类发展，高校还应对现有的教师评价制度做出调整，对不同岗位的教师采取分类考评的方式。其中，对理论教育岗教师的教学评价，应注重考查学生拥有知识的完整性、实用性和先进性，在科研评价上，凸显科研的基础性，引导理论教育岗教师从事与课程教学密切相关的基础理论研究；对实践教育岗教师的教学评价，则应注重考查学生综合运用知识发现、分析与解决问题的能力；在科研评价方面，凸显科研的实用性，引导实践教育岗教师开展与课程教学密切相关的应用研究和开发研究。此外，为鼓励部分原先以理论见长的教师转岗，对实践教育岗的教师，可考虑适当降低科研评价的指标要求。

必须指出的是，把应用型本科教师划分为理论教育岗教师与实践教育岗教师，并不是要片面强调理论教育岗教师只需注重理论知识的发展，而实践教育岗教师只需注重实践能力的养成。知识与能力的关系启示我们，知识与能力是相辅相成的，不了解实践应用现状与前景的教师不可能成为个好的理论岗教师，同样，没有一定理论知识基础的教师，也就无法成长为名优秀的实践岗教师。因此，为促使每一位教师做到理论知识的习得与应用能力的提高的适度兼顾，首先，高校可通过开展科学研究，成立科研项目组，组织理论岗教师和实践岗教师合作交流，联合攻关，从而把两种不同类型教师的发展有机统一起来；其次，高校应对现有的在职培训方式进行改造，改变一味将教师送往研究型高校进行理论深造的做法，通过学校的恰当安排，支持理论岗教师到对口行业观摩、顶岗学习，以增长实践经验。同时，也适度鼓励实践岗教师到研究型高校短期进修，以提升理论水平。从现实情况看，许多高校已逐步认识到促进教师理论知识与应用能力协同发展的重要性，并积极地践行。例如，为提高教师的应用能力，一些高校鼓励某些学科和专业的教师，在不影响正常教学活动的前提下到企业兼职；一些高校开始尝试通过脱产挂职锻炼的方式，把教师分批分次送到企业去接受培训等等。

促进教师专业发展，既是学校的责任，也是政府的职责所在。应用型本科教师发展，还有赖于以政府为主体，从下述两方面着力创设良好的制度环境：第一，在职前培养方面，政府应通过改革学制，把高级实用人才的培养，从现有的硕士研究生层次提高到博士研究生层次，从而为应用型本科的实践教育岗的教师队伍建设，提高素质的后备师资力量。第二，为促进产学研的紧密结合，政府一方面可通过财政、税收、金融等方面的优惠政策，来调动企业的积极性，推动企业与高校的深入联系；另一方面，要确实摒弃政府办高校的计划经济观念，进一步完善高等教育市场机制，真正发挥市场机制对高等教育资源的配置作用，不断增强高校服务社会、参与社会、适应社会的意识，推动高校主动寻求与企业建立合作伙伴关系。

第七章 应用型本科校园文化体系构建

第一节 校园文化与相关概念

一、校园文化的定义

校园文化是指在校园环境中，由所有成员在教育教学实践中共同创造，具有本校特色，以培养学生和提高全员文化乃至综合素质为目的，以物质文化为基础，以精神文化为核心的一种社会文化。作为依附在大学这一特定载体上的社会文化，校园文化除具有社会文化的多样性、发展性、传承性等一般属性外，还具有先进性、教化性、辐射性等特性，是中国先进文化的组成部分。校园文化包括由价值观、理想追求、思维模式、道德情感等构成的精神文化及行为文化。

21世纪是经济竞争、科技竞争的时代，也是综合国力竞争的时代，更是人才竞争的时代。中华民族要想在未来的世界竞争中，实现民族的伟大复兴，必须要有一大批具有创新精神和实践能力的高素质、复合型人才。为了应对挑战，适应时代要求，我国高校都在积极地采取对策，既重视高等教育数量的增长，更注重高等教育质量的提高，积极地推进高等教育改革，实施素质教育，着力于高素质人才的培养。然而，培养高素质人才是一个系统工程，需要高等教育全面系统地进行改革与创新，其中搞好校园文化建设，是一个极其重要的方面。校园文化建设以学生为主体，涉及面广，活动的形式、内容、层次、规模多样且丰富，学生自觉参与率高，因而对学生的影响力也大。同时校园文化客观地创造了一种育人的环境和氛围，学生自然地接受着各种有益的感染和熏陶，这种教育方式易于被学生接受，是学校教育的一个重要组成部分。它不仅体现出学校的办学理念、办学传统、培养目标和独特的精神文化氛围，而且更强调利用这种共同的教育理念、价值观念、行为准则等，润物无声、潜移默化地影响并规范师生员工的行为。加强校园文化的建设，对于推进高等教育改革发展、加强和改进大学生思想政治教育、全面提高大学生综合素质，具有十分重要的意义。

二、校园文化的功能

校园文化的功能主要表现在两个方面，一是校园文化对于校园人的渗透教育功能，这是校园文化的内向功能。二是校园文化对于社会文化的影响辐射功能，这是校园文化的外向功能。在内向功能上，校园文化是培育学校共同理想和目标的土壤。校园文化散落于学校成员、价值观、精神、行为、规范和制度中，影响和支配校园人的言行，在校园人的身上留下校园文化的烙印。外向功能是高校这个特定的文化机构及校园文化具有的社会职能。

（一）校园文化的内向功能

内向功能是校园文化的主要作用，按照校园文化对校园人的作用，主要分为下列几个方面。

1.导向功能

所谓校园文化的导向功能，指的是校园文化通过自身各种文化要素发挥的作用，对校园整体和校园人个体的价值与行为取向产生引导作用，使之符合学校所确定的目标。

校园文化之所以会有导向功能，是因为一个学校的校园文化一旦形成，就会建立起自身系统的价值体系和规范标准。人的观念、思想和行为受周围环境的影响，特别是文化环境。当学校的成员在价值取向和行为取向与校园文化主导价值观念产生对立现象时，个人在校园文化的强烈影响下就会倾向于慢慢接受学校文化的引导，在潜移默化中接受周围的共同价值观，使自己的价值取向与学校的价值取向和谐一致起来。《毛诗·序》中有"风以动之，教以化之"之说，表达诗对于人的潜移默化的教育熏陶作用。良好的校园文化就像诗一样发挥"风以化人"的作用。

校园文化受学校发展理念和校园个体的主体性行为的影响，同时受社会经济、政治、文化要求的引导，前者是校园文化发展的内因，后者是外因。自觉的校园文化以内因的变化为自身变化的主要根据，相反，以外因的变化为主要根据的校园文化则是自在文化。校园文化中这种自觉因素与自在因素的互动，构成了校园文化发展的动力。比如，随着市场经济的不断发展，社会向人们提出了许多新的要求，如主体意识、竞争意识、法制观念、效益观念等，这是反映时代要求的新观念，它对校园人会产生积极的推动。但与此同时，市场经济中许多负面的价值观念及不良道德现象的影响也大量涌入校园，对校园人的价值和道德观念产生消极影响。在这样的条件下，高校校园文化如果没有自觉明确的价值取向和发展追求，置校园文化于自在的状况，极可能使校园人对社会主流文化的精神和价值取向的认识发生迷失。良好的校园文化总是能以自觉积极的追求精神带动校园人的进取。

2.约束功能

校园文化的约束功能，是指校园文化对每个校园人的思想、心理和行为具有约束和规范作用。校园文化的约束并不是通过直接的硬性的手段实现的，而是通过营造一定的思想氛围、道德氛围和行为氛围，影响校园人的价值观、道德观和行为心理间接地、软性地实现。通常情况下，群体意识、社会舆论、共同的习俗和风尚等精神文化内容，对个体行为产生强大的从众化的群体心理压力和动力，在每一个校园人的心里引起共鸣，进而产生行为的自我控制，使行为与学校的整体要求一致。校园文化的约束功能主要源自制度文化层次。如果说学校的各种规章制度是以"看得见的手"从外在调控着校园人的行为，那么，校园文化观念就是一只"看不见的手"，它在校园人的心理深层形成一种心理定式，构造出一种响应机制，从内在调控着校园人的行为。从制度的外在调控到校园文化的内在调控，是制度的价值意义内化的结果，它为每个校园人评定自己的品质、行为和人格等方面提供了内在的尺度，并用这种尺度规范自己的行为，使之符合群体的规范。它极大地增强了学校规章制度的约束作用。

3.创新功能

校园文化的创新功能，是指校园文化本身所蕴含的创新因素及其对生活在其中的成员的创新意识、创新潜能、创新方法的萌动、激起和开发。丰富多彩的校园文化生活，包括了多样的知识内容，充满了生动新鲜的创造活力，另一方面，校园文化对非智力因素如动机、兴趣、情感、意志、性格等培养有着十分重要的作用。对学生来说，校园文化在第一课堂教育之外营造了宽松、自由的教育与自我教育形式，使学生按一定的要求，在良好的氛围下，拓宽知识领域，激发和展示其创造力，如艺术节、科技节，学术研讨等活动，促进理论与实践的结合。正是在校园文化造就的融洽宜人的氛围和各种高雅的活动中，使大学生个体与群体间进行思想、情感、心理与行为的互动与调节甚至宣泄，保持健康向上的精神状态。

4.凝聚功能

校园文化的凝聚功能，是指当校园文化中以学校精神为核心的价值观被校园人共同认可之后，在全体校园人中产生强烈的认同感和归属感，使个人的信念、感情、行为与学校的目标有机统一起来，形成稳定的文化氛围，凝聚成一种合理和整体趋向，从而产生一种巨大的向心力和凝聚力。

5.陶冶功能

高校校园文化的陶冶功能，是指良好的校园文化可以陶冶校园人的情操、净化校园人的心灵，养成高尚的道德品质和行为习惯。高校校园文化作为校园人长期生活于其中的、可知可感、具体生动的一种微观社会环境，在校园人道德情感和道德行为的形成中起着重要作用。在生动形象和美好的情境中，通过有形的、无形的或物质的、精神的多种环境因素的综合作用，校园人的情绪、情操、心灵逐渐得到提升。高校校园文化之所以具有陶冶功能，首先在于它创造了一个陶冶人们心灵的精神环境，以校风、学风、文化传统、价值观念、人际关系等方式表现出来一种高度的观念形态文化，对学校的各个方面起指导性作用，给生活在其中的每位校园人以深刻影响。例如，优良的校风对学生个性和品德的陶冶是其他教育形式难以替代的。如果一个学校教风正、学风实、考风严，会感动生活于工作其中的人，尤其是沐浴其中的学生，久而久之，刻苦好学、锲而不舍、实事求是的品格就容易形成。其次在于它创设了一种与其观念体系相适应的优美的物质环境，对生活于其中的每个人起着陶冶情操和规范行为的作用。

优美的校园环境，可使学生的审美观在有意无意间受到启发和感染，激发其产生一种自觉的内在的驱动力，主动地去完善自我，由内而外塑造自己完美高尚的人格。

6.激励功能

校园文化的激励功能，是指校园文化具有使校园人从内心产生一种高昂情绪和发奋进取精神的效应。而这种积极向上的思想观念及行为准则可以形成强烈的使命感、持久的驱动力，成为校园人自我激励的一座航标。校园文化属于精神激励。校园文化的核心是围绕学校的发展目标塑造共同的价值观，共同的办学理念和价值观创造的校园文化氛围，使每个校园人都能体验自身行为对学校的价值所在，产生一种自我增强的激励机制。

（二）校园文化的外向功能

外向功能是校园文化的社会作用，是伴随高校教育的影响而产生的对社会的文化辐射作用，主要分为以下几个方面。

1.推动功能

推动功能主要指校园文化对社会先进文化、主流价值观的推动作用。高等教育可以通过马克思主义理论课和思想品德教育课，对受教育者进行普遍的思想政治教育。校园文化与政治有着密切的关系，校园文化反映着政治，政治决定校园文化的格调。校园文化是传播政治信息的最直接渠道，通过校园文化的传播促使学校师生萌发政治意识，确定政治观念和参与感，从而影响他们的各个方面。高等教育诸如此类的政治功能对中国先进文化的作用是极其重要的，涉及文化的根本性和前进的方向性问题。

2.创造功能

从其科技功能上看，高等教育不仅可以通过传递和积累科学技术而发挥再生产科学技术的功能，而且还可以通过创造、发明新的科学技术发挥再生产科学技术的功能。而无论是传递和积累科学技术还是通过创造、生产发明的科学技术发挥再创造科学技术的功能，其本身都是发展、建设中国先进文化的本质和内涵所在。

3.创新功能

从其文化功能来看，高等教育不仅具有选择、传播、保存文化功能，同时也是具有创新和发展文化的功能。无论是选择、传递、保存文化还是创新、发展文化，都是发展先进文化所必需的。它不仅能够在高校内通过各种主渠道培养社会发展和经济建设所需要的各种人才，还可以通过其他各种方式实现其为社会服务的职能，进而实现其文化功能的最大释放。未来几年的经济建设将转移到主要依靠科技进步和提高劳动者素质的轨道上来。因此，如何有效地提高我国国民素质，最大限度地保障高质量的人才资源，如何更好地实施科教兴国战略，使之成为人才资源的发展方向，如何办好我国的高等教育，改革已不适宜的高等教育体制，成为我国发展先进文化过程中的重要问题。

4.辐射功能

校园文化的辐射功能，是指校园文化一旦形成较为固定的模式，就不仅会在校园内发挥作用，而且也会通过各种渠道对社会产生影响。学校是传播精神文化的场所，放在社会整体上，高校教育本身就是社会文化的场所，放在社会的整体上，高校教育的本身就是社会文化的重要内容，因此校园文化的层次和品位会相对高于一般的社会大众文化，并在与社会文化的互动中形成以高校为一个强势点的文化场，"学校文化场"对社会的辐射具有其他文化无法比拟的功能优势。

三、校园文化与相关概念

（一）大学精神与校园文化

大学精神是大学在长期的发展过程中积淀而成的相对稳定的、具有特色的并为大学人所认同、追求、遵循的理想、信念、价值观、传统和行为准则等组成的体系，它是大学文化的精华，是大学发展过程中理性与感性、共性与个性、隐性与显性、历史性与现实性、深刻性与大众性的统一。大学精神不是一朝一夕铸就的，也并不是每所大学都具有自己独立的大学精神，只有那些在长期的办学历史中，通过对自己办学理念的倡导、践行、提炼和升华，并在这个过程中形成独特的价值判断和理性诉求的大学，才真正具有自己的大学精神。一所大学精神的形成，与这所大学产生和发展的时代、独特的历史和地理环境、文化特色和师生的共同心理状态密切相关，从大学精神中，人们能看到学校的历史和现实，并形成一股信念的力量，对学校的发展起着长期、持续、深远的影响。培育大学精神是提升学校办学水平和校园文化建设办出活力的源泉。大学精神的内涵主要表现在以下四个方面：①大学价值观，这里的价值观指的是大学师生在长期实践中逐渐建立起来的一种共同的价值取向、心理趋向和文化定式，是全体师生或多数师生一致赞同的关于大学意义的终极判断。对于不同性质、不同层次以及不同国家的大学生来说，其价值观也不一样，价值观是文化的核心和基石，文化的所有内容都是在价值观念的基础上产生的。②大学理想和目标，在价值观的宏观指导下，大学还必须以国际国内经济、科技、教育发展趋势为引导，以尊重教育发展的自身规律为保证，以学校自身客观条件为基础，以满足国家需求为目标，脚踏实地地形成自身的发展目标和中长期改革发展规划，并将其灌输到全体师生中去，形成全休师生或大多数师生认可的、并愿意为之奋斗的共同理想和目标。③大学核心理念，为了实现大学的共同理想和目标，大学必须进行改革与创新，必须大力发展学校各项事业，为了凝心聚力共赴美好前景，必须要求全体师生遵守某些关键信条。如德国柏林大学的大学理念包括这样几个方面的统一：大学活动的非政治性质与大学建制的地位的统一，科学体系的内在完整性和科学对文化和社会的批判——启蒙意义的统一，教学和研究的统一。④大学组织信念。有了共同的理想和目标、办学理念，还必须为目标的实现和组织实施提供强有力的规范和制度的支撑和保证，也就是要形成全体师生共同遵守的纪律性约束——组织信念，使得大多数师生自觉地认识到自身的行为与学校整体目标和任务是紧密结合在一起的，并愿意为实现这一目标而遵守共同的组织信念。

培育大学精神的首要任务是确立学校的办学理念和教育价值的追求。每所学校的办学理念和价值追求的内容是大学精神的精髓，在"把学生教育成什么样的人"和"如何教育"的办学理念的指导下，形成了一些该校特有的精神，并体现了这所大学的价值观念。而正是这种办学思想和教育价值的追求，指导着学校建设的方方面面，形成一种强大的校园文化氛围，不仅熏陶、教育学生，同时也影响和引导着社会。学校在传承、发展和创新文化的过程中，也形成了自己的个性，即大学精神。

积极培育大学精神，光大大学的传统，赋予大学精神时代的要求，是应用型大学持续发展的动力和重要任务。要在师生员工中加强对学校办学理念、学校战略发展规划、校风校训的宣传和教育，以明确自己的学校精神。大学精神一旦形成，具有相对稳定性、较强的融合性和强烈的渗透性，将为学校发展注入坚强的生命底蕴，并发挥其独特的功能和作用。

（二）制度建设、道德规范与校园文化

制度建设是校园文化建设的重要组成部分，制度文化是学校管理规范化、科学化的必由之路，是校园人言谈举止、交往互动的准则。只有建立比较系统的道德规范制度，才能阻止不良风气的蔓延，抑制精神垃圾毒害师生和污染校园环境。因此，制度文化的建设是校园文化建设的必要保证。建立健全从新生入学到毕业离校体现文明素质教育的一套规章制度，是对大学生进行的一种生动、具体的组织纪律教育，充分体现学校管理文化的品位。制度文化建设要符合依法治校的方针，符合教育规律，符合应用型大学的办学理念，符合应用型大学生的特点。制度随着时间的推移，会不断适应社会发展而变化，但制度所体现的校园精神却永远流传下去并且不断被发扬光大。道德和制度是维护校园秩序、规范人们思想和行为的重要手段，它们相互联系、相互补充。道德是人们共同生活及其行为的准则和规范，这种准则和规范通过社会的舆论对社会生活起约束作用，比人为制定规章制度更能左右人的行为。

在大学育人环境里，更应发挥道德规范的作用。因为大学生是一群可塑性强，自主意识强、求知、求新、追求进步的群体。

学校"要制定完善师德规范，严格师德管理，加强教师思想品德和学术道德教育，积极建设'志存高远、爱国敬业，为人师表、教书育人，严谨笃学、与时俱进'的优良教风；制定完善大学生行为规范，严格管理特别是考试纪律管理，努力形成勤于学习、奋发向上、诚实守信、敢于创新的良好学风"。有了科学民主的规章制度，校园的文明程度才能不断提高，校园文化的建设才会有保障。

与有形的制度规范相比，道德规范是通过无形的力量来规范大学生的言行的。道德的力量是教会学生"先学做人，再学做事"，更加注重榜样的力量。通过树立典型引导学生运用所学知识和技能服务人民，奉献社会。做到坚持学习科学文化与加强思想修养的统一，坚持实现自身价值与社会价值的统一，树立起远大理想和进行艰苦奋斗的统一。

（三）社团活动与校园文化

学生社团是由学生自发组织的群众性组织，因为共同的爱好而成立的发现自我、展示自我、塑造自我的一个集体。社团主要由学生自我管理、自我服务、自我教育。应用型大学的社团的主要活动内容以联谊、文体占多数。缺少学术科研、社会实践、职业文化方面的活动，因此，应用型大学要加强对大学生社团的科学

指导，尤其是在科技创新、思想教育等方面，创造条件让学生参加专业学习方面的社会实践，鼓励学生参加教师的科研项目或由学生自己申报课题，学校要给予足够的空间给予支持，在经费和立项方面给予扶持。这样不仅能提高校园文化的科研学术氛围，还可以锻炼大学生的动手能力和实际解决问题的能力，提高学生社团建设过程中"文化"的含量。

（四）校园环境与校园文化

校园环境包括硬件建设和软件建设。硬件建设包括校园景观、学校形象标识、教学生活设施、文体活动场所等。校园内环境不仅有使用功能还有育人功能和审美功能，是校园文化的载体，是校园文化塔，例如清华大学的标识是清华二校门等，这种浓厚的学术氛围会使师生受到心灵的熏陶，对学生的成长和素质的提高起着潜移默化的作用。

第二节　校园文化建设对应用型人才培养的意义

一、校园文化对培养应用型人才的高尚品格具有重大的德育功能

一个学生是否具有应用能力，不仅要看他是否具有实践意识、创新思维，还要看他是否具有良好的意志品质。坚强的意志是开发创新能力的支撑，集学术性、娱乐性、创造性为一体的校园文化为磨砺学生的意志品质提供了机会与舞台。高品位的校园文化培养了学生的非从众性和学生良好的心理素质，培养了学生的坚韧性，增强了学生承受磨难和失败的勇气和能力。

二、校园文化对塑造应用型人才的良好情感具有积极的促进作用

校园文化是借助于丰富多彩的文化形式来影响人们的思想和情感的。文化可以通过"文化优势"创建出一些非正式的、约定俗成的群体规范或共同的价值准则。这些群体规范和价值准则虽不带有强制性，但它在个体心理上所起到的影响和作用往往比行政命令更为有效，更能改变个人行为，使之与群体行为一致起来。校园文化便具有这样的规范与约束功能。当一个人置身于舒适、恬静、优美的学习和生活环境里，就会受到环境的无形约束，调整自己的不和谐行为，从而使学生的心灵得到净化，情趣得到陶冶，志趣得到升华。

三、校园文化对完善应用型人才的健全个性具有多方面的影响作用

校园文化强调学校目标与学校成员工作目标的一致性，强调群体成员的信念

和价值观念的共同性。校园文化活动的内容丰富多彩，形式灵活多样，给学校成员尤其是青年学生提供了一个自我表现、自我认识、自我评价和自我教育的广阔空间，具有强大的吸引力和内聚力。同时，以校园文化为校园精神目标和支柱还可以激励全体师生自信自强，团结进取，充分调动学生自我培养和自我教育的积极性、主动性和创造性。而学生主观能动性的充分发挥既是素质教育的重要前提和基础，同时又是素质教育的重要内容。从一定意义上说，校园文化是自我意识的王国。在这个王国中，学生通过自愿参加各种活动进行自我观察、自我评价、自我监督、自我体验和自我控制，从而使青年大学生的自我认识能力得到不断提高。自我意识是人的自觉性、自控能力和主观能动性的前提，是改造主观世界的始点。在校园中，只有树立起正确的自我意识，才能主动地调节自身的各种活动，使之趋向于既定的校园文化目标。

四、校园文化对形成应用型人才的实践能力、科技能力具有很好的促进作用

校园文化比较注重开拓适当的文化环境和提供大量的创造性机会，激发师生强烈的表现欲望，激发创造行为；校园文化的丰富内涵有效地补充了课堂教学的不足，既能为教师提供全方位的、立体的、开放的教书育人的场所，也为学生提供了施展才华、接受教育的领地。这十分有利于学生扩大知识面，巩固和加深所学的课堂专业知识，锻炼运用知识的能力，开发潜在的智能。校园文化建设的加强，给学校教育带来了生机，有效地弥补了课堂教学的不足。比如，广泛开展的学术活动可以营造浓厚的校园学术氛围，各种社团组织、兴趣小组可以促进学生实践能力的主动发展，有组织地进行的社会服务、社会调查以及勤工助学等社会实践活动可以增强学生的动手能力和社会活动能力，对学生科技创新有促进作用。

正如某学者所说："校园文化既有理论的品格，又有现实性的品格，它是理论运用于实际的实践性活动。"加强校园文化建设为学生能力的全面发展提供了广阔的空间。

第三节　应用型大学校园文化建设原则

一、坚持学校办学理念

提出能够代表学校校园文化的办学理念，学校精神和教风学风，是高等学校校园文化建设的根本目标。应用型大学须采取切实措施加强对本校的办学理念和大学精神的培育。这是因为目前应用型大学大多从原来本科教学型高校脱胎而出，原来学校的传统办学思想和学校价值的追求对新的转型有着一定的影响与阻力。

应用型大学应找准学校在人才培养中的位置，学习、借鉴并树立适应应用型大学的办学指导思想和人才培养目标，正确确定学校的办学方向与服务定位，在师生员工中积极开展办学指导思想的讨论，通过对教育的本质和高等教育发展趋势的思考，更新传统的精英教育观念，树立适应高等教育大众化的新型教育理念。

二、坚持紧密结合社会文化的原则

应用型大学的学生主要从事基层生产、建设、管理、服务等工作，大学生对社会、社会文化有更大的需求，为了让毕业生毕业后能顺利地适应工作岗位，应用型大学应有意识地培养学生的辨别能力、独立能力、应用能力、群众观念和团体意识。校园文化应以了解社会、服务社会为主要内容，引导大学生在社会实践中提高社会文化的鉴赏能力、增强社会文化底蕴。

三、突出应用能力的培养的原则

应用型大学培养的是应用型专门人才，要求学生具有较强的应用能力，应用型大学应注重学生应用能力的培养，构建突出应用特色的文化体系，探索建立专业学习与服务社会、产学研合作等应用型人才的各种社团和组织，加大实践项目的经费投入，建立稳定的校外实践基地，使学生实习实践有稳定的场所，有明确的教学目的和内容，延伸课堂教学的育人功能，提高学生的未来职业素质和解决问题的能力。

四、坚持第一课堂和第二课堂有机结合的原则

校园文化建设中要注意第一课堂和第二课堂的有机结合，致力于培养学生知行合一、全面发展的综合素质。第二课堂要贴近学生的学习和生活，鼓励开展以提高大学生多方面能力和扩展学生专业知识为目标的课余活动。通过开展第二课堂活动，弥补学生在第一课堂获取知识的不足，扩展对学生非智力因素教育的渠道，给每个学生个性、特长的发挥提供一个合适的积极创造和展示自己能力的平台，提高他们的思想政治素质、道德素质、文化素质和身体心理素质，学会做人做事，使学生的智商、情商在参与校园文化的活动中得到培养和提高。

第四节　应用型校园文化建设的体系建构

高校培养人才的目标不同，校园文化的积淀就不一样，校园文化的价值导向作用就会因其培养目标的不同而异。

一、大力加强校风、学风建设，提炼和培育特色校园精神

校园精神是校园文化的灵魂，是校园文化建设的核心内容，它对于高等学校的发展和育人目标的实现具有导向和保证作用。校园精神是学校改革发展的精神动力。校园精神能使人们的思想意识和行为得到维系、巩固和规范，并成为共同的行为准则和战斗口号。一所学校的校训是校园精神的集中体现。优良的校训能使学生受到潜移默化的熏陶和影响，使学生受益无穷。它随着时代的发展而发展，但又有相对稳定的本质内涵。校风代表着学校的形象，是学校的无形资产。如清华大学的"自强不息、厚德载物"；北京师范大学的"学为人师，行为示范"；北京大学的"兼容并包"；南开大学的"允公允能、日新月异"；南京大学的"诚朴雄伟，力学教行"；华中科技大学的"明德、厚学、求实、创新"；厦门大学的"自强不息，止于至善"、香港大学的"明德格物"等。一些著名的高校力求通过提炼校训来挖掘自己独特的大学精神，那些办学时间较短的高校则有待于进一步思考、总结、提炼校训，以明确自己的学校精神。

二、构建促进大学生社会化的校园文化

我国著名社会学家费孝通认为："社会化就是指个人学习知识、技能和规范，取得社会生活的资格，发展自己的社会性的过程。"可见，社会化是个体在与社会的相互作用中学习社会知识、获得价值规范、掌握社会经验、形成社会行为的过程，其结果是使个体从自然人转变为社会人，成为合格的社会成员。从社会学角度看，教育的主要功能就在于使青年学生实现社会化。大学生社会化是人的社会化进程在大学校园的一个中间站。

大学生的社会化是在多方面因素的影响下实现的，高校校园文化作为大学生成长的客观环境，每时每刻都在以其特有的精神环境和氛围，使生活于其中的每个个体有意识地在思想观念、行为方式、价值取向等诸方面与既定文化发生认同，从而实现对人的精神、心灵、性格的塑造，达到社会化的目的。丰富多彩的校园文化活动，对大学生的社会化起着非常重要的作用。在大学里开展的以学生为主体的丰富多彩的活动，如文化节、艺术节、摄影展、体育比赛等，为大学生全面提高素质创造了良好的条件。大学生在社团和各种文化活动中，不仅扩展了知识，增长了才干，使自己的情感得到寄托，更重要的是培养了学生热爱集体、热爱学校、热爱祖国和热爱社会主义的观念。

社会实践活动对加快大学生的社会化过程起到了更加积极的作用。通过社会实践可以使学生全面了解社会，正确认识国情，社会实践还可以使大学生明确认识自我，找到自己业务上的差距和不足，调整和完善自己的知识结构，为担当新

的社会角色做好业务准备；社会实践提高了大学生处理各种复杂问题的能力，战胜各种困难和挫折的意志和毅力，从而为担当新的社会角色做好心理准备；社会实践可以培养大学生乐观自信、与人为善、宽容豁达、积极进取等良好的人格特质，为真正担当起现代社会的各种主体角色做好准备。准备工作越充分，大学毕业后就越能较快地适应社会环境，较快地打开工作局面，并承担起新的社会角色所赋予的责任。

营造环境氛围是着力点，这是培养应用型人才的重要方面。要努力形成有利于文化创新的舆论氛围和良好教风、学风与校风，要积极开展丰富多彩的校园文化活动。

三、加强党的领导

学校党委要总览和把握校园文化建设与创新的全局和发展的方向，要在校园物质文化、观念文化、制度文化以及习俗文化创新等方面，做出全面的规划，做到统筹兼顾，突出重点，整体推进，深入持久地搞好校园文化建设与创新。更新思想观念是先导，这是校园文化建设好的前提。必须树立积极的、大胆的、求实的和奉献的创新观。建设师资队伍是根本，这是校园文化创新的关键与根本。必须建立良好的选人与用人机制，同时加强教师的思想道德建设。改革管理机制是切入点，这是当前校园文化建设的瓶颈。要积极地改革学校的管理机构，优化学校的管理制度。

四、提高学术活动在校园文化中的地位

校园文化建设作为校园人的创造性活动，包含着精神的和物质的、意识的和行为的活动，内容十分丰富。在如此丰富、广泛的校园文化活动中，学术活动占据着主导地位，并决定着校园文化建设的水平。在整个校园文化系统中，学术活动所提供的文化成果——世界观、方法论、科学理论、行为规范、技术，以及学术精神、学术气氛等，无不渗透到校园文化活动的其他各个方面，并在其中发挥引导、促进、规范等作用。同时，学术研究造就的具有创新意识的人才，又是校园文化建设的主体。所以可以说，没有高水平的学术活动，就没有高水平的校园文化。一所高校，要想提升自己校园文化的层次和水平，就应首先营造浓厚的学术环境。

五、加强同企业文化的双向交流与沟通

与企业文化的交流和沟通应是双向的，我们不仅要"请进来"，而且还要"走出去"。一方面，大学生利用寒暑假到学校有固定实习点的企业进行社会实践，亲

身体会，深入了解企业文化。另一方面，高校师生承接企业的一些课题。这样，高校师生不仅可以深入研究企业文化，做到理论与实践的紧密结合，而且一些研究成果还可以指导企业文化的建设。

以上分析可知，营造学术氛围和高雅环境，陶冶大学生的高尚情操；精心设计组织社团活动和文体活动，促使大学生尽快社会化；加强同企业文化的双向交流与沟通，让学生尽快熟悉企业文化等，这些能够在校园文化建设中很好地结合起来，就可以不仅为培养更多适应社会需求的高素质人才提供平台，而且在一定程度上也可以促进校园文化发展。

应用型大学在校园建设的规划中，应把校训、学校标识融入建筑物和景观之中，营造一种应用型的校园文化氛围。

中共中央、国务院《关于进一步加强和改进大学生思想政治教育的意见》指出，要大力建设校园文化，建设体现社会主义特点、时代特征和学校特色的校园文化。深刻认识高校校园文化建设的重要意义，当今世界，文化与经济和政治相互交融、相互渗透。文化的力量，不仅深深熔铸在民族的生命力、创造力和凝聚力之中，成为综合国力和国际竞争力的重要组成部分，而且对人们的思想政治影响越来越大。大力加强校园文化建设，意义十分重大。校园文化是先进文化的重要源头。校园文化是社会文化的重要组成部分，始终处在社会文化的前沿，既承担着育人的重要职责，也承担着引领社会文化的重要任务。校园文化具有凝聚作用，通过研究和宣传科学理论，可以把人们紧紧地团结在中国特色社会主义的伟大旗帜下。校园文化具有引导作用，通过传授人类文明，可以帮助人们培养良好的道德思想品质。具有辐射作用，通过知识传播和人才培养，可以对社会主义经济建设、政治建设、文化建设和社会建设产生积极影响。校园文化是先进文化的创新基地。创新是民族进步的灵魂和国家兴旺发达的不竭动力，也是文化始终体现先进性和永葆生机的源泉。传承文化是高校的基本功能，研究文化是高校的活动基础，创新文化是高校的崇高使命。高校校园文化是科学思想萌生的催化剂，是先进文化创新的重要载体，它既从先进文化中汲取营养和力量，又为发展先进文化提供强大动力、做出巨大贡献。

校园文化具有强大的育人作用。先进文化要发挥社会作用，就要把文明内化到人们的灵魂里，积淀到人们的思想中。办大学就要建设校园文化，让学生学习、感悟、理解，从而净化灵魂，陶冶情操，完善自己。校园文化是引导人、鼓舞人、激励人的一种内在动力，是凝聚人心、鼓舞斗志、催人奋进的一面旗帜，它对大学生的思想政治、道德品质、行为规范产生深刻影响。

认真完成校园文化建设的工作任务。一是深入开展以理想信念为核心的社会主义教育，以爱国主义为重点的民族精神教育，以基本道德规范为基础的公民道德教育，以全面发展为目标的基本素质教育。二是建设和培育良好的校风，形成良好的教风和学风。三是积极开展校园文化活动，寓教育于文化活动之中，促进大学生思想道德素质、科学文化素质和健康素质协调发展。四是加强校园人文环境和自然环境建设，努力营造良好的育人氛围。

始终坚持校园文化建设的基本原则。必须坚持弘扬主旋律，提倡高品位、保持高格调。必须坚持德育为先，育人为本，帮助大学生健康成才。必须坚持以人为本，尊重学生主体地位，充分调动和发挥大学生的积极性和主动性。必须坚持加强管理，坚决抵制各种有害文化对大学生的侵蚀和影响。必须坚持创造自己独特的校园文化风格，彰显学校鲜明的个性和特色。必须坚持与时俱进，广泛吸收世界文明成果而不媚外，继承传统而不保守，开拓创新而不猎奇。

努力实现校园文化建设的工作目标。始终立足改革开放和现代化建设伟大实践，不断从博大精深的传统文化中、从激昂向上的革命文化中、从健康有益的外来文化中、从与时俱进的最新实践中，汲取营养和力量，努力建设体现社会主义特点、时代特征和学校特色的校园文化，不断满足大学生日益增长的精神文化需求，为培养社会主义合格建设者和可靠接班人提供强大的精神动力，使高校成为发展中国特色社会主义先进文化的重要基地、示范区和辐射源，扎实推进高校校园文化建设。加强校园文化建设是一个系统工程，当前要突出抓好以下六个方面工作。一是深入开展校风建设。要在充分挖掘学校历史传统宝贵资源的基础上，大力营造具有时代特征和学校特色的良好校园风气。扎实开展师德教育，积极建设"志存高远、爱国敬业，为人师表、教书育人，严谨笃学、与时俱进"的优良教风。加强学生教育和管理，努力建设刻苦学习、奋发向上、诚实守信、敢于创新的良好学风。形成学校以育人为本，教师以敬业为乐，学生以成才为志的优良校风。二是大力加强人文素质和科学精神教育。要扎实推进"大学生全面素质教育工程"，把人文素质和科学精神教育融入人才培养的全过程，贯穿教育教学的各环节，逐步建立起内容覆盖课堂教学、课外活动的人文素质和科学精神教育体系。对理科学生要多开设文学、历史、哲学、艺术等人文社会科学课程，对文科学生要适当开设自然科学与工程技术课程，不断提升大学生的人格、气质、修养等内在品质。三是精心组织校园文化活动。要精心设计和组织开展内容丰富、吸引力强的思想政治、学术科技、文娱体育等文化活动，把德育、智育、体育、美育渗透到文化活动之中，使大学生在活动中思想感情得到熏陶、精神生活得到充实、道德境界得到升华。充分利用五四青年节、七一建党纪念日、十一国庆节、一二·九运动纪念日等重大节庆日和纪念日，开展主题教育活动，唱响爱国主义、集体主义、社会主义主旋律。办好大学生科技文化节、大学生"挑战杯"、大学生艺术节、大学生运动会，不断提高大学生的综合素质。四是积极开拓校园文化建设的新载体。要充分发挥网络等新型媒体在校园文化建设中的重要作用，建设融思想性、知识性、趣味性、服务性于一体的校园网站。不断拓展校园文化建设的渠道和空间，积极开展健康向上、丰富多彩的网络文化活动，牢牢把握网络文化建设主动权，使网络成为校园文化建设的新阵地。要充分发挥大学生社团在校园文化建设中的重要作用，大力扶持理论学习型社团，热情鼓励学术科技型社团，正确引导兴趣爱好型社团，积极倡导社会公益型社团。五是重视校园文化环境建设。精心打造"人文校园""数字校园""绿色校园"，使校园的规划、景观、环境呈现一种和谐美。要重视校园人文环境建设。写好校史，建好校史陈列室，确定校训、校歌、校徽、校标，激励大学生继承和弘扬学校优良传统。充分发挥校友在校园文化建设中的独特作用，用优秀校友的人生经历和感悟、创业历程和成就，激励大学生立志成才，报效祖国。要重视校自然环境建设，使校园的山、水、园、林、路等达到使用功能、审美功能和教育功能的和谐统一。在公共场所布置具有丰富内涵的雕塑、书画等文化作品，营造高尚健康的氛围。六是加强对校园文化建设的管理。加强教学管理和课堂纪律，不允许有人在讲台上和教材中散布违背宪法和党的路线方针政策的错误观点和言论。加强哲学社会科学研讨会、报告会、讲座以及社团和校园BBS的管理，绝不给错误观点和言论提供传播渠道。

六、应用型大学教师队伍的加强建设

（一）应用型大学教师应具备的素质

要培养应用型人才，必须有具备应用型素质的教师队伍，使学校的办学宗旨得以落实，学校的定位得以体现，使学生获得知识和能力。学校的办学能力的高低，在一定程度上得益于教师的素质。

教师个人素质的高低将直接反映在本人的教学科研活动中，影响到学校的建设和发展。从建设应用型大学的需要出发，不仅要求教师个体要具有较高的素质，而且要建设一支高素质的队伍，以适应应用型大学的建设要求。应用型大学的教师除具备一般高校教师的素质要求，如对教育事业的忠诚，对学生的热爱，对专业的钻研精神，对教学科研工作认真负责的态度，坚守与社会价值取向相致的世界观等，还应具备复合应用型大学建设要求的素质。其要求是：

1.宽泛的学科专业基础

应用型大学专业设置多为边缘科学，或者是在一个学科领域内选取一个具体的专业方向，而在这一专业方向的建设中又涉及该学科的众多方面。作为应用型大学的教师，若在某一个专业领域中有精深的研究，即使能够直取学科研究的桂冠明珠，也并不一定能够适应应用型大学的要求，相反在学科掌握到一定程度的基础上，能够横向拓展，具有很宽泛的知识结构，能够知道该专业如何发展和建设才是必要的。因此应用型大学的教师应具备在专业领域中横向拓展知识结构的能力。

2.广泛的社会联系

应用型大学是面向社会的生产、生活等活动而举办的，它更具有开放性和社会性，其专业建设应与经济社会发展的需求同步。因此它的教师更不可能是只关在书斋里埋头做学问的学者，而应是积极参与到社会生产和生活实践中的研究者和实干家，在某种程度上更应是一个社会活动家。与社会广泛联系的意识和能力因人而异，作为应用型大学的教师应具有这方面的素质，至少应有意识地培养这一素质。

3.丰富的经验和较强的动手能力

在应用型大学中，教师传授给学生的不仅是理论，更重要的是要培养学生发现问题、解决问题的能力，教师自己则首先要具备这种经验和能力。如果财务专业的老师根本没有接触过账目的处理，新闻专业的教师从未编导、采访、制作过片子，法律专业的教师从未深入到案件之中，又谈何去培养学生的动手能力呢？因此应用型大学的教师应该既是个理论家，又是个实干家，既是能够授业解惑的教书先生，在专业中又是行家里手。

对于提高应用型大学教师执教能力，目前，应用型大学的师资队伍现状与培养应用型人才对教师的要求存在差距：第一，教师的技术能力和实践能力有待提高。一些教师从学校毕业后直接走上讲台，缺乏社会实践与企业实践经历，有的教师虽来自企业，但进入学校后，教学能力又不能满足教学要求。第二，缺少符合应用型教育要求的专业带头人和高水平的技术教育专家，教师梯队的传帮带作用难以发挥。第三，教师的课程开发能力和教育教学能力上有一定差距，师资队伍与培养应用型人才要求不相适应的现状已成为制约应用型大学发展的瓶颈。我们应从以下几个方面建设符合应用型教育要求的师资队伍。

（二）建设双师型教师队伍

"双师型"教师概念，教育部在《关于开展高职高专院校人才培养工作水平评估试点工作的通知》（教高司函［2003］16号）中曾明确表述，"双师型"是指高等职业学校中具有中级及以上技术职称，又具备下列条件之一的专业任课教师：①有本专业实际工作的中级及以上技术职称（含行业特许的资格证书及其有专业资格或专业技能考评员资格者）。②近五年中有两年以上（可累计计算）在企业第一线本专业实际工作经历，或参加教育部组织的教师专业技能培训获得合格证书，能全面指导学生专业实践实训活动。③近五年主持（或主要参与）两项应用技术研究（或两项校内实践教学设施建设及提升技术水平的设计安装工作），成果已被企业（学校）使用，达到同行业（学校）中先进水平。这一概念的核心是教师的实践工作能力。换言之，所谓"双师型"教师，就是既要有扎实的理论知识，又要有丰富的企业实践经验和经历；既要有相应的教师资格证，又要有相应的职业岗位资格证书。

《国家教育中长期改革和发展规划纲要（2010—2020年）》第十七章加强教师队伍建设第（五十一）条对双师型教师也做出了重要论述，指出：建设高素质教师队伍，教育大计，教师为本。有好的教师，才有好的教育。保障教师地位，维护教师权益，提高教师待遇，使教师成为受人尊重的职业。严格教师资质，提升教师素质，努力造就一支师德高尚、业务精湛、结构合理、充满活力的高素质专业化教师队伍。以"双师型"教师为重点，加强职业院校教师队伍建设。加大职业院校教师培养培训力度。依托相关高等学校和大中型企业，共建"双师型"教师培养培训基地。完善教师定期到企业实践制度。完善相关人事制度，聘任（聘用）具有实践经验的专业技术人员和高技能人才担任专兼职教师，提高持有专业技术资格证书和职业资格证书教师比例。以中青年教师和创新团队为重点，建设高素质的高校教师队伍。大力提高高校教师教学水平、科研创新和社会服务能力。促进跨学科、跨单位合作，形成高水平教学和科研创新团队。创新人事管理和薪酬分配方式，引导教师潜心教学科研，鼓励中青年优秀教师脱颖而出。实施海外高层次人才引进、长江学者奖励和国家杰出青年科学基金等项目，为高校集聚具有国际影响的学科领军人才。

要构建一支素质优良、结构合理的"双师型"师资队伍，可以从以下几个方面着手进行：第一，有计划地安排现有教师到企业、科研单位进行顶岗和技术咨询服务，或在校内外的实习基地参加实践，鼓励专业教师向双师型转变，鼓励教师主动到企业进行脱产、半脱产的挂职顶岗锻炼，深入企业生产一线。要求教师不仅要会讲课，而且会操作；不仅是本专业的教学能手，而且要成为本行业的专家，促使教师由单一教学型向教学、科研、生产实践一体化的"一专多能"型人才转变。这样才能不断提升教学品质，才能培养出高质量的应用型人才。第二，完善"双师型"教师的培养体制，应用型大学要将培养"双师型"教师作为学校建设的一项重要内容，制定科学合理的"双师型"教师队伍培养规划和实施方案，形成适应"双师型"教师队伍建设的管理体制和运行机制。运行机制包括经费保障机制、激励机制、考核机制等三个方面。其中经费保障机制可以使教师安心实践，不会担心福利待遇的降低，学校还应对到企业脱产时间的教师给予课时补贴和交通补助，提供实践经费等。激励机制体现在被评为"双师型"教师在升级聘任、职称评审、国内外访问学者方面给予倾斜和优惠政策。同时，对"双师型"教师的考核是这支队伍建设的关键，实现"双师型"教师必须定期考核，而且要分出等级，并把考核记过与个人利益挂钩。当然，为了使"双师型"教师不断更新实践内容，与社会性形势发展的步伐相一致，"双师型"教师的身份不是一劳永逸的，还应定期评选，保证"双师型"教师的质量。

（三）明确应用型教师的任职资格

应用型大学与研究型大学在教师任职资格上应存在一定差别，教师任职资格标准应由本专业的教育专家和行业专家研讨制定。标准应体现对教师在不同的发展阶段的学历水平、教学能力、实践能力、合作交往能力、课程开发能力，以及终身学习能力等方面的要求，并就达到上述要求提出具体的、可操作性强的实现途径，为教师的教学能力和实践能力的提高提供具体指导，告诉教师应该如何去做。应注意对于不同的学科不同层次教师和处于不同发展阶段的教师提出不同要求。如：对于专业带头人，应要求其不但具备较高的学术水平、教学能力和实践技能，还要具备很强的课程开发能力，能够按照学术性、技术性融合与统一的思想，构建应用型人才培养的课程体系。另外还要求其具有较强的合作交往能力和组织能力，加强与相关企业的合作，并发挥传帮带作用，培养青年教师。对课程负责人，应要求其具备很强的课程开发能力，能结合相应的行业标准、行业岗位和对劳动者知识、能力等素质的培养要求，开发相关专业课程，制定相应的教学大纲、教学内容、考核方式，编制相应教材。对一般教师则要求其具备良好的教学技能、较强的实践能力和不断探索改革教学方法的能力。对于基础课教师则要求其具有较高的学科知识水平和参加社会实践与服务的能力。对年轻教师则侧重要求其加强教育教学能力的训练，并给其配备导师，由导师对其教学技能、教学方法、社会实践、企业实践、科研、教学质量进行指导。

（四）转变教育教学观念

能否在教学过程中始终贯穿开展应用型教育的理念，关键还要实现教师的教育教学观念的转变。我们的教师大多是研究型院校的毕业生，接受的是精英教育，在思想层面已经深深打上精英教育的烙印，但是随着教育形式的变化，应用型大学的教师的理念也应随之变化，学校应通过各种渠道宣传办学理念和办学宗旨以及培养目标，在校园环境方面，努力营造应用型的校园文化，更重要的是组织教师参加应用型大学建设的研讨，使应用型教育深入人心，教师才能将培养应用型人才的教育理念贯穿与教学之中，在专业设置、课程体系建设与改革、教学模式改革、教材建设、考核方式改革、实训基地建设、产学研合作方面进行有益的尝试与探索，不断提高实践能力和技术应用能力，应用型大学的人才培养目标才可能实现。

（五）将教师培训制度化、常规化

教师应每年定期参加培训，有培训计划、过程监督、培训结束进行考核，采取灵活有效的培训模式开展培训工作，提高教师水平。

学校应在内部形成科学、可行的学校、学院、系三级培训体系，有计划地开展培训工作。要克服教师培训的盲目性，应根据每位教师的自身特点和专业建设需要，以促进教师个人发展和提高教学品质为目标，在学校师资队伍建设的整体规划框架下制定教师个人培训计划和院系培训计划。

教师的培养要采取本校培训和借助社会力量培养相结合的方式进行，既要注意教师的学术知识水平的提高，又要加强教师专业实践能力的培养。应建立校内教师培训中心，配备稳定的培训师资或聘请本校的资深教授兼职，针对专业建设、教学实际和教师在教育教学活动中存在的问题和培养，建立产学研紧密结合的校外实训和实习基地，一方面为学生直接参加生产和实际工作提供场所，另一方面也为教师提供接触生产、服务和管理一线实际、进行专业技能训练的场所。

教师培训要根据应用型大学对教师能力要求的特点，改变以往的单一的课堂教学模式，采取灵活有效的方式进行。首先，在企业环境中培养教师。以相对稳定的实践企业和科研服务对象为依托，教师围绕教学内容承接企业合作项目，在与企业互动的过程中，根据企业的反馈进行课程改革。可借鉴国外大学的做法允许教师去公司或企业兼职，考虑每个专业轮流安排专业教师，尤其是没有实践经验的年轻教师脱产半年至一年到企业进行专业实践或兼职。兼职期间开展对行业或专业的社会调查，了解自己所从事专业目前在生产、技术、工艺、设备等方面的现状和发展趋势，了解生产现场的新科技、新工艺，以便在教学中及时补充最新技术。其次，采取项目驱动方式培养教师。创造条件和机会，鼓励教师参加课程体系和课程内容的改革研究、实训基地建设、精品课程建设、教学方法的研究、教材建设、工程应用和技术开发项目研究、调查与对策研究等，在项目的驱动下，边研究边学习，边干边学。第三，采取以"问题"为中心的培训模式培训教师，充分发挥专业带头人的作用，由带头人根据学校的专业建设、教学研究与改革、专业技术改造的要求，以某个研究专题或问题组织培训内容，以"问题"作为受训教师学习的起点和选择知识的依据，促进教师自主学习的积极性，充分发挥教师的潜能，拓展培训的时间与空间。在培训过程中带头人给予受训教师有针对性的指导，由于有较强的针对性，受训教师水平会大幅提升，实现受训教师的自我充实、发展和完善。

北京联合大学在师资队伍建设方面，首先学校实施制定了以下几方面的政策措施。一是建立青年导师制，为每一位新教师配备一名教学经验丰富、有较高科研水平的具有副教授职称的教师担任青年教师的导师，在一年的培养期内，通过指导备课、随堂听课等方式，言传身教、悉心指导，使青年教师传承严谨治学的作风，尽快适应教学环节，掌握教学内容，基本胜任教学工作。二是为教职工创造各种在职"充电"的机会，尽快改善师资队伍的专业结构和提高学历层次。北京联合大学出台了《教师进修管理办法》《管理人员进修培训管理办法》，创造更加宽松的环境，提高学校的学历层次和学历水平。三是加强中青年骨干教师的培养，制定《中青年骨干评选办法》，在培养期内，在出版专著、申请课题方面给予经费支持，为开展学术活动创造良好的氛围，通过2年的培养期，使受培的骨干教师达到基础理论知识扎实，教学方式先进，科研水平较高。四是培养拔尖人才和创新团队，把培养拔尖人才和创新团队作为师资队伍建设的又一重点，带动整个学术梯队和创新团队的建设，探索和完善有利于杰出人才成长的良好环境和竞争机制。五是选拔教学名师和示范教师。去年开始，我校进行了教学名师的选拔，并制定了教学名师的选拔办法，各学院推荐了教学示范教师的名单，学校在全校范围内进行评选，并对评选出的教学示范教师进行了表彰。通过教学名师和教学示范教师的选拔，提高重点课程特别是精品课程的授课水平，进而带动全校课程体系的建设。六是积极开展双语教学教师培养计划，为教师创造各种条件提高外语水平，特别是广泛开展国际交流互访，定期选送教师出国参加双语培训和英语口语培训。

加强实践教学队伍的培养，调整师资队伍结构，着力引进社会中具有丰富实践经验又能胜任教学的骨干充实到师资队伍，聘请校外行业企业的技术骨干来校任教，一方面加强实践教学骨干教师培养，学校计划从在编教师中遴选一批具有较好专业实践能力的教师作为实践教学骨干教师，并重点加以培养。学校在教学改革、课程改革、社会实践、专业技能培训方面给予政策倾斜。同时着力引进和培养应用型高级人才，着力引进应用型高级人才，制定优惠政策引进吸引企业和社会中具有丰富实践经验与应用能力又能胜任教学任务人员充实到师资队伍。鼓励教师在社会兼职并进行规范管理，确保教师主要精力投入教学同时通过社会兼职更多的接触实际、了解社会。其次，有计划对教师开展培训工作，建立合理有效的培训体系，有计划对教师开展培训，不断提高他们的实践教学和管理水平。

根据每位教师的自身特点和专业建设需要，以促进个人发展和整体提高教学质量为目标，在学校实践教学教师队伍建设的整体框架下制定切实可行的教师个人培训计划，采取学校培训和借助社会力量培养相结合的方式进行，尤其加强教师专业实践能力的培养，建立产学研紧密结合的校外实训和实习基地，另一方面也为教师提供接触生产、服务和管理一线实际、进行专业技能训练的场所。学校为学校教师参加技能培训提供资金保障，并要求取得代表其职业能力和技术水平的职业资格证书和技术等级证书。对脱产进行企业实践的教师，发放在岗岗位津贴。

对指导学生参加各种专业技能竞赛的教师、积极进行综合性设计性试验项目的教师给予政策支持和奖励。

同时鼓励教师参加行业企业实践，承接应用型课题或通过社会兼职提高专业能力，以建设满足应用型教育要求的专兼结合的师资队伍。实践教学是应用型高等教育的重要组成部分，是培养学生沟通、协调、合作等综合素质的有效途径学校鼓励高水平教师投入实践教学工作，并形成稳定的队伍。同时也从企业和社会聘请具有丰富实践经验与应用能力又能胜任实践教学任务的兼职教师。把既具有实践教学经验又有较强的组织和管理能力的人员配备到实践教学管理岗位。

建立师资队伍建设专项经费，一是用于引进人才住房补贴和提供优惠住房、科研启动经费、帮助解决配偶的工作等；在师资培养方面加大投入，支付教师参加提高学历层次、提高专业实践技能和教学技能的各类培训。

吸引优秀人才，在引进人才方面更重要的是制度留人、感情留人、事业留人、努力解决好引进人才的设备配套、生活待遇、学术氛围营造和科研团队建设工作。在2003年出台的《北京联合大学关于引进人才的暂行办法》基础上，学校根据实际需要逐年不断完善针对不同类型人才的引进政策，引进的人才来校后很快成为教学、科研骨干，引进的人才科研课题经费占学校的科研课题经费的比例逐年上升；有的担任了学院或教研部领导，他们将在今后学校的发展建设中更加发挥重要作用。

采取引进和培养"两条腿"走路的方针，注意引进高级人才。师资队伍建设是高等学校永恒的主题，师资队伍建设是一个在相对稳定的基础上具有较大流动性的知识化群体；师资队伍建设是一个不断探索、不断发展和不断深化的系统工程，也是需要高校把握形势，下大力气长期做好的一项基础性工作。要经营好这支有无限潜力可挖的人才队伍，我们一定要立足本职工作，锐意进取，不断创新，用高质量的师资队伍建设高质量的建设人才。

以全面提高教师队伍整体素质为中心，以带头人和骨干教师队伍建设为重点，坚持师资引进和培养并重的原则。学校制定了师资队伍建设规划，明确师资队伍建设目标，制定相关政策，加大经费投入，调整师资队伍结构，提高师资整体素质。积极引进高层次人才和社会中具有丰富实践经验又能胜任教学的骨干。

加强对现有教师的培养，实行青年教师导师制，提高教师学历层次，鼓励教师积极参加行业企业实践、承接应用型课题或通过社会兼职提高专业应用能力。实施"中青年骨干教师资助计划",加强梯队建设。完善岗位聘任制度,激发教师的参与教学改革的积极性。

参考文献

[1] 吴建铭.新时代地方本科高校应用型发展研究［M］.北京：中国广播影视出版社，2023.01.

[2] 刘海峰.我国应用型本科高校管理制度创新研究［M］.北京：电子工业出版社，2023.03.

[3] 郑直，贾晓红.本科生创新OPCE理念与实践［M］.武汉：武汉大学出版社，2022.05.

[4] 冯之坦，胡一波.应用型本科创新型人才培养模式改革与实践［M］.北京：中国商务出版社，2022.02.

[5] 牛端.本科教学质量的影响机制与提升策略［M］.广州：世界图书出版广东有限公司，2022.10.

[6] 漆新贵.一流应用型本科教育教学改革研究 重庆文理学院的探索与实践［M］.中国广播影视出版社，2021.03.

[7] 姜翠萍.应用型本科院校大学数学教学研究与实践［M］.长春：吉林出版集团股份有限公司，2021.

[8] 周燕.信息化背景下高校本科教学改革研究［M］.北京：北京工业大学出版社，2021.05.

[9] 蒋平，张继华，王正惠等著.地方普通本科院校转型发展研究［M］.北京：中国轻工业出版社，2021.05.

[10] 孙跃作.应用型人才培养体系建构研究［M］.武汉：华中科技大学出版社，2021.06.

[11] 王斌，丁煦生.“两化”教学模式在应用型大学人才培养中的探究和实践［M］.北京：北京理工大学出版社，2021.12.

[12] 申燕玲.应用型本科院校实践教学体系构建研究［M］.长春：吉林科学

技术出版社，2020.08.

［13］董晓红等.地方应用型本科高校实践教学体系研究［M］.北京：经济科学出版社，2020.01.

［14］刘风云.应用型本科数学教学模式创新研究［M］.长春：吉林出版集团股份有限公司，2020.

［15］邝邦洪.应用型民办高校内涵发展研究与实践［M］.北京：北京理工大学出版社，2020.08.

［16］刘海蓝.地方本科院校人才培养模式的变革与转型［M］.北京：中国经济出版社，2020.04.

［17］蔡明山.地方高校应用型人才培养的研究与实践［M］.上海：复旦大学出版社，2020.06.

［18］赵冰华.应用型本科院校优秀教学团队建设与管理［M］.南京：东南大学出版社，2019.11.

［19］王任祥，傅海威，邵万清著.应用型人才培养教学改革案例［M］.杭州：浙江工商大学出版社，2019.12.

［20］周二勇.高水平应用型本科专业建设 人才培养模式与评价体系研究［M］.北京：北京理工大学出版社，2020.12.

［21］邹春霞，李龙.通识教育教学改革研究与实践［M］.重庆：重庆大学出版社，2019.06.

［22］陶春元.地方新建本科高校的双重转型之路［M］.天津：南开大学出版社，2019.05.

［23］周二勇，王彦斌.应用型本科院校办学实践与未来展望［M］.北京：北京理工大学出版社，2019.11.

［24］张博，杨锋利，黄梅.“新工科”背景下应用型本科院校实践教学体系建设研究［M］.长春：吉林大学出版社，2018.06.

［25］邹一琴，郑仲桥，鲍静益.应用型本科人才弹性力培养［M］.南京：东南大学出版社，2018.10.

［26］孔剑锋，刘有耀.应用型本科高校课程教学改革研究［M］.长春：吉林大学出版社，2018.06.

［27］叶时平，夏晴.高级应用型人才培养的探索与实践［M］.杭州：浙江工商大学出版社，2018.10.

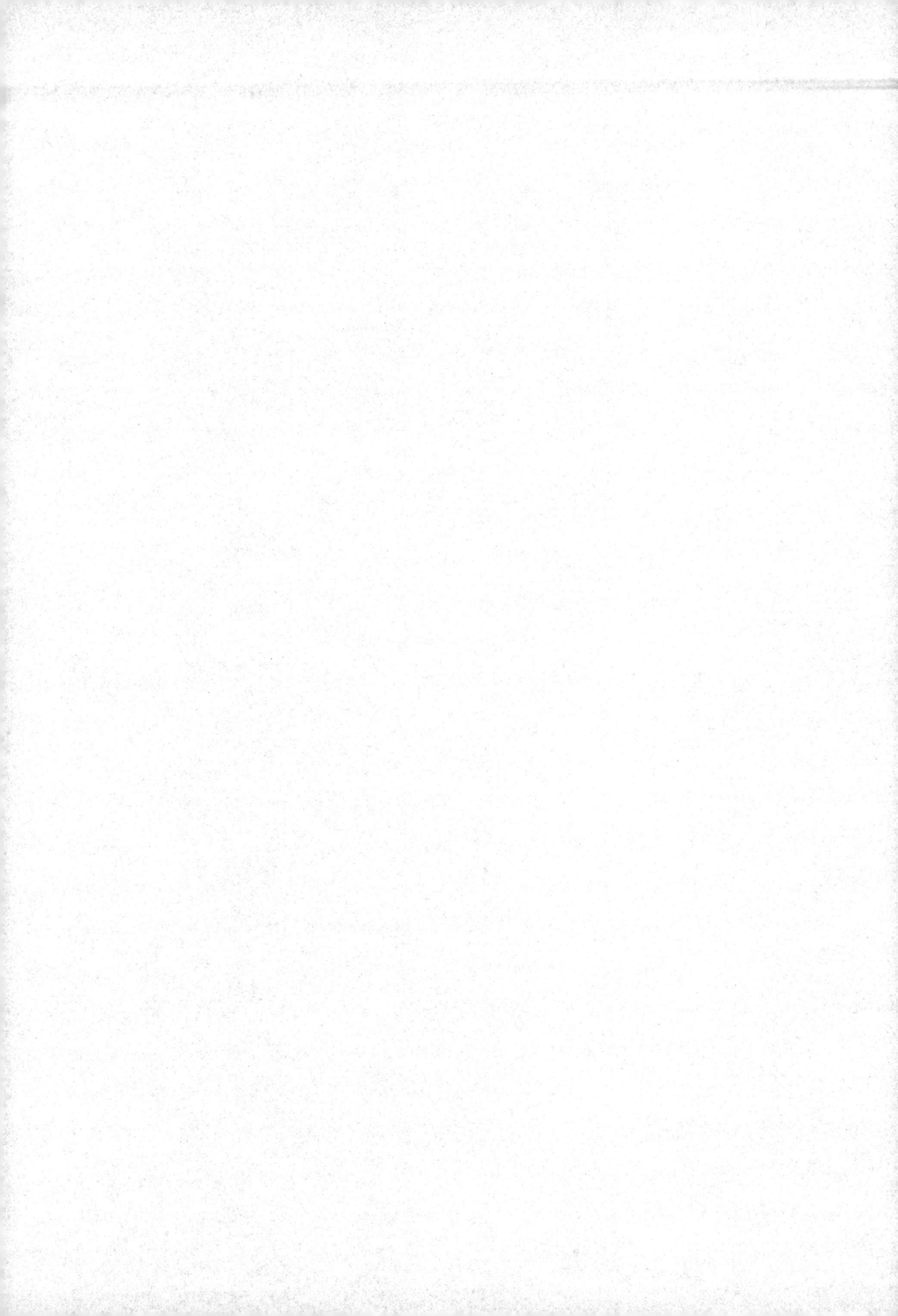